漢家天下

山河復甦

內憂外患，風雨飄搖！
漢室如何再塑輝煌？

清秋子　著

文帝已安坐天下十四年，承薄太后之旨，奉行黃老，
凡事以恭儉為上，不敢生事，終得海內晏然，外患不起。
萬家生民由凋敝而復甦，漸入太平治世之境

目錄

代王入京，憂心忡忡迎新局

話說漢初時節，劉邦與呂后相繼謝世。一代雄主，轟轟烈烈活過，又猝然撒手人寰，萬民都不免心懷忐忑。從今以後，世道將如何，漢家運勢又怎樣？全想不出個所以然來。

也無怪官民擔心，高后八年（西元前 180 年）秋八月，庚申這一日，當朝後少帝所居的長樂宮內，果然就驟現兵變。原來，是老臣陳平、周勃等一干人，不甘屈從呂氏子姪的淫威，鼓動京師北軍譁變，誅殺了呂后諸姪，將後少帝與張太后也軟禁了起來。

消息傳開，闔城官民奔相走告，街衢鼓樂喧天，不啻當年聞聽暴秦覆亡一般。

陳平、周勃見民心可用，不由大喜，便趁熱打鐵，在丞相府集合當朝重臣，徹夜議定大計。眾臣以後少帝為呂后所立、並非劉氏血脈為由，決意廢之，另立代王劉恆為新帝，以絕呂氏之患。

代王劉恆為劉邦庶子，為人溫厚，立其為帝，諸臣都以為妥，唯新任御史大夫張蒼略有擔心，未置可否。

見張蒼不語，陳平知其必有所慮，遂不敢大意，忙問道：「張公有何見教？」

張蒼猶疑道：「齊王劉襄首倡誅呂，其弟劉章、劉興居為內應，均有大功。他兄弟二人必以為，新帝非齊王莫屬。今忽推代王為帝，那劉章、劉興居如何能服？」

陳平笑望一眼張蒼，略一擺手道：「公可勿慮。私下裡，絳侯已允諾他兄弟：事成，以劉章為趙王、劉興居為梁王。他兄弟幾人，自可權衡其中利弊，即便齊王做不成新帝，他兄弟三人，亦必不會反。」

眾人聞此言，方覺釋然，都認定劉襄兄弟不足為慮。

次日，朝暾初起，天方黎明，諸臣議罷大事，都覺意氣滿懷。陳平見眾人再無異議，便狡黠一笑：「此等天下大事，僅我輩幾人議定，怕還不足以服眾，須廣召宗室、勛臣，為我助威，以壯聲勢。」

周勃道：「你這丞相府，終究還是氣悶，不如到北軍校場去，大會群賢，議定新政。要教那天下人都望風歸服，不敢懷有二心。」

陳平望望在座諸臣，一揮袖道：「正是此話！便有勞張公，將那宗正劉郢、朱虛侯劉章、東牟侯劉興居、典客劉揭、棘蒲侯柴武等，連同所有列侯，以及官吏二千石以上者，都請去北軍大營，共商宗廟大計。」

張蒼應聲而起，拱手道：「在下這便去請。」說罷便離座，大步出去了。

周勃在旁望望陳平，忽而笑道：「丞相只顧了大丈夫，高帝幾位長嫂，亦不可缺。」

陳平忙道：「正是正是！這便有勞中謁者去請。只不知高帝之嫂，還有哪幾位尚走得動？」

中謁者張釋當即答道：「尚有高帝長兄之妻陰安侯、次兄之妻頃王后，兩位夫人都還健朗。」

「那便好，都以車輦請來，與我輩同坐。料得此番陣勢，不由那四方不服！」琅琊王劉澤頓時淚湧，唏噓道：「兩位長嫂多年不見，竟都還安好。」

周勃也甚是感慨：「虧得兩位長嫂原為田舍婦，與世無爭，不然何以能活到今日？」

陳平道：「還有那長嫂之子、羹頡侯劉信，雖庸碌無為，然名分還在，也一併請來吧。」

周勃大笑：「那位『刮鍋侯』嗎？不說倒還忘了。稍後，我順路載上便是。」

陳平見事已妥貼，便起身朗聲道：「諸君，我等這便分頭去知會。今日撥亂反正，重開新局，於一夜之間議定大計，各位皆為功臣。須得再辛苦半日，一鼓作氣，要教那河清海晏，再無鬼蜮。」

眾人喊了一聲好，就都起身，步出丞相府門，分頭登車去了。

朝食過後，所邀各宗室、列侯及官吏，皆齊集於長樂宮外北軍大營，一時冠蓋如雲，遍布校場。待眾人分尊卑坐下，陳平便講明會議之事，來者無不歡呼。

宗正劉郢欣然道：「當今後少帝，來路本就不明，又生長於深宮，未離婦人懷抱，如何治得了天下？今迎回高帝之子，方為上計。」

劉章、劉興居兄弟二人，意在擁立長兄劉襄為新帝，未料事有變故，都不免悻悻。那劉興居便高聲發問道：「迎代王為新帝，可是諸臣共推？」

陳平拿眼斜睨過去，淡淡一笑，算是作答。周勃卻亢聲道：「不錯！此即天命也，今日議罷，便可迎回代王了。」

劉興居欲起身再詰問，卻被劉章死死拉住，只得將話嚥下，臉上猶有憤然之色。

陳平看見，卻佯作不知，只管說道：「太尉昨日隻身入北軍，一聲

『擁劉者左袒』，便定了天下大事。我等老臣，食先帝之祿，用得著之處，便是在今日。今後無論何人，若再倒行逆施，諸呂便是他前鑑無疑！」言畢，逼視全場，竟致滿場鴉雀無聲。

那劉章聽得心驚，死扯住劉興居衣襟不放。劉興居也聽出陳平語含威脅，一時間不敢造次，只是低下頭去不理。

周勃隨即起身，高聲道：「丞相說得好！諸君與嫂夫人若無異議，便可去迎代王了。」

陳平卻一笑，拉周勃坐下，交代道：「太尉莫急。那代王劉恆，現今終究為藩王，朝中重臣去迎，於禮不合。我這便起草徵書，徵召他返長安。待他入城之時，再行君臣之禮不遲。」

周勃這才明白，於是笑道：「哦哦！這等事，文臣說了算，老夫是多言了。」

陳平便喚過書佐來，口授公文一通。書寫畢，陳平接過，即向眾人高聲讀了一遍。

這一通公文，名為徵書，實為委婉勸進。陳平在此處，是用了一番心思的，想到這徵書一發，便不怕他代王託詞不來。

待陳平將徵書當眾讀罷，眾人又是一片歡呼。四圍執戟的衛卒，也猜出是要換天子了，都齊齊舉戟，三呼萬歲。

周勃精神抖擻，一把拿過徵書來，交給宗正劉郢，囑咐道：「謄畢，即蓋天子璽，勿延誤片刻，儘早遣使送往晉陽（今山西省太原市）。」

劉郢接過，轉身即去布置了。眾人正欲起身離去，周勃卻攔阻道：「今日大會，不可不賀！北軍別無長物，唯有美酒多如山積，請諸君暢飲一番再走。」

話音剛落，卻見劉興居騰地站起，發問道：「朝食方畢，卻又要飲酒嗎？」

劉章一個疏忽，未拉住劉興居，此時便惶急，直眨眼睛，示意劉興居不可妄言。滿場人不知劉興居此為何意，都屏息欲聽下文。

周勃拉下臉來，冷笑一聲道：「新歲即至，世事亦更新，如冬月忽聞春雷，當然要飲酒！小將軍有何見教？」

劉興居便躬身一揖，不卑不亢道：「朝食剛過，又欲飲酒，下臣以為於禮不合，恕不奉陪了！」說罷，便撩起衣襟，大步退了場。

眾人立時一片鬨笑。劉章頓覺大窘，連忙起身去追。

周勃遂也大笑，揮揮手道：「小兒輩，有此脾性，倒也可嘉。諸君不必理會，且拿酒來。」

再說晉陽代王宮中這幾日裡，亦是頗不安寧。秋來大熟，農家所收穀粟，盡已入了打穀場，塞下人家都一派歡悅，唯劉恆卻夜夜不能安寢。因往年此時，胡騎最易來犯，劉恆幼年即與薄太后來此，年年逢秋，最為驚悸。

當年代國都城在代郡（今河北省蔚縣），離匈奴甚近，不利防守。劉邦平定陳豨後，將太原郡劃入代國，改代都為晉陽。晉陽之北，有奇峰險阻，好歹可以阻擋一下邊寇。

不料今秋並無邊警，倒是長安代邸[01]頻頻傳來密報，說長安城內人心不穩，老臣或將有異動。果然至九月中，天崩地裂，老臣在都中起事，將諸呂殺了個血流成河。劉恆聞報，亦驚亦喜，半晌合不攏嘴。稍一思忖，便急奔入後殿，告知薄太后。

---

[01] 代邸，代國在長安的常設機構，其他諸侯國亦同，類同於今之駐京辦事處。

那薄太后年已半百，患有目疾，受不得大驚嚇，聞訊只是捫住胸口，喘息道：「恆兒，虧得我母子早年便避居於此，前者躲過了諸呂相逼，今日又不致受老臣挾制。」

劉恆道：「母后之言，正是兒臣所欲言。兒幼時遵父命，遠來北地，心中卻掛記長安，不能釋懷，然時日愈久，愈覺僥倖。以今日看來，此等苦寒之地，倒是個福地了。」

此時的劉恆，已然二十六歲，平素多有歷練，早出落成一位穩健之才。又與竇美人恩愛相諧，生了一女兩子，更是沉穩得多了。凡有國政，片時也不敢疏忽，總要與近臣商議再三。遇事一遵母命，二聽諫議，只是小心守住這一方天地。

事過半月有餘，這日晨起，劉恆赴薄太后處問安畢，返回前殿，正欲坐下閱覽奏疏，忽有謁者上殿，急呼道：「大王，長安有來使至！」

劉恆心知必是老臣遣使前來，通報誅呂之事，便急忙宣進。

那朝中來使，是宗正府的一位曹掾，見了劉恆，不等開口，納頭便拜。

劉恆慌得站起身道：「朝使何必多禮，這教孤王怎受得起？」便上前要去扶起。

那朝使連忙自己爬起來，連連揖道：「大王，今昔已不同，看過這徵書便知。」說著，便躬身將徵書呈上。

劉恆匆匆閱過，不由臉色大變，疑似在夢中，不能相信。接著又看了一遍，方知是天大的好事落在了自家頭上。略思片刻，又疑心是老臣設下的圈套，便將徵書置於案上，只是沉吟不語。

那朝使看得急了，又揖請道：「朝中重臣，盛讚大王賢德，都盼大王早日入登大位，以安天下人心。請大王勿遲疑，小臣也好隨大王同歸。」

劉恆以手撫額，默然許久，方道：「朝使奔波數日，實在辛苦。都中之事，孤王也曾有耳聞，只未料變動竟如此之大！敝國地處險要，乃匈奴南犯要衝，孤王一時脫不開身，請朝使先回去覆命，孤王於半月之內，即可動身。」

那朝使便是一怔：「半月？諸呂伏誅，已有多日，少帝居深宮不出，難孚眾望。百官心甚不寧，恐日久生事，大王豈可延宕？」

劉恆擺擺手道：「你這便回朝吧，朝中又不是沒有天子。容本王略作交代，收拾行裝，再作計議。」

那朝使無奈，只得叩拜退下，回朝覆命去了。

待那使者一走，劉恆便急召屬臣前來商議。諸臣聞此意外，都驚愕不止，殿上頓時聲如鼎沸。

片刻，便有近臣郎中令[02]張武，出列奏道：「事若蹊蹺，必有其因。那朝中大臣，皆為高帝時舊將，習兵事，多詐謀，今欲奉大王為新帝，本意絕非止於此！以往彼輩，極畏高帝、呂太后之威，不敢有何異動。如今呂太后殯天不及一月，便群起攻殺諸呂，喋血京師，致天下震動。臣以為：此徵書，乃是以迎大王為名，而掩其犯上之舉也，故萬不可信。古來以外藩入主者，多有不祥，大王切勿輕履險地，不如稱病不應召，以觀其變。」

張武言畢，諸臣多隨聲附和，都以為長安事未定，唯靜觀其變，方為上計。

---

[02] 郎中令，始置於秦，為九卿之一。漢初沿置，為皇帝左右高級官職。主掌宿衛及顧問、諫議等。

此時列班中有一人急了，搶出一步，高聲道：「大丈夫，臨事豈能如此優柔！諸臣所議，多為非，大王不可誤信。」

劉恆抬眼看去，原是中尉宋昌，便笑道：「到底是武人膽大，宋公不妨盡言。」

宋昌即道：「以往秦失其政，豪傑並起，都以為天下屬己，而志在必得之。然終為天子者，唯劉氏而已，眾豪傑遂絕了此念。那陳平、周勃等老臣，即便有包天之膽，也未必敢取劉氏而代之。」

張武聽了，便冷笑道：「在下倒要問，諸呂有何德何能，尚能險些奪了天下；那班老臣，又有何事不敢為？」

宋昌轉過頭來，逼住張武反問道：「郎中令可知，呂氏那群子姪，若不是姓了呂，又何來此膽？在下既敢勸君上入都，自有在下的道理。」

劉恆即頷首一笑：「中尉，你儘管說來。」

宋昌便道：「回稟大王，臣以為：一則，高帝子孫諸王，遍布天下，如犬牙交錯。劉氏宗室，若磐石之固，天下還有誰人不服其強？二則，漢家興，除秦苛政，約法令，施德政，百姓得以謀生計，彼輩能不感念劉氏乎？故劉氏天下便難以撼動。三則，往日呂太后以天子之威，立諸呂三王，擅權專制，然殯天未及一月，便有周勃僅持一節，馳入北軍，一呼而士卒皆左袒，擁劉氏而攻諸呂，頃刻滅之。此乃天授劉氏之尊，而非人意也！今大臣即是有生變之心，奈何百姓不為其驅使，黨羽雖眾，又豈可專有天下？況且劉氏天下，內有朱虛侯、東牟侯守宮，外有吳、楚、淮南、齊、代諸王拱衛，無人可以搖撼。今高帝之子，唯淮南王與大王倖存，大王賢明仁孝，聞名於天下，且又年長；故而諸臣欲迎立大王，豈非正在情理之中？請大王早做決斷，勿生疑也。」

劉恆聽了兩面之詞，心中仍權衡不下。宋昌便又催促道：「千載難逢的好事，且萬無一失，君上還猶疑什麼？」

劉恆苦笑一下，揮揮袖道：「各位且散了吧，容孤王稟明太后再議。此事譬如下注，尋常人所賭，不過是個榮華富貴；孤王這一賭，卻是要賭上身家性命，故而不可不慎。」

散朝後，劉恆急趨後殿，稟報薄太后。薄太后聞聽也是大驚，躊躇不能作答。兩人相對半晌，皆是無語。

劉恆見無人可以商議，只得返回宣室殿，繞室徘徊，頓足嘆息。稍後，竇美人前來問安，聞聽劉恆說朝中徵書事，也是惶急，含淚勸道：「如此大事，君上務要小心。成敗如何，唯有天知了！」

劉恆聞言，不禁心中一動，便喚來近侍，吩咐去外間尋一位方士來，求一卦看看，也好安心。

未幾，一位方士應召而入。但見此人，天生一副異相，身體枯瘦，面目黧黑，初看似獐頭鼠目之輩，細觀之，才覺其胸中大有韜略。

劉恆不禁好奇，遂問道：「看足下頗為面生，請問姓名？」

那人叩首答道：「謝大王！小人陰賓上，一貫遊走四方，居無定所，於近日才來代地，今日乃初次見大王。」

劉恆笑了笑：「陰賓上？這名字好古怪。」

「微末小民，取個奇名，方可令人不忘。」

「哦？確有道理，孤王倒是記住了。今召足下來，欲問一卦，不為他事，單問那出行吉凶。」

陰賓上聞言，略一頷首，便取出蓍草來，擺來弄去，做了許多勢；又將一塊龜甲燒裂，細察其紋路走向。忽而，面露喜色道：「回稟大王，是個吉兆！可放心出行。」

劉恆難掩心切，急忙問道：「那卦辭如何說？」

「此乃大橫之卦。占曰：『大橫庚庚，余為天王，夏啟以光。』」

「哦，此卦甚好，然卦辭卻陌生，為何從未聽說過？」

「不錯，此非《易》之卦辭，乃是民間所傳，靈驗無比。」

「這⋯⋯孤王倒要討教了：所謂『大橫庚庚』，究竟是何意？」

「庚，變更也。這一卦，說的是王位有變，就如夏啟承襲禹王。」

劉恆望住卜者，面露疑惑道：「那麼『余為天王』又是何指？我早已為王，又何來什麼天王？」

那陰賓上便幽幽一笑：「自是指天子無疑了。小的僅能釋卦辭，而不知其他。」劉恆拿過龜甲來，喃喃道：「僅憑此紋，焉知是實是虛？」

陰賓上便跪下，拜了一拜，懇切道：「不瞞大王，小的操此業，已半生有餘，無一不靈驗，即是指鹿為馬，人家也信。大王既問卜，吾所言，虛虛實實，只當是天意，不妨信之。」

劉恆不禁啞然失笑：「足下倒是爽直。操此行業，平日可得溫飽乎？」

「尚可。」

「除此而外，還有何種本領？」

「這個⋯⋯在下還會借壽。」

「哦？如何借壽，且為我道來。」

「小的為人占卜，必有言在先，若肯借用壽數一歲，則酬金減半數，求卜者無不應允。」

「這如何使得？區區一歲，亦是人家的壽數！」

「市井小民，以眼不見者為虛。你索要一弔錢，他視同割肉；若求他借壽數，則無不爽快。」

劉恆聽了，不禁大笑：「倒也是。試問，你如今借了多少？」

陰賓上伸出一掌，答道：「若原壽以七十為限，小的已增壽至五百六十歲了。」

劉恆又拊掌大笑：「恭喜恭喜！然則，隨口一說，便可當得真嗎？」

陰賓上忽地雙目圓睜，炯炯有光，逼住劉恆問道：「人，可以欺天嗎？」

劉恆便一驚，背上竟冒出冷汗來，連忙拜謝道：「謝先生指教！孤王今後行事，凡出一言，必有踐行，絕不敢欺天！」

陰賓上這才釋顏，隨口又玩笑道：「大王命貴，何不也向臣民借壽？如此，益壽至五百年亦不難。」

劉恆連忙道：「不可不可。卜者以言行世，王者則以政服人。你向人借一歲命，不過是一句話；孤王向臣民借一歲命，則是萬人膏血了。」

陰賓上聞劉恆此言，面露敬佩之色，隨之叩首道：「今日方知，代王賢明，真乃名不虛傳。小人所解的這一卦，料是也有八九分說中了。」

劉恆便淡淡一笑：「天意從來難料，你姑妄言之，我姑妄聽之。今日便到此吧。」說罷，即召來少府，命賞賜陰賓上五十金，以車輦送返住處。

待陰賓上走後，劉恆便去與薄太后商議。薄太后聽了卦辭，忽想起了當年許負之言，脫口道：「原來，許負說我可『母儀天下』，竟是應在了恆兒你身上！」

劉恆卻是一臉茫然，不明所以：「什麼母儀天下？」

薄太后想到此事，唏噓不止，便將當年請許負看相的往事，向劉恆和盤托出。

劉恆聽了，心中更是忐忑，猶疑半晌，才囁嚅道：「即便如此，也不可大意。昔年趙王如意之禍，便是前鑑。」

薄太后想了想，斷然道：「你我母子，隱忍了二十餘年，今朝忽有天賜良機，若不取，恐是有違天意。可遣你阿舅，先入都探問，待探得萬無一失，你再應召也不遲。」

劉恆聽了，連連稱善，當即傳下詔去，遣母舅薄昭乘驛車赴長安，往太尉邸中去打探虛實。

那薄昭，乃薄太后唯一親弟。楚漢相爭時，因年少並無戰功，早年便隨了薄太后、劉恆來晉陽，一直在城中閒住。

劉恆將他召來，叮囑了一番，然後又道：「阿舅，此去長安，吉凶未蔔，若你實不願去，也可作罷。」

薄昭僅比劉恆年長幾歲，正是少壯年紀，聞劉恆此言，立時膽氣陡生：「哪裡有此話！大王即是命我下油鑊，我亦不敢辭，況乎不過是往見太尉。」

劉恆大喜，起身執了薄昭之手，千叮萬囑，送下殿去。

薄昭心知事關重大，若劉恆入都順遂，則自家一生榮華不可限量。於是不計利害，登上郵傳車，日夜兼程趕路，恨不能一步便到長安。

待他進得城內，但見街頭安堵如常，百姓面帶喜色，這才放下心來。遂直奔北闕甲第，尋到太尉邸，遞了名謁進去。

少頃，見周勃竟親自迎了出來，招手大笑道：「你便是薄昭？別時尚是少年，今日竟是個壯男了。老臣盼代王歸正位，正盼得急。來來，請隨我進來。」說罷，便拉了薄昭步入正堂。

兩人落座，薄昭便告知劉恆與薄太后之意，懇切道：「太尉，吾家⋯⋯甥兒劉恆，實是可憐！出生至今，二十餘年小心翼翼，一句錯話不敢出口，算是在刀劍下活到了今日。大位不大位的，本非所求，望太尉如實相告：徵書所言，可是真？」說罷，便移膝向前，連連叩起頭來。

周勃連忙扶住薄昭，安撫他道：「賢弟，萬勿如此！薄太后賢明，為世人敬仰，在下亦是心服。那代王賢名，更是無人不知。朝中老臣皆已衰老，不欲留下呂氏餘孽，免得三十年後孽子坐大，故有廢帝之議，豈是要圖謀傾陷劉氏？」

薄昭聞此言，忍不住傷心道：「十五年來，劉氏飄零無依，真的是怕了！」

周勃也甚感悲戚，便以實情相告：「我等老臣，正是激於大義，方有群起誅呂之舉。賢弟可放心，如今這天下，諸呂尚坐不成，哪個老臣還敢有貪心？前日徵書，乃陳平丞相親筆所擬，字字懇切，並無虛言，皆是老臣們的一番心願。」

薄昭仍是心存疑慮，又追問道：「吾甥若入都，可做得真皇帝嗎？」

「你這是哪裡話？賢弟多慮了。那前後兩少帝，似兩個木偶一般，乃是呂太后專權所致，當今朝堂中，權勢大如呂太后者，可有誰人？賢弟莫非是疑我周某，欲挾持代王，而自為周公乎？」

薄昭望了望周勃，見周勃一臉至誠，全無惺惺作態之色，便知此事定是無詐。然低頭想想，仍欲以一語激之，便說道：「我那甥兒，手無縛雞之力，若他貿然入都，北軍士卒只消兩三個，便可將他拿下。請問太尉，這入都登位之事，可有人作保？」

周勃聞言，不禁氣血上湧，對天拜了三拜，發誓道：「以我周勃萬世之名作保，若存弒君之心，便是史書上剜不去的賊子，子孫萬代，亦受人啐罵……」

薄昭連忙拉住周勃衣袖，連聲道：「好了好了，太尉，我便信你。」

周勃這才坐直，整整衣冠，慘笑道：「誅殺諸呂，我等已賭上了身家性命；若敢再誅殺劉氏，則是萬年也不可赦了！你只需回稟代王：入都之日，百官必至渭水畔郊迎。代王行至渭水，若不見隔岸有百官迎候，則打馬返回便是，可否？」

薄昭聽了，再無話說，遂拱一拱手，起身告辭，去了代邸歇宿。次日，在代邸一覺醒來，片刻也不願延誤，搭了郵傳車便急返晉陽。

數日後，薄昭風塵僕僕回到晉陽，見了劉恆，即拜賀道：「徵書所言皆實，無可疑者。」

劉恆問明了赴京師始末，便對身邊宋昌笑道：「都中之事，果如公所言，公有大功！誅呂至今，已近兩月，都中並無異常，我等毋庸再疑。這幾日，孤王便動身，公可為我驂乘。」

宋昌連忙謝恩道：「此乃吾王之福，而非臣下之功也。」接著又向張武拜謝道：

「若非足下有疑，我輩焉知長安城中虛實，也請足下受我一拜。」

劉恆便指著殿上諸臣，笑道：「諸位文武，都是孤王心腹，明日皆隨我去朝中。上天既有眷顧，便都不要辜負了。」笑罷，轉頭又對薄昭道，「阿舅立有大功，容入都之後，再行封賞。」

諸事議定後，劉恆便稟告薄太后，欲先往長安去，待坐穩大位，再迎母后及妻子兒女入都。

薄太后望望劉恆，不覺兩眼就溼了：「恆兒，看你這許多年，大氣都不敢出一口，也真是命苦。此去吉凶禍福，只得託付於天了，諸事都須小心。」

劉恆也覺傷感，便道：「以阿舅在都中所聞，朝堂上事，當不致有詐；然萬一有變……兒不得脫身，還望母后勿心焦，照看好兒臣妻子兒女便是。」

一番話，說得薄太后雙淚直流，嘆息道：「我等弱枝人家，比不得豪強大戶，即是嫁入天子家，也還是命薄呀。」

劉恆見母后傷心，便連忙打住話頭，又說起了女兒劉嫖事：「劉嫖任性，竇美人也管教不住，還望母后多費心。」

薄太后拭淚道：「你自管去，家中事，有我與竇姬照應，切勿掛記。宋昌、張武等人隨你去，我還要叮囑他們，無論遇何事，都須忍下，不得爭一時之短長。」

「母后想得周全，兒自會小心，倒是母后請勿太過憂心。」

「唉，為娘知你心！前年我臥病，你竟衣不解帶，親奉湯藥數月。世間孝親，未有過於此的。這幾日我目疾加重，對面竟是看不清人了。來來，你近前來，讓為娘好好看一看你。」太后遂拉過劉恆，輕撫劉恆臉頰五官，俄而又淚如雨下。

劉恆忙為薄太后拭淚，勸道：「上天已佑我母子多年，今往長安，或有至福，兒定當與母后同享。」

薄太后搖頭道：「老嫗還要什麼至福？為母這一世，有孩兒你，便可知足了……」言未畢，竟放聲大哭起來，驚得劉恆連忙溫語安慰。

數日後，劉恆辭別薄太后及竇美人，帶了宋昌、張武、庶饒、憲足、盧福等近臣，分乘六輛郵傳車，前往長安。一路上，與諸臣議論天下事，倒也不覺路遠。不幾日，便到了長安左近。

至閏九月己酉日，車行至高帝長陵，可望見封土如山，高矗入雲，眾人不覺都屏住了息。劉恆便命車駕停下，吩咐宋昌道：「孤王雖奉詔，然亦不能輕信。此地離長安尚有數十里，孤王率眾人，暫在陵邑歇息。你一人先入城，留意是否有變。」

宋昌領命，便獨自登車，催御者加鞭疾馳，前往渭水畔。堪堪來到渭橋下，手打遮陽看去，見對面岸邊，果然黑壓壓的有一群文武，鹵簿儀仗，排列數里，於清寒中肅立不動。陳平、周勃以下百官，皆袞服冠帶，迎候於道旁。近旁百姓聞訊，也都絡繹前來看稀罕。

這等郊迎陣勢，自秦亡以來，就未曾有過，想這光天化日之下，又怎能隱伏劫持之謀？宋昌心中一喜，未等車駕靠近渭水，便令御者掉頭，返回去報信。

那邊劉恆一行，歇了還未及一個時辰，就見宋昌乘驛車馳回。但見他跳下車來，氣喘吁吁稟道：「百官皆至渭橋邊迎候，君上毋庸再疑。」

劉恆也知事已穩妥，但心中仍是懸懸，又追問道：「朝臣盡數都來了？」

「以臣觀之，應是來齊了，已在寒風中等候多時。」

「那好！孤王也不宜再拖延了。老臣之中，多有年邁者，耐不住疲累。我們這便走，你上車來，仍為我驂乘。」

待劉恆車駕抵近渭橋，百官便一片歡悅，都伏地而拜，齊聲呼道：「恭迎君上！」

車駕緩緩過橋停住，劉恆連忙下車來，疾步向前，揖禮謝道：「諸君辛苦了！如此大禮，孤王萬不敢當。」

周勃領百官行了大禮，禮畢便搶前一步，面奏道：「大王，請摒退左右。臣有數言，要說與大王聽。」

此時，宋昌正護衛在劉恆之側，聞周勃之言，心中不悅，當即正色道：「太尉所言，若為公事，敬請言之；若為私事，則無須再說了。吾王所奉，乃王者之道，王者即是無私也！」說罷，便按劍恭立，半步也不肯退。

那周勃自以為功大，安排郊迎，也是有向新帝討賞之意。此時聞宋昌斥責，大出意料，這才悟到：天下萬事，已與昨日不同了！登時臉便漲紅，心中發慌，竟撲通一聲跪下，雙手顫抖，取出天子玉璽來，恭順呈上。

劉恆瞟一眼那印璽，又望了望伏地恭迎的百官，忽就想起臨來那夜，與母后相對垂淚之時，頓覺世態炎涼不可言說。於是強忍了忍，向周勃揖謝道：「太尉請起！諸君可隨我至代邸，再行商議。」

周勃一時茫然，抬頭望望陳平，見陳平暗暗使了個眼色，便知應從劉恆之意，連忙手捧玉璽立起，說道：「也好，周某這便為大王前導。」

劉恆頷首應允，君臣便各登車駕。眾人擁劉恆在前，浩浩蕩蕩進了城，直奔代邸。

城內，百姓夾道圍觀，雖不知皇帝將要換人，然見此情景，心中也都猜出了七八分，紛紛爭睹新帝容顏，生怕錯過。

面對萬民矚目，劉恆在車上只是發窘，左右張望，竟是無所措手足。宋昌執戟為驂乘，滿面威嚴，低聲提醒道：「大王，你昨日為藩王，舉止尚可隨意。今日入了這城門，便是天子，請站直！」

這一句提醒，說得劉恆一凜，連忙挺了挺身，目不斜視，擺出莊敬之態。

車馬行至代邸門前，眾公卿隨劉恆入內，其餘百官則守候於外。待君臣分次坐定，陳平便從懷中取出勸進表來，高聲讀道：「臣丞相陳平、太尉周勃、大將軍柴武、御史大夫張蒼、宗正劉郢、朱虛侯劉章、東牟侯劉興居、典客劉揭等，拜伏於大王足下：今皇嗣劉弘，並非孝惠皇帝所生，不容再奉宗廟、妄為天子，故商請陰安侯、頃王后、琅琊王及列侯、官吏二千石以上，公議推大王為皇嗣，願大王早順民心，即天子位。」

讀罷，不待劉恆發話，諸臣便齊齊跪下，三叩九拜，齊呼萬歲。禮畢，竟無一人起身，都伏地望住劉恆。

劉恆連忙起身，從陳平手中接過勸進表，交給張武，展臂向眾人道：「多謝諸君之意，然奉高帝宗廟，天下之要事也，寡人不才，不能稱諸位之意。還是請楚王來，共議何人宜當大任，寡人哪裡就敢當？」

不料任由劉恆如何勸，諸臣就是不起，左面扶起一個，右面便又跪下一個。眾人將劉恆三面圍定，動也不動。

劉恆大急，逡巡數匝，坐下又復起，遂向西揖讓三回，又向南揖讓兩回，口中喃喃道「不可不可」，只是固辭不允。

陳平見事情僵住，心中也急，怕真的請來楚王劉交，不知又要生出什麼枝節來。心想今日勸進，乃是公私兩利之事，若勸得代王登位，則誅諸呂一事，斷不會遭追究，「再造功臣」之位，也就坐定了。否則另選他人為帝，他人若不給諸臣面子，究治起來，那誅呂之事終究是以下犯上，倒真是不能辯白了。於是便伏地，狠命叩了三個頭，高聲道：「臣陳平等商議再三，可登大位者，以大王為最宜，上至列侯，下至萬民，無人不服。臣等此舉，乃是為保宗廟社稷，而非冒險邀功，願大王莫要推辭，上從天意，下撫人心，登大位而安天下。」

劉恆只是搖頭：「不可不可！正是要尊法統，才不可如此倉促。劉氏子弟遍天下，寡人不過一旁支而已，今忽成人主，臣民倒要猜疑起來。」

周勃聽得不耐煩，將印璽高舉過頂，心一橫，索性高聲道：「臣等欲奉大王為新帝，已非一日之議，半月前便已議定，誓不更易。今臣等奉天子符璽，再拜吾皇。」

眾人也是耐不得了，都紛紛叩首，高聲附和道：「再拜吾皇，再拜吾皇……」

滿室裡，頓時群情洶洶，容不得劉恆再說話了。劉恆見狀，也是無措。此時，宋昌借為劉恆扶正案几，彎下腰去，只輕聲說了句：「君上，已是恰恰好了！」

劉恆怔了一怔，這才高舉雙臂，漸露笑容道：「諸君少安勿躁。既由宗室、將相、列侯、諸王所共議，以寡人為最宜，寡人若再推辭，倒是有違眾意了，恐也為天意所不容。孤王便如諸君所請，勉為其難，承繼大統便是。我能踐此位，做夢也未曾想過，若有不明瞭處，還需諸君多加指教。」

群臣這才「譁」的一聲笑開，都手舞足蹈，起身向前擁去，交口稱賀。有那腿快的，早已奔出，告知門外苦守的百官。百官聽了，也是狂喜，一時歡聲雷動，整條街巷都為之鼎沸。

中謁者張釋早已備好了冕旒、龍袍，此刻便拿出來，一干人將劉恆衣袍換了。諸臣依爵秩，在代邸中排列成行，三叩九拜，算是尊劉恆為新帝了。因劉恆後來諡號作「孝文」，故後世都稱他為「文帝」。

其時，劉興居也在其列，見其狀，心中極是惱怒。先前，陳平、周勃曾私下允諾，若事成，可封劉章為趙王、封劉興居為梁王，然誅呂事成已近兩月，劉氏兄弟卻無一受封。梁王之位，也封給了後少帝獨子，顯是老臣們從中弄權。

劉興居私下曾與劉章商議，權衡再三，終不敢有異動。由此，他一腔無名怒火，便要找個發洩處。加之也想立大功，以圖早些封王，便出列自薦道：「前日誅呂氏，吾無功，今請旨前去除宮。」

劉恆與宋昌、張武略作商量，都以為既登了大位，代邸便不宜久留，劉興居願去做惡人，也未嘗不可。於是下詔，命太僕夏侯嬰與劉興居同去，往未央宮伺機行事，即刻除宮。

所謂「除宮」，原意為打掃宮殿，此時提起，即是要將那後少帝趕出宮去。諸臣雖已公議廢黜後少帝，然後少帝與太后張嫣此刻尚在宮中，有甲士護衛，自成一體。若要清除，須得費一番心思，否則又要刀兵相見，倒要煞了鼎革的喜氣。

劉興居領了命，便對夏侯嬰道：「請太僕與下臣披甲而往，憑我往日之威，堂堂正正進宮，必無阻攔。見了後少帝，當面宣諭便是。那後少帝母子，孤兒寡母，不怕他二人不聽擺布。」

此時未央宮中諸人，只知內外交通已斷絕多日，全不知世事早已翻覆。劉興居搶在夏侯嬰前面，闊步來至南面端門[03]，便要闖宮。

那宮門此時正緊閉，門外有一群謁者、甲士，執戟守衛，戒備森嚴。見劉興居全身披掛，帶了太僕來，眾人不由大喜，都圍上前來致禮，七嘴八舌地打聽：「外間平安否，不知何日可解禁？我等已近兩月不得出宮了。」

[03] 端門，即正門。

劉興居便一笑：「今日太僕與我來，正是要允准各位出去。」說罷，便喚過未央宮宦者令張澤，附其耳畔，密語了兩句。

張澤聞言，臉色一變，隨即又大喜，吩咐道：「眾人稍安，明日即可休沐了。」

平日，劉興居與其兄劉章，共掌宮中宿衛事。宮中一眾近侍，皆聽他兄弟調遣。聞夏侯嬰、劉興居是來解禁的，眾甲士都歡躍不已，任由二人進宮去了。

再說那位後少帝劉弘，年紀尚不及弱冠，此時正閒來無事，在宣室殿與小宦者一道，逗弄畫眉鳥玩。忽見劉興居、夏侯嬰上殿來，也未在意，只回首道：「東牟侯多日不見，原是與太僕玩在了一起。」

劉興居便上前幾步，一揖道：「臣下有密奏。」

後少帝見劉興居面色不善，不由一驚，忙揮退了小宦者，惶然問道：「愛卿有何言？」

劉興居「唰」地拔出劍來，疾言厲色道：「聽好 —— 足下非劉氏所生，不當立為帝！」

夏侯嬰見狀，也猛地拔出劍來，在旁護住劉興居。

宣室殿的執戟郎衛，此刻正在階下值守，見兩位公卿忽然拔劍，似與皇帝起了爭執，都大驚失色，只呆呆地往殿上看。

劉弘一頭霧水，驚得連話也說不清了：「我……非劉氏？那我又是何人？不當立，又當何如？」

劉興居便將劍鋒一指：「足下勿多言！」便命階前眾郎衛，都棄了兵器，暫回舍中歇息。

那班殿前郎衛，皆為精銳甲士，平素對二劉極為恭敬，令行禁止。

此時見劉興居舉止，無不心知有變，一聲然諾，便紛紛棄戟而去。內中僅有數人，見後少帝並未下令，便不肯棄兵器，只執戟攔在殿門。看那決絕之態，若劉興居敢挾後少帝離去，便將有一番廝殺。

此時，宦者令張澤聞訊趕來，連忙宣諭道：「今上非劉氏血脈，今日已廢，代王劉恆受大臣共推，即位為新帝。你等不得造次，只聽東牟侯吩咐就好。」

此言一出，所餘幾卒面面相覷，嘆了口氣，皆棄了長戟而去。

見身邊甲士盡皆散去，劉弘方知事不妙，惶急不知所措。往日裡雖有宦者告知「君上貴為天子，乃天下第一人」，然他也知，除了差遣宦者伺候以外，其餘萬事皆做不得主。便是如權門子弟般出城遊獵，也是不可得的事，故平素只知與小宦者鬥草玩鳥，不問外事。今日見事有異常，則全無主張，欲往後宮去見張太后，卻被夏侯嬰一把拽住，動彈不得。

此時夏侯嬰喚過張澤，吩咐道：「去備車輦，載此小兒出殿。」劉弘連忙問道：「太僕要載我往何處？」

夏侯嬰冷冷道：「就在宮內，尋個好處所暫住。」

少頃，車輦已備好，夏侯嬰便對劉興居道：「此兒暫宿宗正府官署，有勞東牟侯親自解赴。老臣則督責孝惠皇后，徙往北宮。」

劉興居諾了一聲，便帶領數名宦者，押解劉弘前往宗正府。劉弘不敢違抗，只一面哭，一面回望了幾眼宣室殿，隨劉興居出去了。

夏侯嬰帶領張澤等數名宦者，來到明光殿，見到張嫣，略一揖，即宣諭道：「諸呂亂政，今已盡誅！諸大臣共推代王為新帝，廢劉弘帝號。新帝有詔：孝惠皇后雖係呂氏後裔，然並未參與謀亂，故免誅，僅廢太后位，徙於北宮居住，安享餘年。臣夏侯嬰遵旨督行，請孝惠皇后收拾細軟，這便起駕。」

張嫣正在侍弄花草，聞言大驚，脫口道：「今上安在？」

夏侯嬰便一笑：「張皇后應知，那小兒並非劉氏所生，不知是後宮誰的野種，已徙出宣室殿了。此子既非皇后所生，就任由其便吧。」

「劉弘非劉氏所生？」張嫣手中水瓢「砰」地落地，便知當年戚夫人之厄運，今日竟輪到自家頭上了。只慶幸張家的面子，諸老臣尚有顧及，不至賜死，否則夏侯嬰拿來的便是毒酒了。想到此，不禁淚如泉湧，只道了一聲：「滕公請稍候。」便匆忙進內室，收拾細軟去了。

張澤見了，心有不忍，對夏侯嬰道：「北宮地處偏僻，閒置多年，從無人居住，今日如何能住得進去？」

夏侯嬰望一眼張澤，神色儼然道：「奈何新帝於今夜，便要住進未央宮，也只得如此了！」

張澤嘆息數聲，便命明光殿宦者一起下手，多搬些物件往北宮去。

夏侯嬰端立不動，微微側首，望一眼張澤道：「張公，老臣料不到，你在宮中多年，遇這等事，竟然心軟！」

張澤不由得神色黯然：「下臣懦弱，實不能有鐵石心腸。」

片刻工夫，張嫣換了一身素服出來，並未攜帶珍寶，只將一床錦被交予張澤，囑道：「請張公交給少帝。少帝生長於宮掖，從未外出過，那外間臥榻，哪裡能睡得慣？」

夏侯嬰略一遲疑，伸臂攔住，嘆了口氣道：「孝惠皇后，不必了……」

張嫣便猛醒，抬頭望望夏侯嬰，忍不住潸然淚下：「陳平、周勃輩，竟如此狠毒嗎？」

夏侯嬰一怔，連忙施禮道：「非老臣心狠也。張皇后可還記得，那幾位少年趙王，是如何了結的？」

張嫣聞言，臉色頓時蒼白，掩面道：「張公，你前面引路吧。」說罷，便踉蹌步出殿門，一路悲泣不止。

當夜，張嫣在北宮院落安頓下，卻不能入眠。夜中寒氣逼人，聲息全無，僅有兩三宮人陪侍。

且說當年，張嫣幼年入中宮，曾有一奇事：每日晨起，對鏡理妝時，總有一隻五色鳥飛落窗外，婉轉啼鳴。其聲頗似人語：「淑君幽室裡去，淑君幽室裡去……」後十餘年間，從未中斷。所謂「淑君」，即是張嫣乳名。自張嫣徙於北宮這夜起，此鳥便不再來了，因此日後宮人都私下說：此鳥之啼，已註定張皇后要遭幽禁。

張嫣自此幽居於北宮，再未跨出半步，前後有十七年之久。徙居當月，便患上了幽憂之疾，終日淚流不止。至漢文帝後元元年（西元前 163 年）三月，肝風驟發，危在旦夕。宮人忙去請太醫，卻不料那太醫孔何傷受了大臣暗囑，只託詞太忙，多日不至。張嫣終是撐不住，於數日之後薨了，年僅四十一歲。其棺槨葬於安陵，與惠帝合葬在一處，好歹未成孤魂。

張嫣死時，有一眾侍女為其料理後事。忽聞空中有絲竹之聲，且滿室異香，數日不散，眾女皆感驚異。

因張嫣身邊無骨肉至親，故小殮之時，皆由侍女為其沐浴。有一侍女驗視皇后下體，忽而驚呼道：「呀，皇后竟是處子！」宮人聞聲，都一擁而至，但見其軀體潔白如玉，宛若仙人。眾女憐之，遲遲不肯裝殮，互語道：「如此玉人，過了今日，便不復再睹了。」

有宮人還拿了竹尺，量皇后軀體各處之短長，援筆記之。待量至隱微處，也不禁連聲讚嘆。如此停放了一整日，才裝殮入棺。

「張皇后竟為處子！」—— 此消息不脛而走，天下臣民聞之，無不憐惜。後數年間，各地均有為其立廟者，定時享祭。因張嫣生前愛花，故民間尊其為「花神」；所立廟，名為「花神廟」。這些皆是後話了。

且說除宮當日，數百宦者與宮女，一番忙亂，終在日暮時清理乾淨了。夏侯嬰即令太僕府出動天子法駕，由劉興居帶領，去代邸迎新帝入宮。

劉興居率一隊涓人、甲士，親馭鑾駕，來至代邸門前，通報進去：「除宮已畢，請聖駕入大內。」

此時，劉恆與親隨已坐等了半日，眼看夕陽落山，方才等來法駕，便一同起身出來。劉恆執宋昌、張武之手道：「兩公請與我同車，今夜將有大任。」

劉興居扶劉恆登上車，隨即也上車，自任驂乘，執戟護衛劉恆，馳至未央宮端門。豈料事有不測，但見宮門緊閉，門外有謁者十人，各執長戟，守衛甚嚴，不許車駕馳入。

劉興居連忙跳下車來，上前高聲道：「代王即位為天子，今夜入宮，請諸君啟門放行。」

謁者們提了燈籠來看，雖都識得劉興居，卻無人應命。只聽為首一謁者道：「天子今在宮內，爾等係何人要入宮？」

劉興居心中惱怒，不由喝問道：「連我都不認得了嗎？」

為首那人答道：「東牟侯請息怒。我等為謁者，而非宮內甲士，恕不受命。欲啟此門，請奉天子詔。」

劉興居急得頓足，看看無計可施，只得返報劉恆。劉恆亦無良策，只是嘆息道：

「謁者職司所在，我輩又能奈何？」

劉興居則憤然道：「天子就在此，還要奉哪個天子詔？待我去調發南軍，殺將進去算了。」

宋昌、張武聞此言，也都拔出劍來，爭相道：「也只得如此了！」

劉恆連忙擺手道：「不可！入宮吉日，不宜動刀兵，且去召太尉來。」

「太尉？……也好，臣下這便去請。」

劉興居領命，返身便走，半個時辰不到，即與周勃同車而來。

周勃下了車，揖過劉恆，忙勸慰道：「陛下受擾了，容老臣前去宣諭。」便來至眾謁者面前，從袖中摸出勸進表來，宣讀一遍。

謁者們聞聽功臣皆聯名勸進，共推新帝，便知天下事已有變。為首者即向周勃拱手道：「臣等近兩月未曾出宮，不知天子易位，還請太尉恕罪。」

周勃便溫言道：「爾等不知端由，便是無罪。且棄了兵器，都散去吧。」那為首謁者聞言，向後揮一揮手，眾謁者便紛紛棄了長戟散去。

周勃見宮門前已無阻擋，便隔牆高聲喚宦者開門。少頃，銅釘宮門轟然洞開，劉興居一見，立即催御者起駕，眾人便簇擁著劉恆一擁而入。

當夜，劉恆即入主未央宮，升座前殿，算是名正言順，即位為天子了。

劉恆坐在龍床之上，環視大殿，只見謁者恭立，燭火通明，恍似全天下人皆伏在腳下，不由就想起了阿娘，頓時落下淚來。

宋昌在側，連忙咳嗽幾聲。劉恆聞聲，這才回過神來，當即吩咐擬詔：拜宋昌為衛將軍，統領南北軍，位在中尉、衛尉之上；拜張武為郎中令，掌管兩宮門戶，統領謁者及諸郎官。兩人拜謝畢，即各就其位，掌起了宮內外諸事。

此時殿上，一派肅然，無人敢出大氣。劉恆正恍惚間，忽聞周勃奏道：「呂太后生前所立諸皇子，皆非惠帝所生，今夜宜盡誅，不留一個。」

劉恆聞言一驚：「不留一個？」

「不錯。」

「劉弘出身固然有疑，然其餘諸皇子，當不至全無惠帝血脈吧？」

「眼下那班小兒皆年少，將來事，誰也難料。」

「哦——，那麼交廷尉去辦吧，僅賜死便好，不得凌虐。」

周勃便令一謁者飛騎出宮，赴廷尉府遞送密殺令。廷尉郭圍接了旨，不敢怠慢，立即點起吏員、差役，連夜出動。

那惠帝諸庶子，前月聞聽諸呂被誅，不知是禍是福，都還在觀望。豈料這夜，家中闖進來大群公差，口稱奉旨誅呂氏餘孽，不由分說，便要行刑。諸庶子嚇得魂飛魄散，無不大呼冤枉。

廷尉府差役哪裡肯聽，將諸庶子拖曳至庭中，一根白綾套上頸，當場便勒斃。闔府老少被驚起，目睹此景，無不驚怖，隨即悲哭不止，聲震街衢。

一夜之間，廷尉府百餘名公差馬不停蹄，連誅梁王劉太、常山王劉不疑、軹侯劉朝等人，將屍首拖去亂葬壕內，草草葬了。最可憐那新封梁王劉太，係後少帝獨子，來到世上僅數月，也被扼斃於繈褓之中。

當夜，劉恆還另有諭旨，命劉興居速往宗正府，誅殺後少帝劉弘。劉興居領命，精神大振，率了兵卒數人，攜毒酒至宗正府官署中，喝令劉弘起來。

那劉弘睡眼惺忪，見劉興居帶了兵丁來，知是大禍臨頭，連忙伏地叩頭，哀求道：「平素我待足下如兄長，望兄長開恩，留我一命，日後必不敢忘。」

劉興居卻冷臉道：「昔日足下為天子，我從足下；今日代王為天子，我便從代王。可允你延宕片刻，卻是等不到天明了。此酒並不苦，一飲而盡，有何難哉？」

劉弘堅不肯飲，劉興居大怒，一把扯他過來，強行灌下。灌畢不多時，劉弘兩眼一翻，當即斃命。至此，惠帝諸子孫除病歿者外，先後為呂后、老臣誅殺盡淨，未餘一脈。

至此，夜已漸深，文帝毫無倦意，猶自坐在殿上，命涓人執筆，口授恩詔一道，著人提燈送往丞相府。詔曰：「詔示丞相、太尉、御史大夫：昔諸呂用事擅權，謀為大逆，欲危及劉氏宗廟，有賴將相、宗室、列侯、大臣誅之，皆伏其罪。朕初即位，令大赦天下，賜民爵一級[04]，女子百戶賜牛酒[05]，允民間大醉五日。」

這「大醉五日」又是何種恩賞？原來，秦法禁百姓醉酒，醉酒即指為有謀反意。至漢初，此法並未廢，文帝此詔，允平民大醉五日，算是法外開恩。

忙至五更天，已隱隱聞有雞鳴。涓人上前稟報說，宣室殿已打掃一新，勸文帝歇息。文帝想想，諸事再無遺漏，這才起身，往宣室殿去了。

至天明不久，長安百姓聞說換了天子，都歡天喜地。家家煮酒，戶戶殺雞，滿街盡是舉杯呼喝之人，川流不息。呂氏專權至今已十五年，

[04] 民爵，即漢時爵位。漢朝襲用秦爵二十等，從公士起，至列侯為最高，以賞有功吏民。

[05] 此處指官府對女性戶主家庭的賞賜，其標準是每百戶賞賜一頭牛、十石酒，每戶折合百錢左右。

一天陰霾，就此消散。滿朝文武，皆頌文帝英明，再無人追問惠帝六子血脈如何，任其葬入黃土了事。張太后原本民間口碑甚佳，因朝臣自此絕口不提其下落，民間便也無從知曉，一夕之間，其生死便再無音訊了。

登位之事忙畢，時已近十月。新年將至，新帝登位照例要改元，於是有詔下，改次年為元年。因文帝後來又曾改元一次，故首度改元，後世便稱為「文帝前元」（自西元前 179 年起）。至新年冬十月朔日，文帝又親謁高廟祭告祖宗，將這「承宗廟」之事，圓滿了結。

這兩月以來的劇變，看得民眾心驚肉跳。好歹經此一番風雨，皇位由劉邦庶子繼承了下來，未致天下大亂。

當日，文帝告廟罷，鹵簿浩浩蕩蕩還朝，群臣又齊集前殿朝賀。龍庭之上，望見眼前人頭湧動，文帝便覺頭暈，忙喚涓人宣讀封賞詔令，詔曰：「前呂產自命為相國，呂祿為上將軍，擅遣灌嬰領兵擊齊，欲取代劉氏；灌嬰滯留滎陽，與諸侯合謀以誅呂氏。呂產欲為大逆，丞相陳平與太尉周勃等，謀奪呂產所率南北軍。朱虛侯劉章率先捕斬呂產；太尉周勃親率襄平侯紀通，持節奉詔入北軍；典客劉揭奪呂祿印。今加封太尉周勃食邑萬戶，賜金千斤；加丞相陳平、將軍灌嬰食邑各三千戶，金各二千斤；加朱虛侯劉章、襄平侯紀通食邑各二千戶，金各千斤；封典客劉揭為陽信侯，賜金千斤。以酬勳勞，請勿辭。」

此恩賞令一下，舉朝稱賀。群臣皆知此次恩賞，乃是幾位老臣拚了性命才換來的，故而都心服口服。

朝賀畢，文帝留下周勃，誠心謝道：「先帝以絳侯託天下，今日看來，真乃聖明之至。朕有今日，公出力最大，朕無以報答，唯膝下有一女，擬許配與令郎，我也好與絳侯結為親家。」

聞聽文帝要嫁女，周勃便想到是文帝長女劉嫖。他早聽說此女刁蠻，絕非尋常，不由就一驚，連忙婉謝道：「臣之長子周勝之，年少魯鈍，怕要辱沒了劉嫖公主，恕臣不敢允之。」

文帝不由大笑：「那劉嫖，朕亦左右不得，來日嫁與誰，唯有天知。劉嫖之下，還有一庶出公主，年紀尚幼，恰與令郎般配。」

如此，君臣兩人便將這門親事說下，旬日之內，一番禮數也都逐次盡到。逢到吉日，絳侯府邸便出動迎親人馬，吹吹打打，將小公主迎娶了去，甚是風光。

周勃此時雖榮寵備至，然靜坐思之，想到在渭橋邊曾被宋昌喝斥，知今日到底不比先帝在時，即是擁戴有功，也須好生籠絡皇帝身邊親信，便想道：不如將那新增萬戶食邑，贈予薄昭，做個人情也好。

於是周勃請薄昭至邸中小酌，說明了此意。那薄昭本為貪利之人，聞之大喜，豈有不受之理？兩人便在酒宴間，說妥了此事，盡興而別。

至十二月，漢家內外大治，與往昔相比，好似隔了整整一世。其時，原河南郡守吳公，新晉為廷尉，文帝便召吳公來，與他商議修訂律法之事。

那吳公乃一蒼然老者，徐徐步入殿內。文帝見了，連忙起立恭迎，溫言道：「久聞吳公大名，朝野都讚，今日見之，果然有氣象！」

吳公揖謝道：「蒙陛下錯愛，老朽別無長技，無非做事專心而已。朝野之人看我已老邁，時有恭維之語，不足為憑。」

文帝笑笑，請吳公坐下，拜了一拜道：「朕已知，公與李斯為同邑，諳熟律法，常就教於李斯。當世曾為李斯弟子者，更有何人？公在河南，治平之功為天下第一，名聞遠近，若不是得李斯真傳，豈能有此等治績？朕拔你為九卿，即是有大任將要託付。我初登大位，律法之事，總要有些新意才好。而今有個律法，朕甚感不解，要與你略作商量。」

吳公慌忙伏拜道：「小臣才疏，萬不敢與陛下論道，願聞訓示。」

文帝便一笑：「吳公謙遜了。朕以為：法者，治天下之本也。為政者，當以法禁暴，而不可以暴易暴。」

「正是如此。」

「然以今日之法，一人犯法，其無罪之父母妻子，皆須連坐，收入官家為奴。這一科條，朕甚為不解，可否改之？」

吳公聽明白了，連忙答道：「民不能自治，故立法以禁之。犯法連坐，是為使其畏懼，其法由來已遠，還是不改為便。」

文帝便搖頭：「我也知不改為便，然百事不改，年年如故，官吏倒是便了，小民卻深以為苦。我在代地為諸侯，常見無辜連坐者，轉眼即家破，一路哀哭。於此，我常有不忍。古之賢者有言：為官者，須導民向善。此等連坐法，不能導民向善，朕亦未見其便，看今日如何有個商量才好？」

吳公聽畢，心有所悟，誠服道：「陛下為萬民施恩，德盛於天，臣等萬不能及。那麼就請下詔，即刻廢除連坐法。」

文帝頷首一笑：「此等興廢事，只有你我新晉者來做，方做得成。」

吳公頓感不安，連忙道：「臣本老朽，豈能言新？唯陛下才能令天下一新。」

隔日，便有詔令頒行天下，稱《尚書》有「罰弗及嗣」之說，今之連坐法，罪及父母妻子，甚不合古聖賢意，特命廢之。從此一人有罪一人當，再不牽連無辜親眷。百姓聞之，都奔相走告，如蒙大赦一般，喜極而泣。

這日張武來謁見，報稱闔城喜慶情景，文帝心中亦暗喜，便將那諸臣所上的謝表，反覆翻看。張武見了，在旁輕咳一聲，提醒道：「太后及薄公，亦可蒙陛下推恩了。」

文帝猛然抬起頭來，似略有猶疑：「如此……豈非過早？」

張武便搖頭道：「哪裡過早？封賞功臣為公事，推恩母家係私屬，最宜並行。一事有功於天下，一事則利己，官民必不致怨望。呂氏往日之失，就在於無功而封母家，天下又有哪個能服？」

文帝大悟，連連頷首道：「多虧張公提醒！這便擬詔推恩吧，尊朕母后為皇太后，舅薄昭加車騎將軍，封為軹侯。另有幾位已故姪兒，為呂太后所害，也都一併追謚了。如此廣施恩德，民間便不致有非議。幾個姪兒的謚號，也請張公會同典客，好好想一想。」

張武喜道：「如此甚好。薄公既為車騎將軍，奪去灌嬰掌馬軍之權，那馬軍所駐趙代之地，便在陛下股掌中了。」

次日入朝，張武便交上謚號擬稿。文帝展開來看，見是：「擬追謚故趙王劉友為幽王、趙王劉恢為共王、燕王劉建為靈王。」

文帝看過，放下簡牘，不由得心傷，悲戚道：「諸姪皆是好年紀，不意僅過數年，竟都成了『幽靈』！」

張武連忙提醒道：「故趙王劉友，幸有兩子在，長子名喚劉遂，可襲王位。」

文帝「唔」了一聲，目視殿外良久，方道：「朕以弱枝入主，頭一件事，便是須將劉氏諸子弟安撫好。朕之意，劉遂可襲為趙王，當是無疑……」

張武正要領旨，忽聞文帝又道：「然則最緊要處，還在於齊王劉襄，須特別留意安撫。他於誅呂有首義之功，朕今日這個帝位，十有八九原本是他的。老臣們之所以不推劉襄，卻推了我上來，乃是對劉襄有所忌憚。故而，朕不得不對他多加優撫。今日之要，先復其封地，以往諸呂割去的齊地，盡皆歸還。琅琊王劉澤此次有功，應增封地，然其國在齊地之內，如何還能增？索性徙劉澤為燕王，原琅琊國則除去，其地亦歸還齊國，教他們兩下裡都歡喜。」

「如此甚好，然劉章、劉興居二人，似也應封王。」

「這個不急。他二人居功，頗有驕矜意，故封王不宜早，須挫一挫其傲氣。再說，劉襄既得了好處，他二人當不至公然怨望。」

張武面露驚喜，躬身一揖道：「甚好，如此甚周全。陛下治天下，以臣之見，似無須費力。」

文帝便笑：「哪裡話！我已多日不得安睡了。」

隔了一日，文帝便將所有推恩、追謚及改封之令，一併發出，傳諭四方。

那朝野吏民，自換了皇帝以後，都想早日見識新帝手段。聞此詔下，皆讚嘆不已，大為心服。

未及旬日，薄昭便奉詔，護送薄太后、竇美人及皇子一行，自晉陽入都。文帝親率百官，出城郊迎，長安又闔城熱鬧了一回。百姓通宵狂飲，酒肆竟為之售罄，秦末以來的戾氣，眼見得已全無蹤影。

文帝將母后迎入長樂宮，安頓在長信殿，晚間前去請安，卻聽得宮人稟報說，太后往椒房殿去了。文帝便覺好生奇怪，連忙來到椒房殿，只見薄太后在殿上走走停停，似在夢中，四處撫摸案几擺設。

聞聽文帝來了，薄太后便回首道：「昔日呂太后，便是住在此處嗎？」文帝答道：「正是。十五年間，呂太后垂拱而治，內外無兵患。」

薄太后遂輕嘆一聲：「吾不及呂太后遠矣！」

文帝連忙道：「母后之智，在於大謀，而不在小技。兒初登大位，百事不知，還望母后多加指教。」

薄太后便坐下，沉思有頃，方道：「老臣濟濟多才，不可觸犯。」

文帝恭謹回道：「此等關竅，兒臣已知。兒此刻不過是個偶人，欲變為活人，尚待時日。」

薄太后忍俊不禁，笑道：「吾兒倒是知大勢，然也無須心急。在上者，只須不刻忌，自會有人依附。」

文帝連忙應道：「兒謹記，治下應寬厚！」

薄太后又道：「恆兒有今日，你我母子，都不可忘許負當年之言。此恩，我母子當竭誠相報。何日得閒，你將那許負接來宮中住幾日，與我做個義妹，與你則做個義母。」

文帝拊掌道：「如此甚好，兒臣明日便遣人去請。母后從今往後，可在宮中安享閒暇，兒臣每日來侍奉羹湯，一如往日。」

薄太后連忙擺手道：「孩兒，萬萬不可！天下綱紀，握於你手中，豈能拘小節而失大禮。你自去理朝政吧，為母這裡，不要你分心。」說罷，便催文帝早些回去歇息。

文帝哪裡肯走，起身恭請母后回長信殿。待親送薄太后至寢宮，方才告退。

此後未過幾日，忽有右丞相陳平上疏，稱病不能入朝。文帝展卷一看，心下就一驚，忙喚了張武來商議。

文帝滿面狐疑，詢問張武道：「以公之見，右丞相這是何意？莫非真的厭倦了？」

張武道：「絕非此意！若右丞相欲效仿留侯，早便可以辭官了，又何須冒死誅呂？」

「朕也是如此想，他不是辭官，乃是心存懼意。」

「不錯。陳丞相所懼為何，陛下可召他來，一問便知。」

文帝知茲事甚大，便命張武退下，立召陳平來問。不多時，陳平神色匆匆入見，文帝連忙迎起，劈頭便問：「丞相，朕若有錯，你儘管諫言就是，何須以辭官為由，引得萬人矚目？」

陳平忙揖道：「不敢冒犯陛下，臣實是為太尉故。」

「太尉？」文帝一驚，忙問道，「你二人，有了嫌隙嗎？」

陳平坦然答道：「臣自有所憂。高皇帝率我等一班老臣，辛苦開國，當時太尉之功不如臣；然近日誅呂，則臣之功又不如太尉。今願將右丞相一職，讓與絳侯，令他不致生疑，臣心始安。」

文帝聞此言，方才一笑：「朕為代王時，便聞丞相巧計百出，灑脫不羈；然看你今日這般小心，倒像是學了留侯。」

陳平臉便一紅，急忙辯白道：「朝中老臣，唯三五人而已，臣實不願遭人猜忌。」

文帝略作沉吟，便允道：「丞相且退，朕已知此中利害。卿等各職司，不日將有變動，務使各人不疑就是。」

陳平長舒一口氣，忙謝恩退了下去。

當夜，文帝留下張武值宿，與之秉燭長談，直至夜半，將朝中諸事均都議妥。次日朝會，待眾臣齊集，文帝便有詔下：命周勃為右丞相；

陳平讓賢，改為左丞相，並賜千金、增食邑三百戶；原左丞相審食其，則罷職閒居；又命灌嬰接替周勃為太尉。

眾臣在殿上聞之，又驚又喜，都紛紛向周勃道賀。

周勃聞詔，心中也是大喜，知文帝不敢小視老臣，不覺就面有驕色。謝恩過後，便闊步下殿。文帝連忙起身，目送周勃遠去，禮敬有加。

當日，有一位郎中袁盎，恰逢值殿，在旁見此情景，心中不忿。待群臣散去，便近前一步，向文帝奏道：「小臣斗膽問一句，陛下視丞相周勃，為何等樣人？」

文帝讚道：「乃社稷之臣也。」

袁盎昂聲道：「非也！絳侯乃功臣，而非社稷臣。古時社稷臣所為，與君一體，君存與之存，君亡與之亡。想那呂氏擅政時，絳侯身為太尉，卻不能匡正天下。至呂后駕崩，諸大臣謀討逆，絳侯方得僥倖成事，趁機邀功。陛下即位，未究前過，特予絳侯恩賞，禮敬有加。然絳侯卻不思反省，居功自傲，只以驕色示人。若為社稷臣，豈能如是？」

文帝聞罷，默然不語，面色紅了又白，良久才說了聲：「人皆如此！」起身便回內殿去了。

此後，文帝再見周勃，便全無笑意，辭色峻厲，換了一副陌生面孔。

那周勃晉升了右丞相，正自得意，忽見文帝面若冰霜，不知是何意，漸漸竟也膽虛起來，猜想文帝是有了忌憚之心。

後有人告之，乃是袁盎進言所致。周勃不禁大怒：「小兒袁盎！」原來，這個袁盎，出身低微。其父原為群盜，自首改過後，被徙至惠帝安陵為庶民。高后稱制時，袁盎正當弱冠，做了呂祿的舍人。待到高后駕崩，文帝即位，袁盎已出落得一表人才。其兄袁噲，時在宮中為郎官，任職「常侍騎」[06]，便薦他做了郎中[07]，入宮宿衛。

這郎中一職，原本無俸，每日僅供一餐。宿衛所用衣甲兵器，都需自備。饒是如此，這蝕本的官職，仍是有人樂於投效，只為在天子面前常來往，或遇天子賞識，便可拜官授爵、光宗耀祖了。

袁盎之兄袁噲，素與周勃友善，因此周勃也識得袁盎。聞聽袁盎居然進讒言，便怒沖沖找到袁盎，戟指其面，罵道：「吾與你兄友善，小兒竟敢毀我！」

時逢袁盎正在當值，聞周勃詈罵，執戟未動，只面不改色道：「下臣只知直諫，不知有他。」

周勃險些氣結，暴怒道：「你可知老臣之威乎？」袁盎便道：「然絳侯之威，又豈可比天子！」

此一語，猛地驚醒周勃，不覺就出了一身冷汗，想到新帝終究年少，不同於舊主，再是結了親家，也終究有君臣之隔。想想也只得強自忍住，怒視了袁盎一眼，拂袖而去。

自是，周勃謁見文帝，便不敢再有驕色，只換了一副恭順面孔。文帝見了，面色亦略弛緩。君臣兩人，這才一時相安無事。

---

[06] 常侍騎，官名，西漢置。以騎郎身分，持節騎從乘輿左右，故名之。

[07] 郎中，官名，戰國時即有，秦漢為常置。帝王侍從的統稱，職司為護衛、隨從、備顧問及差遣。

姐弟相見，前塵往事恍如夢

元年氣象，果然非凡。入冬後，屢降瑞雪，關中大地得以滋潤，眼見得稼穡豐年可期，官民都大喜。

至正月初，文帝忽想起趙幽王劉友之事，便喚來周勃、陳平二人，商議道：「漢家平呂之後，萬事順遂，百姓歡悅，朕於宮中亦能察覺。近日思往事，屢屢念起吾姪劉友，可憐他已成幽魂，見不到這番景象了。當年劉友被呂太后幽禁，斃命之日，恰是正月十五上元節，臨終時，尚念念不忘平呂。朕每思之，直欲淚下。」

周勃、陳平聞之，亦是唏噓。陳平嘆道：「趙幽王苦命，為史上所罕有。民間之議，也多為之不平。」

文帝便道：「劉友眷屬，盡散落民間，慘苦之狀想也想得到。日後得便，還要復其宗室屬籍，賜給錢財過活。」

周勃登時淚不能禁，伏地稽首道：「陛下恩深，高帝若地下有知，當不再怪我等老臣了！」

文帝又道：「呂氏作惡，傷及的卻是漢家，你我君臣不能裝聾作啞，務要平息民怨。趙幽王薨於上元節，這一日，若民間念念不忘，便成了漢家之痛。聞聽宦者閒談，此節日，原為鄉俗，農夫於上元之宵燃燈驅獸，於野外歡會。朕之意，今後城邑百姓亦應燃燈，同賀元宵。不妨諭令天下，是日，百官亦休沐一日，可任情交遊飲宴。當夜，朕亦將出宮賞月，與民同樂。」

陳平當即領悟，拊掌道：「甚好甚好！免得逢此日，民間便多有怨意。」

「我意正是如此，這便擬詔吧。告諭百姓：閭里萬家於上元夜，皆須張燈綵、猜燈謎、觀百戲、賞樂舞，可名之為『元宵節』，以共慶平呂之喜。」

周勃、陳平都同聲稱善，退下後，各自去張羅此事了。

待諭令頒下，四海皆歡。至正月元宵，不獨長安城內外，即是那邊荒遠地、山海之隅，亦是萬民同慶，著實熱鬧了一番。

如此，文帝即位三四月後，心中便不再惶然。罷朝之後，常踱至椒房殿，偕竇美人及子女圍坐，說笑嬉戲，其樂融融。

那竇美人，原不過是長樂宮女官，當初呂后遣散宮人，陰差陽錯被遣至代王宮，未得歸鄉，卻因禍得福，獨受寵愛，一躍而成妃嬪之首。承歡日久，先誕下一女劉嫖，後又誕下兩子，長子名劉啟，次子名劉武。兩子雖是庶出，然劉恆甚愛憐之，遠勝過已故王后所生的嫡子。

先前那位王后，本生有四子，個個生龍活虎。不料王后命薄，一病不起，不多日竟至香消玉殞了。四位嫡子，轉眼成了孤兒，甚是無助。竇美人在長樂宮內歷練過，早知得寵時不可忘形，於是待那些嫡子極好，又管教自家兩子，對兄長彬彬有禮。劉恆看在眼裡，越發高興，對竇美人更是寵愛有加。

後宮其餘妃嬪，見了這情勢，豈有不知趣的，都一齊擁戴竇美人。因此，竇美人雖未扶正，卻是統領後宮，儼然正室。竇氏心中，雖知扶正是遲早的事，卻佯作全無此念，只埋頭相夫教子，如尋常民女一般。

且說那宮闈中事，往往有意外之變。就在劉恆入都為帝的前後，已故王后所生四子，竟接二連三病亡，夭折得乾乾淨淨。其時，劉恆只顧著長安城變故，顧不到傷心。倒是竇美人哭了幾回，料理好了諸嫡子的喪事。

此時入都，文帝跟前，即是竇美人兩子最為尊貴了。竇氏心中有數，暗自歡喜，只不露聲色而已。

這日文帝閒暇下來，在椒房殿小坐，撫摩著劉啟、劉武兩人頭頂，忽想起四個夭折嫡子來，不由得喟嘆一聲：「四嫡子若在，今日將是何等歡娛！」

竇美人便陪著嘆息，流出了兩行淚來，勸慰夫君道：「世事無常，我輩又能奈何？好在天道尚公平。太后無恙，陛下亦安然，不枉受了這許多年苦。」

文帝不禁情動於衷，望望竇美人，執其手道：「你我之緣，也是天賜。今日總算熬出來了，兩幼子所幸還健壯，萬不可疏忽了。」

竇美人拭淚道：「臣妾自然知道。教子之事，往昔曾見張皇后行事，也領略得一二，只不教陛下分心就是。」

文帝頷首微笑道：「那便好。今日不比在代國了，凡事不可馬虎。領有這天下，皇子便不同於民家子，賢愚與否，非同小可，務要教他們知書循禮。」

竇美人便喚兩子近前，跪拜文帝座前，教兩子答道：「父皇之訓，小子謹記了。」文帝開懷大笑，當即吩咐宦者，從少府署取兩匹絹帛來，賞給了兩子。

劉啟、劉武歡踴謝恩，文帝便起身道：「皇子不可長居深宮，快去更衣，你我父子出城去圍獵，多添些虎氣！」

此等情景，由宦者、宮女傳出宮外，朝中百官，皆知文帝寵愛兩子。堪堪時入孟春，周勃、陳平窺得文帝心情好，便領銜與百官聯名上疏，請早立太子，以固天下之本。

文帝閱罷奏疏，知是群臣在揣摩上意，心中便嘆世態炎涼。想那往昔，次兄如意暴斃後，兩姪兒接續為趙王，連連冤死，群臣竟無一人敢直諫。若有一人冒死廷爭，似周昌那般，諸姪何至於死得如螻蟻？

於是將奏疏擱置，傳諭給周勃道：「朕無甚德能，上天既無眷顧，百姓亦未見擁戴，只恨不能廣求天下賢士，以禪讓天下，豈能預立太子？此種不德之事，教我如何對天下啟齒？此類事，可毋庸再議。」

周勃等人得了上諭，只道是君上假意推讓，便又推陳平出頭，上疏固請道：「三代以來，立嗣必為子，今皇子劉啟，位居長，性仁孝，宜立為太子，上承宗廟，下服人心。」文帝閱畢，仍是推讓。如是推讓三回，文帝便於朝會上喚陳平出列，問道：「天下事，何為大者？請叔父輩教我。」

陳平答道：「無非水旱豐歉，南北邊事。兩者，為天下至要。」

「既如此……」文帝便拿出奏疏來，遞還給陳平，「此等小兒瑣事，可不急。」陳平接過，臉一紅，謝罪道：「臣等所慮不周，然此意，確出於至誠。」

周勃耐不住，搶出班來，慷慨應道：「臣等並無私心，只以天子事為天地間大事，急陛下之所急。立嗣之事，若無個著落，臣等便覺對不起先帝。」

文帝注視周勃片刻，方微笑道：「右丞相忠君之心，也為天地所知。若無你隻身入北軍，朕此刻在何處，還未可知呢。」

周勃連忙揖道：「陛下過獎，臣只是不忍負義而已。」

「哦？」文帝聞此，即斂衽正坐，環視朝堂道，「那麼，吾兄如意枉死，諸位可曾有話說？其後又有兩姪，枉死於趙王位上，老臣們可有一人出來阻諫？」

此話一出，滿堂皆驚，文武皆不能應對。周勃更是漲紅了臉，手足無措。

文帝這才緩緩道：「今日世事已平，諸君可不必空費心思；明日若遇不測，再用力亦不遲。」

陳平肅立，聽到此處，心下頓感不安，忙回奏道：「陛下，老臣之心至誠，天下都不疑。唯吾輩親歷前代翻覆，心有餘悸。前朝那始皇帝，若早立太子，焉能有傾覆之亂？故而立太子事，非一家之私事也，為天下安危之所繫。臣等呶呶不休，並非不明事理，乃是猶記前鑑，不忍漢家重蹈秦二世覆轍。」

文帝臉色便一變，悵悵良久，方輕撥出一口氣道：「丞相，你到底是先帝股肱，見識超卓。那麼，朕即是當今秦二世了……」

陳平臉色一白，嚇得連忙跪下：「臣不敢！臣絕無此意。」

文帝見狀，忽然就笑了，起身將陳平扶起：「丞相，你言之有理，姪兒我明白了：立嗣之事，遲疑不得。朕准奏就是，勿使生出許多枝節來。」

陳平這才鬆了口氣，俯首道：「臣正是此意。」

文帝轉身又坐下，擺擺手道：「左丞相，不必愧悔失言，以輩分論，我亦是二世。二世之主，龍床不好坐，入都前朕早已料及。諸君今後，可直言不諱，以往那呂氏專權事，漢家不許再有了，各位儘管放心。」

群臣聽了，心頭都一熱，連呼「萬歲」不止。

次日，文帝果然有詔下，曰：「如大臣所請，即日冊立皇長子劉啟為太子，早定國本，以免重見秦末扶蘇之禍。」

竇美人在椒房殿聞聽消息，心中石頭落了地。見了夫君，便喜上眉梢，賀道：「啟兒之事，入都數月便見了分曉，實是大喜之事！想想先帝立儲之難，啟兒還真是有福呢。」

文帝拉過劉啟，攬在懷裡，對竇美人道：「此事，也無須驚喜。世道清平，群臣無以立功，除了逢迎，還能作甚？妳且看，明日便輪到妳。」

竇美人會心一笑，不再提起此話。

果然未過幾日，周勃、陳平又領銜上疏，曰：「太子既立，民心大安，實為漢家至福，臣等為陛下賀。然皇后之位亦不可虛懸，臣等誠心請立皇后，以便早定母儀，方合於天意人心。」

文帝見了奏疏，卻是滿心疑惑，當下就召見宋昌、張武。三人於偏殿坐下，文帝就感嘆：「轉眼入都竟是半年了。朝堂之上規矩，也懂了些，卻還有難解之處。今日請二位來，便是要問：群臣上疏，奏請立皇后，為何不提竇美人之名？此前請立太子，明明白白寫明劉啟，此次奏請立皇后，卻不書竇氏其名，難道太子之母，竟不配為皇后嗎？」

宋昌聽了，便與張武相視而笑。

文帝甚覺奇怪：「二公笑什麼，必是有學問在內，請二公教我。」

張武正斟酌如何作答，宋昌卻搶先道：「臣敢問陛下，立皇后，究竟是陛下事，還是臣子事？」

「自然是朕要立后。」

「是啊！群臣此意，不過是敦請陛下早立皇后，焉能貿然為陛下做主？自古太子立嫡立長，劉啟為皇長子，拜天之所賜，不可以選；然妃嬪卻有十數位，需按陛下之意，從中選出皇后來。群臣若指名道姓，豈不成了群臣做主了？」

文帝便啞然失笑：「如此，我倒還並非木偶。」隨即，又側身望望張武，「張公，果真如此嗎？」

張武頷首道：「然也。選立皇后，群臣豈敢點名！」

文帝便嘆氣：「文武大臣，說話也要費這些心思，若省一省這無用的心機，可做多少事出來！」

宋昌便一揖道：「話不可直說，臣等也不能免。」文帝又感驚奇：「二公亦是？不至於吧。」

張武應道：「正是。臣子豈能想到便說，均須曲意說出，方合規矩。」

文帝便搖頭笑道：「未料二位竟也如此！朝堂之臣，真是不易。以兩愛卿之意，此次便不需推讓，允了便是，免得白費一番虛套。」

張武忙道：「不可不可！陛下今日做了人主，不可留下妄悖之名。可奏請太后代為挑選，以博天下人都說個好。」

文帝便笑將起來：「做了天子，倒要處處與臣民周旋了。也罷，我先奏明太后，請太后發個諭旨。人倫禮教，原也應如此。朕已知曉了：你我君臣治天下，無非是擺個招式，招式做足了，天下人方覺安穩。」

宋昌、張武聞言，都略略一驚，繼而就會心一笑。

再說薄太后聞文帝面請，焉有不准之理？含笑道：「竇美人溫良賢淑，立為皇后，並無不妥。你既要做孝子，為娘便來替你說。」當即發下諭旨一道，選竇美人為皇后。

那竇美人在未央宮接了諭旨，到底還是心慌，連忙趕來長樂宮，向薄太后謝恩。

薄太后笑道：「妳該謝的，應是宦者宣棄奴。若他將妳派至趙國，左不過當初趙王宮裡，多了一個女官，焉能有妳今日尊榮？」

竇美人悲喜交並，忙應道：「太后說得是，臣妾的命，實在是好。」

「那宣棄奴，今仍在否？」

「臣妾入都後，即打聽他下落，據說是年老遣出宮了，不知所終。」薄太后不由嘆了一聲：「這些無家之人，終是沒個了局。」

隨即太后懿旨頒布於天下，昭告四方，立竇氏為皇后，並賜天下鰥寡孤獨等，各有布帛粟肉不等。百姓聞之，皆是滿心歡喜。

此後半月，未央宮中便是張燈結綵，一番忙碌，將那皇后冊封大典辦妥。繼而，文帝又有詔下，封長女劉嫖為長公主，位同諸侯王。連帶竇皇后已故的父母，也比照薄太后父母推恩，追封竇父為安成侯、竇母為安成夫人。在觀津縣為竇氏父母置墓邑，徙民二百戶守墓，亦比照薄氏宗祠，四時享祭。

如此，竇氏一家因裙帶之故，一夕驟貴，市井百姓無不嘖嘖稱羨。竇后自是感激不盡，知是薄太后恩典，便將這感激之意說與夫君聽。文帝聽了笑笑，揮揮袖道：「自家人，何用稱謝？倒是妳為皇后，妳這一家人，前後便是大不同了。劉啟、劉武成了嫡子，天下皆矚目，更要嚴加管教。太后還問起妳那兩兄弟，目下究竟如何了？」

竇后聞聽此問，不由得心酸，含淚答道：「兄長竇長君，在觀津縣城中。為人幫傭，數年前尚有書信，如今也不知怎樣了。弟少君，則已十餘年杳無音信了。」

文帝便嘆氣道：「王侯之子，若身陷泥塗，待時運一轉，尚可解脫。

那貧家之子，若命運不濟，則誰人可助他得脫？」

竇后眼淚就流了下來，回道：「我自入長樂宮，便牽掛這兩兄弟。然草野小民，無分毫軍功，我又如何幫得了他們。」

文帝安撫道：「太后那邊已有話，薄昭舅既已蒙推恩，你那兄弟二人，亦可特旨推恩。然則如妳所言，兩人既無軍功又無學問，也只得召來長安，做個富家翁而已，免得外間說起不好聽。」

竇后聞此言，心中甚喜，便要伏地叩謝。文帝連忙攔住：「皇后全不必如此，妳心安，朕心方安。妳我這一家安否，如今要關乎天下了，太后也不得不用心。」

竇后含淚答道：「臣妾心知了。」

數日後，薄太后果然有推恩詔下，命清河郡（今河北省清河縣）地方，尋得那竇氏兄弟，移來長安居住，厚賜田宅，以享富貴。半月後，清河郡守尋到竇長君，告知喜信，又將他裡外換裝，打扮一新，送來了長安。

這日，文帝與近臣議罷朝政，正待回宣室殿歇息，忽有謁者來報，說清河郡守遣人至，奉旨將竇長君送來長安，正等候在北闕外。

文帝大喜，急忙宣進，清河郡吏員遂帶了一名壯男上殿。吏員誠惶誠恐在前，深揖大禮，那壯男見了，也跟著照樣施禮。

文帝便問：「只尋得竇長君一人嗎？」

那吏員答道：「本縣奉旨尋皇后至親，我等差役，遍訪郡內，僅得皇后之兄。其弟少君，已責各閭里問過，竟是渺無蹤跡。」

文帝便問竇長君道：「素來只聞皇后常念及，今日方識得兄長一面。少君弟當日何往，兄長也不知嗎？」

竇長君惶恐答道：「回……陛下，小民竇長君，昔日與阿娣猗房分別時，家中僅餘三日糧。時小民尚年少，與弟相商，只能各奔活路。此後，小民乞食、幫傭、代人出勞役，吃盡苦頭，方攢得幾個小錢，做起了煮餅生意，勉強餬口……」

「煮餅？」文帝疑惑，轉頭問張武道，「此物是甚？」

張武在側答道：「即是《周禮》所謂牢丸也，民間亦喚作湯糰的。」

「哦哦！朕生長於深宮，倒不知這些名堂。來日，竇兄可為我做來品嘗。」

「謝陛下大恩，不嫌棄小民手藝。」

「少君當年尚年幼，如何會討食？你何不拖帶他一道謀生？」

那竇長君望一眼文帝，忽然臉就漲紅，撲通一聲跪下，連連叩首道：「那時節，民間倉廩有半月糧者，非公卿而不能，乞食就如殺頭官司中乞命一般，乃九死一生事。我兄弟若是一同乞食，只怕是要一同餓死哩！」

文帝聞之，不覺驚起，上前將大舅兄扶起，唏噓道：「民間慘苦如此，朕自幼為皇子，養尊處優，實不知此情。」便回頭喚涓人道，「快去請了皇后來。」

竇后在椒房殿聞報，自是喜極而泣，連鳳袍也不及換了，疾走至前殿，見了竇長君，怔了一怔，依稀辨出當日模樣，便撲上前去，執手不放：「阿兄，你教我想得好苦！」

那竇長君也是淚流滿面，哽咽道：「阿娣入了長樂宮，只道今生再也不得見了，哪知今日……那年我與少君弟分手，兄弟兩人為你燒了一炷香，香燃盡，方分頭奔命。」

一番話，又說得竇后大慟：「阿兄，你將那少君弟，拋去何處了呀？」

竇長君一時難以分說，只顧急切道：「猗房，我哪裡是這等狠心人？分手之日，我向北行，他去了南面，先還聽人說起曾見到，一年餘，忽聞已為強人掠去，便再無音訊。」

竇后心中難過，以手撫胸半晌，方喘出一口氣來：「阿兄，今後喚不得猗房了，只可稱皇后……唉，那少君，如何獨自得活呀！」

兄妹兩人哭得昏天黑地，文帝在旁聽了，也暗自垂淚。良久，方起身勸大舅兄道：「十數年的苦，如何能一朝說得完？今日，阿兄便在宮中用了膳再走，也好做一盆煮餅來，為我開眼界。昔日縱有多少苦，有你阿娣在，都可數倍報還與你。」

竇后這才拭了淚，囑咐道：「阿兄且在館驛委屈幾日，陛下已有詔令，明日少府便遣人，在長安城內為你購屋。何時少君覓到了，也與你同住在一處。你二人都未曾讀書，官就不要做了，且逍遙享福，只不要為陛下惹禍就好。」

竇長君百感交集，伏地叩謝道：「猗、猗房皇后，小民平生欲做里正、嗇夫而不得，哪裡能修得如此的福！」

文帝聞言哈哈大笑，便喚過謁者來，吩咐道：「且帶竇公去御廚，為朕做一盆煮餅。稍後，在靈惜亭擺酒，朕要好好款待大舅兄。」

竇長君伏地謝恩，一面就偷偷捏了捏臉腮，覺出痛來，方知此刻並非做夢，才急忙隨謁者去了御廚。

待竇長君返回，諸人便登上渡船，來至太液池上蓬萊島。島上風景絕佳處，便是靈惜亭。此時亭中已鋪好茵席、擺好案几，一家大小分主次坐好，便有涓人端上來美饌佳釀。

動箸之前，文帝招呼劉啟、劉武道：「來來，小子不可不知禮，先來拜過阿舅。」

那兩個皇子，時年僅為八九齡童，卻是極為知禮，聞命，即起身離席，來至右席前，雙雙跪下，行大禮，口稱：「甥男劉啟、劉武，見過阿舅。」

竇長君見了，喜得慌忙擺手，連連道：「兩甥兒出息得如此，真不愧龍子龍孫。

我這阿舅，廝混在閭巷，倒是愧為長輩了，也無甚見面禮可送。這裡……」說著便在懷中亂摸一氣。掏出了十數枚銅錢來，賞了兩個外甥。

劉啟、劉武接過，看了看，都大感稀罕，歡踴道：「父皇、阿娘，此乃何物，黃燦燦的甚是可愛。」

文帝便一笑：「豎子深宮裡長成，果然不曉事。此謂錢也。民間不似宮中，衣食哪裡會伸手可取？百姓須得辛苦勞作，換得幾個錢，拿來買衣食。」

劉武驚呼一聲：「如此銅板，便可換得衣食嗎？」

竇長君便笑道：「這幾個銅板，你阿舅倒要辛苦三五月，方能掙來呢。」

文帝又嗔怪兩子道：「天下之大，無奇不有。爾等在深宮享榮華，怎知民間事？」

劉啟便不服氣，回道：「父皇只不允孩兒出宮居住，若能出宮，孩兒也一樣盡知民間事。」

竇后急忙打斷他的話頭：「啟兒不要狂言，你二人哪知勞作辛苦？生在富貴家，知足便是，須懂得憐憫下人，不得蠻橫無理。」

文帝也道：「你們阿娘說得極是。你二人，僅知騎射、詩書，又算得什麼？還須向阿舅學做煮餅，也好知粥飯如何得來。自幼被涓人伺候慣了，只怕是難懂如何做人，今後焉能治好天下？」

兩子聽了，面色都肅然，忙又向竇長君拜道：「阿舅得閒，請教甥兒做煮餅。」

竇長君聽得高興，哈哈大笑道：「你們阿翁說笑話呢！這等灶下粗活，龍子哪裡能沾手？若喜吃煮餅，阿舅天天為你們做就是。」

當下全家大悅，文帝舉起酒盞來，祝道：「來！兄長，苦盡甘來，才是有味。朕今生有幸，竟有了民間的親戚，天下百姓的冷暖，從你這裡便可知一二。日後進宮來省親，不單是要教兩個外甥，也要教一教妹夫我。」

竇長君惶然舉起杯，漲紅臉道：「為兄我大字不識得半籮，生來賤如豬狗，營營終年，僅為吃食，怎敢與天子妹夫論學問。我來這宮中，清河郡吏員一路教了我千萬遍，方不至出乖露醜，此刻還覺心裡慌慌的。這才知妹……君上雖是大富貴，終不如為兄做小民的自在。」

竇后就責怪道：「今後當陛下之面，這種渾話須少說！」

文帝卻笑道：「不妨事的。朝堂之上，文武公卿們用盡心機，哪裡能聽到此等真話？舅兄，我今日就許你隨意說話。教我知那民間疾苦，方知理政之關要。此一節，太傅怕也不如你。」

幾巡酒過，御廚將竇長君親手做的煮餅端上。文帝一家，紛紛爭食。兩皇子喜得連連咂嘴道：「阿舅好廚藝！便留在宮中好了。」

竇后含笑嗔道：「後輩不得無禮。你們阿舅，年少時也如你二人一般，只知頑皮。」

文帝也笑道：「今日始知，美味不只在官家哩。」

竇長君忽然想起，便向文帝夫婦一揖道：「小民聞街談巷議，說阿娣還有一長女，今日卻未見。」

竇后與文帝相視一眼，便笑道：「你是說劉嫖，長公主！如今是十齡女了，比你小時還頑皮呢。若在這席上，我們酒便吃不安生了。公主獨住武臺殿，改日陪你去見便是。」

「哦——」竇長君不覺傷感，「離散時，阿娣也不過才十餘齡，如今長公主都十齡了。咦，怎麼叫了個長公主？」

竇后便掩口笑：「你這小甥女，得陛下寵愛，算是有大福氣了，長公主之號，乃陛下親封。陛下跟前，既然有皇長子，自然也該有長公主。」

竇長君一拍掌道：「哦？阿娣是說，甥女這長公主，為古往今來第一個了？」

文帝便讚道：「阿兄聰明，正是如此。周天子之女，號為王姬；漢天子之女，號為公主。劉嫖這長公主，正是天下第一個。」

「那甥女……那長公主取名字，如何怪怪的，叫個劉嫖？」

竇后便嗔道：「你這閭巷中人，懂個什麼？這字，讀作飄，就是輕捷之意。幼時嫖兒，野猴似的，我一眼顧不到，倒要爬到樹上去呢！」

眾人聽了，笑得前俯後仰。

笑罷，竇長君望望兩外甥，不由嘆道：「阿娣諸子女長成，各個可喜，為兄我卻還是鰥夫一個。」

竇后便問：「如何不及早娶親？」

「娶親？說得容易！小本生意，左支右絀，只顧得了一張嘴，如何能討得渾家進門？」

文帝便起了興致，問道：「本朝恤民，賦役已比前朝減了許多，細民還是活得很艱難嗎？」

竇長君便一拱手道：「君上問到我，便是問對了人。小民腹中空空，不知詩書，然說起商賈之事來，倒還粗通。前朝那始皇帝，徵田租[08]三分之二，二十倍於古時；今日漢家，則是十五稅一，少了不知有多少。這功德，任是說到何處去，也是金字牌牌。」

文帝聞聽竇長君話中有話，頓時警覺：「難道不是嗎？」

「朝廷於農家，自是有大恩，然於商家，卻與前朝並無不同，皆是『不務農者，徵必多』。民間操持小生意，本錢既無多，用起錢來便心痛，拿一個秦半兩錢，恨不能劈作兩半用。商家一入市籍，便要交錢，此後租屋、租地、租官倉囤貨、寫契、成交，哪一樣不交市稅？好不容易，賣得了一筆錢回來，又要交市租。雞零狗碎，攏共算下來，也是了不得！」

「你這煮餅生意，還要租屋？」

「我倒是想推雞公車賣餅，稅便可交得少，然市吏卻嫌你礙眼，稍不稱他意，就追得你鞋履都要跑掉，一日三驚，東躲西藏，終究做不大。」

文帝沉吟片刻，方道：「重農抑商，為秦漢兩朝立國之本，只為強本抑末，不宜擅改。然則，即便如你所說，朝廷所課稅賦，亦不過才兩三成，不為過吧？」

竇長君聞文帝此問，納頭便拜：「小民今日方知，生於帝王家，實屬萬年之幸。陛下不是百姓，免掉了多少苦！陛下不妨算算，生民萬

[08] 田租，即田賦。古代官府向農民徵田賦，以充作軍費。秦漢時稱「田租」。

戶，每年各人要交『算賦』[09] 一百二十錢，一家數口，攏共算來也是不少。每年又有一月勞役，家家丁男，為之一空，做不成生意。如此虧空一月，兩三月內也難恢復。封國百姓還要苦些，年年要繳『獻費』，以供諸侯王入都朝見。如此看，無論是郡是國，哪一個衙門，不是向你要錢的……」

竇后聞聽話頭不對，連忙攔住：「兄長，你酒吃多了，不要亂說。偌大的朝廷，百官群僚，也是要吃喝用度的，不收賦稅，誰來養活？你今後不做生意了，便不要再埋怨。」

竇長君急忙道：「小民哪裡敢怨？是君上問到，我便信口一說。」

文帝便示意竇后勿多言，對竇長君道：「不妨，你儘管說來。在民間，農家尚好些吧？」

「自是比俺這賣煮餅的好過。然各郡各封國，都可隨意徵勞役，今日築臺，明日起樓，總之是巧計百出，不讓你安生。若遇官吏橫徵，中飽私囊，那可不是『十五稅一』就能了事的。」

「哦！」文帝臉色就一沉，重重地一拍案。

座中諸人，登時都呆住。竇后死命盯了竇長君一眼：「教你莫要再說，你偏要說，惹得陛下生氣了！」

文帝擺擺手道：「朕不是生舅兄的氣，你莫怪他。」又掉過頭來，向竇長君一拜，「民間事，聞大臣們稟報，終究是隔了一層。今日聞阿兄講述，方知百姓活得不輕巧。阿兄一席話，堪稱帝王師之論，請受我這一拜。」

竇長君連忙攔住：「使不得，使不得！適才酒酣，胡言亂語了些，若是被俺那裡嗇夫聽到，只怕是要掌摑我半日呢。」

---

[09] 算賦，算賦是漢代朝廷對成年人徵收的人頭稅。高祖四年「初為算賦」。凡年十五歲至五十六歲的成年男女，每人每年交納一百二十錢。稱為「一算」，用作軍費。

文帝大笑道：「今日無人敢掌摑你了！皇后，妳這兄長真乃大丈夫，如此有見識！如何至今還是光棍，只因缺錢財嗎？」

竇后嗔怪竇長君道：「他是缺心機！託陛下的福，阿兄總算是熬出來了。今後你看吧，他若不妻妾成群才怪。」

聞此言，文帝與竇長君對視一眼，都笑起來。竇長君指指座中道：「原以為天子家人說話，張口便是詩書禮樂，今日才知，原來也是說人話的。」

一席間人聞之，登時大笑。竇后無奈，以手中團扇狠狠打了兄長一下，也忍不住笑了。

待文帝夫婦將竇長君安頓好，宮中便有特使馳出，攜諭旨飛遞清河郡，嚴令加緊搜尋竇少君，不得敷衍。

清河郡守得了詔令，連忙遣人四出，恨不能掘地三尺，卻偏偏尋不出那竇少君來。

民間聞之，立有若干貧富人等，起了僥倖之念，將自家少男送來郡衙，企圖冒認。那郡守知曉其中利害，哪裡敢輕信，只是盤問個不休。果不其然，所有冒名少男，皆不能說出當日細事來，還有說不清祖居何處、道不明竇字如何寫的。郡守嘆了口氣，都打發走了，只得如實上報，請求寬限。

文帝得報，也是搖頭嘆氣，即提筆批答道：「無須責令鄉官再尋了，郡守且多訪父老，必有所獲。」

果不其然，未及兩月，清河郡守便有「封事」[10] 呈上。文帝拆開來看，見內中報稱：近日於長安城內富戶中，覓得少年一名，自稱乃皇后

[10] 封事，古代臣子向皇帝上書奏事，為防洩密，以袋封緘，故有此稱。

幼弟，尚記得年幼時，曾與阿姐採桑葚充飢，一時大意，自樹上跌落，足痛月餘不能行。不知皇后可曾記得此節？為免唐突，今已派員將少年贖出，安頓在長安館驛，若蒙允准，即可送入宮中相認。

文帝看了，心中有數，連聲呼道：「這個是了，這個是了！」便遣謁者去宣召竇長君，入宮來認兄弟。又傳召竇后，一起往曲荷園賞景，在彼處與少君相認。

時值暮春，曲荷園景緻酷似仙境。近旁太液池畔，已有荷葉田田。此時荷花尚未結苞，如一池浮萍。舉目看去，水光瀲灩，垂柳依依，正是憑欄賞景的好去處。

文帝乘軟輦方至園中，竇后即攜一女兩子接踵而至。那劉嫖，已在日前見過大舅竇長君。今日姐弟三個，聞聽小舅要來，都歡喜異常，穿戴得齊齊整整，來看稀奇。

一家人團團坐下，竇后便問：「陛下何以定在此處相見？」

文帝答道：「此處最似田園。想那長君初入宮時，我看他拘謹，竟至手足無措。販夫尚且如此，那少君流落民間日久，更要惶恐，在此處相見，可隨意些。」

竇后便笑：「陛下倒想得周全。」回頭又叮囑孩兒們道，「稍後小舅來見，要執小輩禮，不得亂說亂笑。」

劉嫖聽了，仰頭問道：「小舅是何等樣人？頭上長角了嗎？」

竇后遂拂袖嗔道：「小女子頑劣！妳只小心，來日莫要嫁不出去。」

文帝笑笑，拉住竇后道：「清河郡尋得好苦，冒認者亦甚多，然今日來人，定是真的。」

「哦？如何說呢？」

「妳姐弟兩人幼時，可是曾上樹採桑葚？少君弟失足落下，足痛日久不能行？」竇后瞇起眼想想，忽拍額道：「果真果真，今日要見到阿弟了！」

正說話間，忽聞樹叢後有宦者稟報，接著便引了兩個人走出，前面的是一位少年。

座中諸人，一齊向那少年望去。只見此男十六七歲，雖著新衣，卻是樣貌猥瑣，面目黧黑如炭，探頭探腦的，一雙眼睛骨碌碌四下裡瞟。

竇后不由自主立起，驚愕萬分，以袖掩口道：「你、你是何人？」

兩個小兒，亦被黑面少年所驚嚇。劉嫖更是大叫一聲：「鬼來了！」便躲至竇后身側，緊牽住阿娘衣襟。

那少年也吃了一嚇，撲通一聲跪下，叩頭道：「回娘娘，小民竇少君，奉皇帝宣召，由人引來此處。」

引路的宦者忙提醒道：「二位官人，此即當今天子。」

此時那少年身後，有一吏員跟著也跪下，高聲道：「小臣為清河郡主吏，奉旨來京，送竇君入宮。」

文帝便問：「尋到已有幾日了？」

「回陛下，已有六日。因竇君贖出時，蓬頭垢面，蟣蝨滿身，望之令人憐憫。小臣將他接到館驛，與驛吏一道，費了一日工夫，才將內外清洗乾淨，又餵以雞湯羊羹，將養了三日，方可見出常人模樣。」

「清河郡辦事得力，朕將有賞，你先退下吧。稍後，從少府那裡領賞十金，便可回去覆命了。」

那吏員連忙叩頭謝恩，諾諾退下。

待吏員走後，文帝回頭問竇后：「何如？能相認否？」

竇后仍驚愕不止：「離散之日，少君弟年僅五六齡，肥白可愛，今日這人……卻要嚇煞妾身了！」

文帝再看那少年，正五體伏地，頭不敢抬，只顧渾身戰慄，就心有不忍，對竇后襬手道：「皇后莫急，與諸子都坐下。」

竇后這才招呼孩兒們坐好，自己也重新落座。

文帝又對那黑面少年道：「你也莫慌，起來坐好。」那少年抬頭，卻不敢起身，仍是戰戰兢兢。

旁邊宦者拿來一塊茵席，在文帝前面置好，喚那少年道：「陛下已賜座，你放心坐就是。」

少年猶豫片刻，才移身至文帝對面坐下。

文帝溫言道：「十餘年來，你身世如何？且與我慢慢道來。我問什麼，你答就是，說對說錯，此處無人敢責罰你。」

那少年點點頭，諾了一聲。

文帝便問：「可知你故里在何處？」

少年答道：「觀津縣桑林寨。」

「可知竇字如何寫？」

「小的自幼常聞家母言，只說是穴居為家，萬金亦不賣。」

文帝眉毛一動，略露驚異，望一眼竇后，又問少年道：「當日與兄姐離散後，可記得是何情景？」

「回陛下，當年小的懵懵懂懂，南行至一大邑，今日想來，當是邯鄲了。於街頭乞食年餘，忽為郊外一夥強人掠走，賣與大戶人家為奴。」

文帝驚道：「城邑郊外，便有賊寇嗎？」

少年慌忙道：「小民不敢欺上。我曾聞主人言：凡城邑，郊外皆有盜賊，乘馬來去，殺人越貨，官府也怕哩。」

「豈有此理！百官家貧，尚有乘牛車上朝的，那賊寇居然有馬乘！當日那歹人，便是乘馬掠走你的？」

「正是。當日盜賊擄我，向南奔走數日，便將我賣出。自此，小的便成家奴，直至今日。」

竇后聽到此，不禁嘆氣道：「五六齡童，如何做得家奴呀！」

「回娘娘，小的自那時起，便無一日不勞作，早起晚歸，已然慣了。」

竇后聞言，頓時淚下。文帝也嘆息數聲，遂又問道：「與人為奴，那人家對你如何？」

「我年幼無力，也做不來什麼，主人家嫌我白食，未及半年，便轉賣與別家。如此，半年一年，便被轉賣一回，總有十餘家了，終輾轉至宜陽縣（今歸屬河南省洛陽市）。」

文帝吃驚道：「宜陽縣？那是河南郡地面了，離清河郡已是千里之遙。幼齡孩童，如何吃得消？」

「年幼時無知，捱了些餓，吃了些打，哭過也就忘了。」

竇后忍不住，向那少年招招手道：「你坐近些，伸出手來我看。」

那少年伸出雙手，竇后捏住看看，但見掌心老繭層層，硬如卵石；手背創痕，糙如樹皮。

竇后看了，嘆了一聲：「這孩兒……」便忍不住扭頭抹淚。

文帝也拉過少年之手，撫摩良久，方問道：「至宜陽人家，可好過了些？」

少年答道：「那時，小民年紀已過十齡，稍有了些力氣，主人家便令我上山，與眾奴僕一道，伐薪燒炭……」

劉嫖雙目圓睜，聽到此處，不禁掩口一笑：「怪不得！」忽見父母怒目，忙又嚥下了後面的話。

那少年詫異，文帝便道：「無須理會，你只管道來。」

少年叩首道：「謝聖上。小民上山燒炭，與百餘個家僕一同勞作。初做此工，不知竅門在何處，兩手屢為荊棘刺傷，血流滿手。夜裡歇息，山上無屋，只搭了寮棚來住，睜眼可見星斗。忽一夜遭遇山崩，崖上土石，眨眼崩塌，如雷霆當頭落下。我倚在灶下，僥倖未埋死，晨起爬出來看，一百多人盡都死絕，無一人有生氣。小的魂都嚇掉，逃回主家。主家也被嚇到，又驚奇我為何獨獨未死，以為我有神助，此後才待我好些。如此在他家，又做了傭工五六年，心想大難不死，必有後福，便去縣城中找人占卜。那宜陽城中，恰好來了個卜師，面目黧黑……」

「且慢。」文帝忽然打斷道，「黑面卜師？可知他姓名？」

少年抬頭想想，搖頭道：「不記得名字了，只記得姓陰，就是陰陽的『陰』字。」

「是叫陰賓上嗎？」

「不錯……陛下聖明，是名喚陰賓上。」

「好一個方術之士[11]！他如何為你講卦？」

「他為我占得一卦，便說道：『小子好大的福！此前你命如豬狗，生不如死，眼見得近日便可否極泰來，步步登高，終得封侯。」

文帝不由得坐直起來：「你信此言嗎？」

[11] 方術之士，方士、術士的統稱，即方技之士與數術之士。專指從事星占、神仙、房中、巫醫、占卜者。

「哄人呢，母雞怎可變鴨？我哪裡肯信！把錢給他，仍做我的傭工。」

文帝仰頭笑道：「小弟之言唐突了。那陰賓上，乃朕之座上賓也，其所言，並不妄。老子曰：『天之道，其猶張弓歟。高者抑之，下者舉之。』以朕觀之，老天這是要抬舉你了。且說你在宜陽為奴，如何又來了長安？」

「我主家燒炭暴富，有了錢，便遷來都中開店，說我命大，必多福，便也帶在了身邊。徙居長安不久，小的在街上見到車蓋往來，吹吹打打，似朝廷有喜事。一打問，原是立了皇后。閭巷皆言：『皇后姓竇，乃觀津人氏。從前只是個宮女，今日竟成母儀天下，好不榮耀！』小的聞聽，便動了心思，疑心是我阿姐，於是託主家細問。自從我大難不死，主家便認定我有靈通，我一說，他便滿口應允。不久便有回話，說那皇后娘娘，果然就是吾姐竇猗房。小的萬分驚喜，主家也即刻換了笑臉，代我稟告三老，以求上達。三老卻推辭道，如此身分，唯恐有人冒認，不敢代奏，不如去信清河郡衙，說明身世，請清河郡代奏。我都照做了，囑代筆先生寫了信，將採桑事寫入，以為明證。果然未及半月，清河郡便有人來，將我重金贖出，沐浴換衣，帶我到此處。」

竇后聽到這裡，仍有疑慮，又盤問道：「你姐入宮，當日與你分離，是何情景？」

少年答道：「我姐當初西行離鄉，我與兄長送至郵傳驛舍。阿姐憐我幼小，見我頭髒，向郵舍乞得淘米水一盆，為我洗頭。又去灶下乞得一碗飯，看我食盡，方依依不捨離去。阿姐背影，小弟至今還記得呀……」說到此，竟已泣不成聲，伏地大哭。

竇后聽著，早也哭成個淚人，三子女見狀，都一齊抱著阿娘大哭。文帝也頻頻拭淚，唏噓不止。

那少年見了，甚感惶恐，忙向竇后叩首道：「娘娘，請恕罪。」

竇后便移膝向前，一把抱住那少年，泣道：「我不是娘娘，我是阿姐呀。」

竇少君怔了怔，方才明白過來，大叫一聲：「阿姐呀，真是妳嗎？如何就將我忘了！」兩人便抱頭大哭。

哭聲哀戚，迴繞園中。連宦者、宮女在旁，也都忍不住淚下。

哭了多時，文帝見不是事，方勸道：「人事有前定。今日相逢，你姐弟應大喜才是，休要悲慟傷身。」

竇后哽咽道：「可憐小弟！快來見過姐夫。若不蒙皇恩，你我哪裡得相見？」

竇少君忙伏地三叩首，行了大禮，正待說些謝恩的話，忽聞叢林後有宦者稟報：「竇公長君到——」

眾人轉頭望去，原是竇長君由兩宦者引導，匆匆趕來。兄妹三人見過，長君問了少君十年來的經歷，三人又大哭一回。

文帝只好又勸道：「兄長、少君弟，皇后究竟是女流，不可過度傷慟。今日夕食設宴，你二人為上賓，竇氏一門，總算等來個團圓。諸外甥初見小阿舅，也有許多話要問呢。」

竇長君便含淚拜道：「謝陛下大恩。非陛下，我竇氏一門，只怕是永世不得團聚了。只恨我等無才，不能報答陛下。」

文帝扶起他，笑道：「皇后母儀天下，便是妳竇氏之門賜我的福，不是要謝朕，而是朕要謝妳兄弟。長君兄已在華陽街置屋，彼處地勢甚好，來日拆去近旁民屋，另起大宅兩座，供妳兄弟安居。」

竇后聞言，連忙擺手道：「不可不可！兩兄弟何功何德？不可拆人屋舍以利己。妾身向在長樂宮，隨呂后研習黃老，知道『金玉滿堂，莫之能守』。兩兄弟苦慣了，今日有屋住，便要知足，不可一步登天，免得惹出禍事來。」

文帝便反問道：「今日少君來，總要有個住處吧？」

「那華陽街大屋，已足夠宏敞，便教他二人住在一處，亦無不可。」

「哦……那也好。權且如此，免得天下人指我徇私。日後，於城北荒僻地方，置些田宅賜予兩位妻舅。有了恆產，生計便可無憂了。」

竇氏兄弟悲喜交集，又連連向文帝叩首謝恩。

那劉嫖見長輩都歡喜了，才又說了句：「阿舅一來就是兩個，卻不見一個舅母。」

文帝、竇后便都笑。竇后道：「不急，少不了有公卿前來提親。你兄弟二人，可要沉下心來過活，莫學那侯門公子跋扈。若惹了禍事，我也幫不得忙。」

當日後晌，文帝在柏梁臺開宴，大賀竇氏兄妹重聚。朝中重臣，悉數來赴宴。周勃、陳平、灌嬰等老臣，聽文帝講罷竇氏尋親始末，都大嘆驚奇。

飲宴至夜，柏梁臺上燭火通明，雕梁如畫，池中可見倒影迷離。竇氏兄弟坐在席上，只疑是在夢中。諸臣上前祝酒，竇長君尚能應付一二，那少君則矇頭蒙腦、手足無措。倒是劉嫖等諸小兒，纏著小舅學雞鳴狗吠，喧鬧不停，才遮住了不少尷尬。

卻說竇氏兄弟入都後，卻有人心中不安。夜宴後數日，丞相周勃正在邸中無事，舞劍活絡筋脈，忽聞閽人來報，說太尉灌嬰登門造訪。

自文帝當朝後，海內承平，諸老臣雖居高位，事卻一日少似一日，相互間也不大走動了。今日灌嬰忽來訪，莫非又有大事？周勃甚覺納罕，忙迎出中庭來。

灌嬰見了周勃，仍執屬下之禮，恭謹揖過。周勃便拉住他道：「既來寒舍，就不必客套了。所為何來？不是又要動兵了吧？」

灌嬰尷尬一笑：「哪裡！就怕久不動兵哩，你我且入內室相商。」

周勃引他進了內室，摒退左右，便問：「有生死大事乎，如此詭祕？」灌嬰壓低聲音道：「確是關乎生死，只不過是遠憂罷了。」

周勃目中精光一閃，拉灌嬰對案坐下，亦低聲道：「將軍此來，是為朝堂事？」

灌嬰答：「正是，丞相心中自應有數。呂氏專權十五年，朝野離心，其殷鑑未遠。

我輩老臣忍辱，好歹活到了今日，正自慶幸，卻不料又來了竇氏兄弟……」

周勃忙擺手制止，仰頭想了想，道：「兩豎子，市井小民也，能成大器乎？」

「今朝認了親，他二人便不是小民了，日久若弄起權來，豈不要重演諸呂舊事？外戚干政，皆為無師自通。」

「哦？這一節，老夫疏忽了……果真要小心。草野之人，一步登天，事便不好說。」

「此事非同小可，不可不早做謀劃。」

周勃便搖頭：「也未必如將軍所慮。我等冒死誅呂，於君上有擁戴之功，於竇氏有登天之恩，他竇氏兄弟，豈能不念此恩？」

灌嬰便有些急：「絳侯，你道今日是上古三代，人人都講仁義？你自認與他有恩，他卻以為是命中應得，全不知感激，你又奈何？」

周勃聞言色變，忽地起身，雙手背後，繞了數匝。待踱至劍架旁便停住，抽出長劍來，注視片刻，又送入鞘中，長嘆一聲：「壯夫老矣！若竇氏日後坐大，我怕是無力再入北軍了。」

灌嬰望望周勃神色，便一拱手道：「在下倒有一計。」周勃一怔，便回首道：「你講。」

「看那竇氏兄弟，倒還樸拙，非一兩日就能變作呂產、呂祿。你我不如稟報今上，為他二人擇定良友，多加薰陶，務使其明禮義、識大體，不致日後成禍患。」

「哦……也好，足下此計，倒是有遠慮。當今新帝行事，心思甚密，全不似惠帝那般無心，若直說恐竇氏坐大，便是犯了忌；若只說為他兄弟擇友，則今上當可領會。」

見周勃贊同此計，灌嬰心中便一鬆，然想了想，又嘆氣道：「我輩歷經九死，於那血泊裡蹚過，而今卻要防兩個小兒，天道何其不公耶！」

周勃便嘆一口氣道：「你功勞再高，可比得淮陰侯嗎？」

灌嬰聞言一驚，隨即猛省，拱手道：「絳侯識見，著實已非同往昔了！」

次日，兩人便聯名上奏文帝，請擇端正之士，與竇氏兄弟交遊。這一奏章，寫得冠冕堂皇，其間多有溫厚之語。

文帝看了，怔了半晌，未作批答，只攜在了袖中。待到閒適時，便往椒房殿去，給竇后看。

竇后閱罷，不由就感慨：「到底是老臣，所慮甚周。非老臣，陛下不能得位，今日他們又想到兩舅兄事。」

文帝於窗前坐下，見窗外可見天氣澄明，便回首一笑：「皇后還未看透，老臣們這是心懷畏懼……昔日呂氏猖獗，愁雲慘霧，壓人頭頂，至今彼輩仍有餘悸。」

「哦！」竇后忽就明白了，不由渾身一震，便沉默不語。

文帝便道：「老臣若存仁心，何不早早助你尋親？此輩位高權重，所慮無非保住富貴。然其所奏，其理倒也不謬，不妨遵行。今吾意已決：兩位舅兄弟，終我一朝不得封侯，免得招禍。不知皇后意下如何？」

竇后忙道：「那是自然。他二人能有今日，已屬僥倖，必不會有非分之想。臣妾早已明陛下之意，陛下欲為明君，留名千古，故而不以朝臣阿諛為意，一心所望，是要百姓私下裡也說個好。」

文帝聞言大喜，望住竇后道：「皇后果然知我意！為人君者，僅憑征伐得天下，焉能傳得萬世？須得萬民心服，根底才牢。舅兄所言民間苦狀，令我數日不得安。

我意，自明年起立減賦斂，民賦降至每年四十錢，丁男三年一役。今後施政，務必留意賑窮民、養孤老，使世道人心皆平。待朝中諸事罷，我也將巡行天下，督責各處。」

竇后臉色忽就一變，急忙勸道：「陛下所慮無不當，然巡行一事，則萬萬不可。那秦始皇巡行天下，地方上焉能不作假？官吏百般逢迎，你又能看到什麼？一路巡行，靡費甚多，倒鬧得四海騷然，終是亂了天下。想那先帝在時，也喜巡遊，直鬧得諸侯心慌，聯翩作亂，陛下不可不慮！」

文帝便頗感詫異：「妳一個女流，如何知道這些？」

竇后回道：「臣妾在長樂宮時，呂太后便時常念起此事。當時先帝好巡遊，呂太后頗不以為然。倒是呂太后問政時，足不出長樂宮，內外竟未鬧出一個亂子來。四方政聲如何，只須多遣耳目，探聽得虛實便是。」

文帝倒吸一口氣道：「果然是。皇后若不提醒，朕倒是忘了這一節！依妳親眼所見，呂太后問政，究竟有何章法？」

「便是一卷書、兩個字——黃老。呂太后常對我言，居上位，器局宜端莊，凡事一動不如一靜。」

文帝低頭想想，拿起周勃、灌嬰奏章來，面露欣然之色道：「好！朕已明白。亂後大治，總之要以禮義為上。朕今日就准奏，請陸賈先生常來都中，教兩位舅兄弟習禮。如此，二人身價便不尋常，諒也無人敢小覷了。」

竇后聞聽文帝如此說，心中便一喜，忙向文帝施了個萬福道：「那兩兄弟，實不足道，竟能蒙此大恩，臣妾在這裡替他們謝恩了！」

南越歸順，再繪大漢輿圖盛

文帝前元元年暮春三月，有少府、宗正先後奏報：竇長君、竇少君兄弟在華陽街宅邸，已另行修繕，分門別戶，互不打擾，可供兩人安居。此外，宗正府已遵命遣人往好畤，傳諭陸賈，請陸先生常來都中，與竇氏兄弟交遊。

文帝閱罷奏疏，不由讚道：「甚好甚好。只是陸先生已年高，奔波往來，殊為不易。」說著，忽地想起一個人來，便一拍額頭，「哎呀，如何將他忘了！有一人，最宜為舅兄師友。」旋即，往晉陽發下徵書一道，命當地有司搜尋方士陰賓上，速召其來長安。

半月之後，晉陽有司尋到陰賓上，送來了長安。召見之日，陰賓上由謁者引入偏殿。但見今日的陰賓上，面色黧黑一如往昔，唯目白如珠，炯炯有光。上得殿來，神色惶恐，見了文帝納頭便拜，口稱：「陛下萬年！」

文帝微笑問道：「先生別來無恙乎？快請平身。朕記得，先生之壽，向已有五百六十歲了；至今日，又借來了多少？」

陰賓上抬起頭來，惶悚回道：「承蒙陛下召見，門楣生光。小的實乃潦倒方士，不過習了些雜學，以巧言謀食，年前在晉陽信口胡說，當不得真，萬望陛下恕罪。」

文帝笑道：「你往日所言，不恰是成真了嗎？今召你來，朕不是為敘舊，只問你於卜術之外，另外還通何種學問？」

「小的喜讀鬼谷子，兼及兵家，皆是興之所至，全無章法。」

「那便好！朕正需先生幫忙。皇后有兄弟二人，出自市井閭里，胸無點墨，朕已託陸賈授之以儒學。不知先生可否屈尊，為他二人傳授鬼谷子之術。」

陰賓上便面露詫異：「二位竇公之事，小的亦有所耳聞。然二公所學，儒學足矣，何用這等縱橫捭闔之術？」

文帝便笑：「儒學教之以方正，鬼谷子教之以權變，先生之智，我已有領教，請勿推辭。你且坐下，朕還有事要問。」說罷，便命宦者於右首賜座。

陰賓上甚覺不安，四下裡望望，方小心撩衣坐下。君臣兩人，四目相對，都覺恍如隔世。陰賓上便一笑：「陛下，容小的斗膽揣測，可是要我去做徐福？」

文帝便仰頭笑道：「哪裡！朕豈可效仿秦始皇？僅海內之地，便夠我打理的，焉能有心去尋仙山？」

陰賓上怔了怔，忙揖道：「小可愚魯，也萬不敢受此命。」

文帝便向前略一欠身，問道：「借先生吉言，朕數月前果然登了大位，萬民稱臣，好不威風！然數月間，朕卻不能安睡，常思天下之大，千頭萬緒，要治得好，當從何處入手？」

陰賓上聞罷此言，心中才定下來，想想便道：「這個容易。以小民看來，陛下雖貴為天子，也不過略似大戶之主。陛下昔年為代王時，以孝為先，民間早有口碑。今日治天下，亦應秉持此道。鬼谷子曰：『己不先定，牧人不正。』陛下只須將一個『孝』字置於上，天下便不愁不治。」

文帝稍一思忖，似有所悟，便揮退了左右，只留下陰賓上一人，又問道：「朕以外藩入主，毫無根基。朝中老臣環伺，有尾大不掉之勢，奈何？」

陰賓上翻動一雙白眼，沉吟片刻，方吞吞吐吐道：「這個，譬如用兵，臨陣號令不行，換將就是了…… 咳咳，恕小的智窮，只能說到此。」

「用兵？如今朕勢弱而勛臣勢強，如何能以弱勝強？」

「可如鬼谷子言，『撓其一指，觀其餘次』，不必心急也。」

「撓其一指？」文帝咂摸片刻，忽而面露喜色，讚道，「公真乃我上賓也。今賜你千金，便在這都中置屋，無須再遊蕩了，在此安享你那五百年高壽。閒來無事，與我妻舅為友；若有事，則可為我顧問。」

陰賓上連忙叩首道：「方術之士，豈可為君上顧問？小的不敢，只願做二位竇公的酒肉朋友。」言畢，忽就狠命掌起自己的嘴巴來。

文帝大驚，忙問其故。

陰賓上手撫臉頰，面露釋然之色：「哦！痛呀，真的是痛！陛下，方才小的還疑心是在夢中哩。」

「哦？夢中如何，不是夢中又如何？」

「若在夢中，則無虞；若非夢，即是憂喜各半。」

「這又如何說呢？」

陰賓上睜大白眼，直視文帝道：「陛下讀書多，遠勝小人，可知古往今來驟貴之人，有幾個可免滅門之災？小人無才，於朝廷無尺寸之功，只有幸蒙陛下恩寵，便成顯貴，豈不大危哉？」

文帝便略略變色：「如先生言，朕僅以血緣而登至尊，豈不是危上加危了？」

陰賓上連忙伏道地：「小的豈敢議這等大事？然世間之理，無分貴賤，盡在天定之數。驟貴之人慾免災，唯多做善事以化解之。小的枉活了數十年，有一事算是看得清了 —— 天可以賜人福氣，亦可索人性命，翻覆之間，全無道理可言。」

文帝聽得入神，竟不由自主起身，朝陰賓上揖道：「先生無須再多言，此中關要，朕已明白。朕之意，你也不必再於江湖上行走了，且留居都中，隨時應召，以備顧問就好。」言畢，便召來少府，命在長安城內擇地購屋，安置好陰賓上。

陰賓上大出意料，連連擺手道：「陛下，可使不得！野有蔓草，如何能長在金鑾殿上？」

文帝不容他推辭，揮袖道：「你且隨少府去！江湖上溫飽不易，你也無須逞強。此等小事，算是我略盡故人之誼好了。」

待陰賓上退下後，文帝並未即刻返回宣室殿，只是伏案凝思，半晌不動。旁側謁者見不是事，忙去喚來了張武。

張武見文帝蹙額沉思，彷若失神，便趨前道：「陛下，若神思不寧，不妨以舞劍醒神。」

文帝抬起頭來，疑惑道：「舞劍？如今舞劍，能頂得何用？」

「臣見陛下悶悶不樂，或是有事不順。」

「正是如此。朕近日所思，在於如何收服人心。我以身世血脈登帝位，未曾執戟戈，不足以服人，尚需廣施仁惠。不知民間有何評說？」

「回陛下，陛下仁孝寬厚，四民無不交口稱讚。」

「咄！你為朕之近臣，如何能聽到真話？好了，今日不議了。四海之民，終究還是苦……」文帝說到此，又直望張武一眼道，「你等近臣，萬不可蔽我耳目！」

如此數日之後，文帝已將施政韜略理清，便召集舊日親信六人，推心置腹道：「朕生性愚鈍，然入都半年來，朝中諸事漸已熟習。各位原就是幹練之才，入都至今，想必已勝於朕不知幾許。今召諸位來，便是要討教。」

眾隨駕舊臣面面相覷，不知如何答對。張武略一遲疑，忙回道：「陛下此言，要愧煞舊部了。入都以來，臣等職掌要樞，不能安寐，唯恐一旦有失，將動搖陛下根基。」

文帝便笑笑：「其餘舊臣，也作如此想嗎？」

宋昌等人連聲道：「郎中令所言不虛。」

文帝便搖頭：「那麼，爾等這胸中器局，就未免狹了些。事不可本末倒置，天下為本，朕為次。須得天下不動搖，朕之位，方不至動搖。」

張武面露不安道：「臣等本為封國屬官，入朝為樞要之職，已如履薄冰，豈有心思兼及天下？」

「哪裡話！諸位皆任過郡縣職，能治一郡，便可治一國；能治一國，便可治天下。事同一理，有何難哉？」

眾人又互相望望，皆不敢應對。

文帝便又笑道：「爾等六人，隨朕入都，萬不可終身只享這護駕之功。今日召你們來，各位便不要想入暮可回邸。且往郎中令官署，閉門商議，為朕擬詔。朕之妻兄，前日對我言及民間貧苦事，頗為驚心。民之困乏，諸位也必有所耳聞。今朕登大位，欲承惠帝之治，以孝治天下，於民間疾苦，自是不能充耳不聞。民間鰥寡孤獨，如何賑濟，你們去議個大略來。若議不出來，便以官署為家吧。」

張武不解道：「朝中有左右丞相，此務原是他二人職分內事。那班老臣，已歷經四朝，治天下多年，操實務似輕車熟路，何須我等外官插手？」

「否！你等舊臣，萬勿以外官自居，既隨我入都，便是朕之心腹，爾等若不為朕出力，朕更指望何人？那班老臣，養尊處優慣了，食不厭精，足不履地，哪裡能知曉貧民之苦？」

宋昌忙道：「宮禁內外，片刻不容有疏忽，容臣等各去交代了，再行聚議。」

文帝望望諸臣，面色一沉道：「朕之所言，便是天大的事，其餘細末，無須理會了！」

諸臣臉色都一白，知上意不可違，只得遵命往郎中令官署去了。

在署中，眾人嘈嘈切切，爭執不休，商議越兩日，終將草詔擬好。由張武率班，上呈文帝。文帝展開卷，逐條閱過，面露笑容道：「甚好，甚妥！然則……還須郎中令費心，稍作潤色——為民父母者，詞語上須溫和些。」

隔日，文帝便依諸舊臣所議，頒詔天下，責令丞相府等官署，擬定濟貧養老新令。詔書洋洋灑灑，所慮甚周。其概要曰：春和之時，草木生靈之物皆有自養之道，而吾百姓中，則有鰥、寡、孤、獨、窮困之人，或潦倒瀕於死亡，而無以解憂。朕日夜思之：為民父母將何如？故而召群臣議，將以朝廷之力賑貸之。老者非帛不暖、非肉不飽。歲首節令，若無官吏訪問老者，又無布帛酒肉之賜，便是朝廷不重孝道。如此，將何以昭告天下子孫孝養其親？朕近聞下吏稟報，稱民間耆老受濟者，所得或為多年陳粟，此等敷衍事，豈是真心養老之意！凡此種種，務必改正。今責有司具文成令，務求遵行，百官均不得違。

此詔一下，朝野震動。貧戶孤老，都喜極而泣，竟有在家中為天子設香案膜拜的。周勃、陳平等老臣亦是驚異，這才摸到文帝施政的路數，不敢怠慢。丞相府連夜謄抄多份，旬日之內，便將賑濟令下至各郡縣。曰：「各鄉里民戶老者，年八十以上，每人每月賜米一石、肉二十斤、酒五斗。其年九十以上，每人又賜帛二匹、絮三斤。有司發放賜物及鬻老米之時，縣令須到場閱視，由縣丞、縣尉親送鬻老米至門上；不滿九十者，則由嗇夫、令史親送至門上。各郡守須遣得力吏員巡行，有不稱職者，力督之。」

新令頒下，張榜至各郡縣要道，百姓都扶老攜幼來觀望。有識字者，為眾人高聲讀出，每讀一句，便是一片歡呼。其中有白髮長者，互相揖拜稱賀，只道是世道就此變了，上古三代之風，將重歸人間。

至夏，文帝又有詔令，令各郡國不得再進獻珍玩，免得勞民傷財。各郡國聞之，都鬆了口氣，遠近一片歡洽。

看看民心已日漸收攏，文帝便在心中布了個局，要一步步落子了——

夏六月，文帝有詔頒下，封賞舊部隨駕之功。因宋昌曾力主代王入都，功最大，前已拜為衛將軍，今再封為壯武侯。張武早已拜郎中令，位列九卿，此次便不再加官。其餘數人，皆擢為公卿，即：庶饒為奉常、憲足為衛尉、向夷吳為少府、盧福為中尉、祝恭敬為治粟內史，各居樞要，以為羽翼。

如此，逢到朝會時，殿上重臣竟大多為故舊了。文帝環視周遭，皆是熟面孔，便忍不住笑：「如今，倒像是又回了晉陽。」

諸舊臣也都笑起來，一齊拱手道：「願為陛下前驅。」滿堂之上，唯周勃、陳平等幾個老臣，臉面上尷尬，只能陪著強笑。

待與諸臣說笑罷，文帝又道：「前月聞楚王劉交薨，朕不勝傷悲。這位叔父，文武兼備，追隨高帝左右，功甚大。然封王之後，卻淡泊於世，朕亦未能留意關照。今驟然薨去，朕甚悔之，今後唯有嚴守孝悌，厚待諸王。諸王雖不能加封了，然可以加封諸王舅，以示恩典。各位看，有何建言？」

諸臣議論片刻，周勃便奏道：「今有淮南王舅趙兼、齊王舅駟鈞兩人，尚未封侯，今可以加封。」

文帝稍作沉吟，便道：「這兩位，便都封侯吧。」

「如此封了王舅，也免得諸王心懷怨望。」

「不錯。那些王舅，都是能左右諸王的，封了侯，可掙得彼輩數十年不生事，豈不是好？另有前輩勛臣，隨高帝入關而封侯者，封邑太過狹小；還有那未封侯的郡守、近臣等，更是無半分封地。此次，都一併封賞好了。」

陳平便一驚：「攏共算下來，恐有近百人之多呢！」

「百人也罷，無須擔憂！高帝時，天下異姓王多，占地亦甚多，故而朝廷地不廣，不敢多封食邑，至今日，若仍維持不變，則難平勛臣們怨望，索性一併都給了好處 —— 已封侯的，增食邑；未封侯的，通通封給食邑。」

陳平這才放下心來，長揖道：「陛下有如此仁心，勛臣們當知感激。」文帝笑笑，望住陳平一字一頓道：「朕所求者，即是此也！」

當日，左右丞相府接到諭旨，忙碌了數日，將各項詔令都草擬出來，即：隨高帝入蜀漢已封侯者，計有六十八人，各增食邑三百戶；曾隨高帝卻未封侯者，計有三十人，分別封給食邑六百、五百、四百戶不等。其詳備名單，也一併呈上。

自此，都中與四方郡國，計有近百名從龍老臣，一併受了封賞。詔令頒發日，老臣們喜出望外，奔相走告，都誇文帝仁厚知禮、親舊不遺。原本有看輕文帝的，此時也再無話說。

看勛臣列侯們皆已收服，文帝便覺膽壯，再看周勃、陳平，除往日功高之外，似也並無異稟，逢到朝會，就只是泥塑木雕般應付，對兩人便日漸厭倦起來。

這日朝會，堪堪諸事商議已畢，文帝忽地想起，便問周勃道：「右丞相，今之天下，人心大定，百姓犯法者當是不多。不知一年內，決獄幾何？」

周勃本為武人，君上若問起匈奴南犯事，尚知如何應對，不料文帝有此一問，竟無辭以對，臉便漲紅，只得老實答道：「臣不知。」

文帝瞟他一眼，轉而又問：「那麼，賦稅錢穀，一年出入幾何？朝廷所收賦稅，是否足用？」

這一問，更是難答。周勃支吾了幾句，竟答非所問：「這個，天下已有數年無災……」便說不下去。心中一急，頓時冷汗直流，湮溼了脊背一片。

文帝見周勃的樣子，知他從未用過心思，便輕蔑一笑，轉頭又去問陳平：「右相不知，左相當知。」

陳平又哪裡知道，只得硬起頭皮，跨步出列，雙手一拱，遲疑了片刻。文帝也不多言，只直直盯住陳平，等他下文。

陳平心中不知轉了幾百個彎，忽生出急智來，朗聲答道：「此二事，各有主掌。」

「哦？由何人主掌？」

「陛下既問斷獄，可召問廷尉；問錢穀，則可召問治粟內史。」

文帝便忽地起身，負手於後，勃然作色道：「哼，各有主掌！若是如此，陳平君，你所主掌，究竟是何事？」

陳平見勢不妙，連忙伏地，叩了幾個響頭道：「天下事，千頭萬緒，一人如何能盡知？陛下不知臣駑鈍，命我坐了丞相之位。丞相者，上佐天子理陰陽、順四時，下撫草野萬物，外鎮四夷諸侯，使公卿各得其職。臣之主掌，確是緊要得很呢！」

文帝凝神聽罷，容色漸緩，含笑道：「答得好！朕知道了。到底是三朝元老，調理陰陽事，便交付於你一人吧，朕可高枕無憂了。」

文帝話音甫落，便有滿堂笑聲騰起，將方才尷尬掩了過去。文帝想想再無事，便揮袖教諸臣都散了。

周勃頓覺大慚，低下頭去，匆匆而出。行至宮門外，恰與陳平走在一處，便出言埋怨道：「陳平君，何不事先教我？」

陳平面露詫異，繼之笑道：「政事亂如麻，一日之內如何教得會？絳侯居其位，卻如何不知其職？今日陛下問決獄、錢穀，右丞相若不知，還有幾人能知？若陛下問起長安慣盜有幾多，各在何處閭巷，你又將如何作答？」

一番話，說得周勃默然無語，擺了擺手，便登車返家。回到邸中坐下，左思右想，嘆了口氣，心知不如陳平遠矣，便萌生去意。

當日後晌，恰有陸賈叩門來訪，周勃連忙迎入。落座後，周勃便問：「陸夫子一向可還清閒？」

陸賈拱手道：「如今也不清閒了。奉陛下之旨，與兩位國舅交遊，時時要來長安，住幾日便走。」

提起那竇氏兄弟，周勃不以為意道：「那兩個販夫之輩，何用陸公親授？教他們些詩文，又有何用？」

「絳侯，凡事有其端緒，不可只問有用無用。今上不封兩位舅兄，卻命我常與之交遊，這一番用心，老夫倒是佩服得緊啊！」

「哈哈，什麼用心？還不是天子重外戚，預為打算，來日好封侯罷了。」

「依老夫看，丞相這般見識，就遠不如今上了。」

「這……這是如何說呢？」

「我看新帝內斂，深諳輕重之別，必不會倚重外戚。」

「哦？倘是如此，那倒還是有些韜略。」

陸賈就笑：「古來坐廟堂的，只需坐上，便都有了韜略。」周勃聞此言，忍不住哈哈大笑。

一番寒暄畢，周勃忽又想起文帝不喜不惱的臉色，便連連嘆息。陸賈好生奇怪，忙問道：「絳侯位極人臣，莫非也有難處嗎？」

周勃便將文帝當眾發難之事說了，陸賈只是拈鬚微笑，不置一詞。

周勃便有些急：「夫子，你不言不語，竟是無話可說麼？我這裡唉聲嘆氣的，你怎能看笑話？」

陸賈便拱手一拜，正色道：「如今天子，行事深藏不露，你我老臣，不要大意才好。」

周勃便一驚：「聞君之意，周某竟是將有禍事了？」

陸賈閉目想了想，才道：「絳侯這府邸，老夫來過多次。記得初登門時，只覺擺設樣樣新奇，看得老夫眼花。然則看過幾回，今日復觀之，卻心生厭倦，只覺平淡無奇。絳侯可知是何道理？」

周勃笑道：「夫子所言，人之常情也。常年之物，看多了，自然生厭。夫子既是不耐，我明日換新的便是。」

「絳侯說得極是。老夫以為，新君看老臣，也是同樣道理。」

「哦？新君即位，連朝堂上所立之人，也須都是新的？」

「正是。丞相往日誅諸呂，立代王，威震天下，居功為首。然古人云『功高遭忌』，此中道理，無可言喻。足下若貪戀權位，事便難說了，禍事亦恐將不遠！」

周勃便呆住，瞠目良久，想想文帝數月來的冷面孔，更覺心灰意懶，只嘆道：「夫子看得準，新君即位，老臣便難做，我這粗人，比陳平不知少了多少心竅，吃一萬條藕也不濟事，早該退隱了。」

陸賈便勸道：「絳侯言重了，新君喜怒難測，但總要顧及朝議，你今日自請引退，今上總不至加罪於你。朝堂險惡，你免官歸家便是，自沛縣起兵以來，好在保全了性命，總還強過韓信、彭越那一干人。」

周勃渾身一震，大為動容，拍案道：「唯夫子知我！舞刀弄槍不在話下，計較這類精細事，卻不是我這等人做得來的。」

數日之後，周勃果然遞上奏本，稱病請辭，欲歸還相印。

時逢朝會，文帝看過奏本，便對周勃溫言道：「絳侯以武人從政，勞心費力，實為不易。朕今日也只得體諒，就准了你吧，且去養心。」

周勃知事不可挽，嘆了一聲道：「微臣心眼拙，養也無益，只能吃酒消遣罷了。朝中諸事，概由陳平打理，最為相宜。」

文帝望望陳平，一笑：「朕也要多向陳平討教哩。」

陳平臉便紅了紅，忙謙辭道：「臣之才，得之旁門，非堂堂正正，為正道所不容。謀攻伐敵尚可，治天下則未免輕浮。臣雖僥倖無事，而子孫如何，卻是難以揣想，懇請陛下另擇賢才。」

文帝擺擺手笑道：「而今老臣凋零，何人可與君比肩？君之心竅，堪比鬼谷先生，用以治平，我看足矣。」

君臣間至此既已言明，都覺釋然。當日朝會畢，文帝便有詔下：擢陳平為右丞相，總攬朝政。周勃免官歸家，自去將養。

如此，前元元年不知不覺便已過半。至秋，穀禾大熟，百姓欣喜，勛臣們也都不再心疑。文帝知朝中事已無虞，心頭也就不再發虛，獨坐時，常打量漢家山河輿圖，思慮邊事。漸漸看出來：那桀驁不馴的南越國，倒是一塊心病了。若不早除，必成漢家大患。於是，便召陳平、張武來商議。

張武應召而來，聞聽是議南越事，心中便惴惴，對文帝道：「臣膽略不及宋昌，陛下謀四海事，可召宋昌來問計。」

文帝便笑：「宋昌膽壯，公則性素謹慎。事急時問宋昌，足可絕處逢生。如今世事承平，謀慮必周全，有事還須召問張公，這有何不可？」

陳平在旁附和道：「張公起自郡縣吏，見多識廣，就不必謙虛了。」

這日，恰是秋意初起時，庭中已隱隱有桂子香氣。文帝一時興起，便攜了陳平、張武，三人來至靈惜亭上，坐望太液池，一面就議起南越事來。

原來，那南越王趙佗，本在高帝時已歸服，稱臣通使，與諸侯王一般無二。卻不料經呂后一朝，此時卻又叛離，竟然稱起帝來，據地萬里，與漢家相抗，儼然是近鄰一大敵國了。

事之緣起，乃因呂后對劉氏子弟殘暴，哄傳於海外。趙佗便不服，屢有譏誚。趙佗既有此意，其臣屬必甚之，那南越國兵民，便也對漢家輕蔑起來。

時漢家有長沙將軍陳始，為南邊鎮守之將。此人乃是芒碭山功臣之子，襲父爵，為博陽侯，與長沙王吳右年紀相仿，正值而立之年，氣盛到天地亦難容下。兩人便商議，欲啟邊釁而建不世之功。隨後，五嶺交界處，兩邊兵馬便屢起紛爭，鬧得不可開交。

消息傳至朝中，正是呂產為相，便召集九卿合議此事。有朝臣獻計，請禁南越關口鐵器交易，給趙佗一些顏色看看，勿以為呂太后好欺。

呂產聞此計，頗以為然，便奏請呂后。呂后聽了趙佗事，亦大怒，當下就准了，號令封禁南越國橫浦、陽山、湼谿三大關口，禁鐵器買賣，連一柄鐵鏟也不得過關。馬牛羊等畜物可交易，然只可賣與越人公畜，不可賣母畜。

那南越關鐵器一斷，偌大南越國，不單劍戟不能更新，連民間所用鐵鍋，也難以為繼了。至於馬牛羊之畜，更無從繁殖。

趙佗聞報，拍案而起，罵道：「雉雞亦欲淩空乎！高皇帝立我為王，通使通商，不是好嗎？呂后聽信讒言，竟將我視為蠻夷，禁絕鐵器，欲使我南越人茹毛穴居，以石鍋煮飯乎？真真豈有此理！」

此時丞相呂嘉在側，當即進言道：「此必是長沙王所獻詭計。」

趙佗雙目圓睜，大怒道：「那長沙王，是何鳥種！老王吳芮一薨，留下一窩廢才，如今傳了幾代了？是哪個豎子在位？」

「回大王，當今長沙王，乃老王的第四代孫，名喚吳右。於呂后元年襲位，在位已八年。襲位之時，呂后對他頗有籠絡，那吳右便驕橫起來，勾結博陽侯陳始，陰有吞併我南海郡之心。欲使南越之土，盡歸入長沙國，兩國由他一人為王，欲憑藉此功，在漢家自重身價。」

「豎子！羽毛尚無幾根，竟做起飛仙大夢來……你所探消息，究竟實也不實？」

「老臣為國相，豈敢妄言？我南越之眼線，已遍布長沙國上下。據報，漢家禁鐵令，即是那吳右以重金賄賂朝臣，向呂氏進了讒言。」

「哼，宮中長成小兒，欺到孤王頭上來了。吳氏這些子孫，便是一齊來攻，我又有何懼！」

「大王，臣以為，兵釁不可輕開。」

「丞相，你這是如何說話？若是漢大軍南下，孤王或可遲疑；那長沙王吳右，不過一乳臭小兒，便要我俯首就範嗎？」

「戰端一開，兩國交兵不止，必牽動大局，恐致南嶺遭數十年動盪。事若至不測，便是得不償失呀！」

「你太高看那小兒了！他雖背倚中國，又怎能奈何得了我？我又不欲奪呂后天下，只不過隳他幾座城、斬他幾員將，教那漢家君臣，也識得我趙某手段。」

次日，南越群臣上朝，聞主上欲與漢家動干戈，便有人上奏：北地之人盛傳，呂后已焚毀趙氏父母墓廬，又盡誅了趙氏兄弟全族。

趙佗聞之，愈加怒不可遏，以漢家為不共戴天之敵。遂不聽呂嘉諫阻，自上尊號為「南武帝」，發兵五萬，急攻長沙國邊境。

南越自立國以來，雖未有過大戰，然歷經數十年養蓄，倒也兵精馬壯。大軍源源開出陽山關，一入漢境，便聲威大震。

那邊廂長沙王吳右，從未有過歷練，志大而才疏；將軍陳始亦不相上下，徒有驕氣。平日裡，二人有心攻滅趙佗，卻料不到趙佗會前來犯境，頓時慌了手腳。只得飛報長安告急，一面嚴令各城邑，集合軍民，守境自保。

趙佗見長沙王怯戰，大笑數聲，遂下令揮兵猛進。數日，即連破數邑，縱兵大掠。千里長沙，一時狼煙四起，兵民皆惶恐不已。

呂后得報，也是吃了一驚，與呂產、呂祿商議數日，決意發兵一支入南越，趁機滅了這個前朝餘孽了事。當即拜隆慮侯周灶為將軍，領軍十萬南下，誓要掃平南越。

豈知那趙佗全然不懼，他有膽量攻中原，自是有所依恃。原來，那南越北邊，有五嶺阻隔，奇險異常，可當百萬之兵。當地天氣又溽溼，瘴癘橫行。北兵貿然南來，即是落入了陷阱，不用對陣，先就輸了一大半。當年秦始皇發兵征越，也曾喋血折兵，後數度換將，方才略定全境。趙佗那時為秦軍校尉，身歷其事，知粵地山川可恃，因此全不懼漢軍南下。聞聽周灶大軍逼近，冷笑一聲，便下令全軍退入陽山關，只憑著山壑與漢軍對壘。

那漢軍也久未歷戰陣，本就氣不壯。一入瘴癘之地，又恰逢天氣大暑，軍中疫病四起，苦不堪言，莫說破關殺敵，便是活下來亦屬不易。於是兵士譁亂，皆不聽命。

那隆慮侯周灶，倒也並非無名之輩，乃是芒碭山刑徒中的一條好漢，隨劉邦舉義。至垓下之戰，已升至長鈹[12]都尉，奉命窮追項羽至烏江，戰功甚大。然此時陷於瘴癘之地，亦是無計可施，只得屯兵於陽山關下，徘徊不進，蹉跎竟有年餘。

趙佗與漢軍僵持久了，心中不耐煩，遂起草書信一封，欲與漢家罷戰，唯向漢家求索真定胞弟，並求罷免長沙將軍陳始等。信寫罷，即命軍卒以強弩射至漢營。周灶拾了書信，急忙遣人送至長安，然朝中諸呂看了，卻無片言回覆。

直至呂后駕崩，諸呂被誅，周勃、陳平才上奏文帝，力請罷兵。周灶接到退兵令，如蒙大赦，慌忙率了疲病之兵，拔營而去。

---

[12] 鈹（ㄆㄧ），以短劍安裝於長柄之上，後世曰「槍」。

趙佗在關上見了，大笑道：「秦雖亡於泗水亭長，然漢家又如何？亦奈何不得我一個秦縣令！」遂命軍卒大聲鼓譟，敲鑼戲弄，極盡嘲諷之能事。

漢軍退去後，趙佗將那掠得的財寶，餽贈閩越、西甌兩國，又以兵威恫嚇之，誘使兩國及駱越一齊背漢，甘為屬國。自此，南越國東西橫越萬里，氣象非凡。趙佗不單臨朝稱制，連那出入乘輿，也豎起了黃屋左纛[13]，公然與漢家相抗。漢與南越，就此勢成水火。

這日，在靈惜亭上，文帝君臣三人議起往事，都不勝嘆惋。

文帝指了指太液池道：「二位看這亭下，一池秋水，端的是水準如鏡。然不可有一絲驚風飆起，若稍有風起，便破碎無以收拾。須知，邊事亦如此。朕今有意，遣使往四夷宣諭：朕本諸侯，自代地入承大統，欲以盛德施天下，對藩屬並無惡意。願和輯萬邦，同享太平。我以此誠心待藩邦，料那藩邦也必不生疑。」

陳平讚道：「好！如此宣諭，海內必服。」

文帝又問兩人道：「今趙佗不服，可出兵征討嗎？」

陳平與張武對視一眼，皆面露苦笑。張武遂道：「十萬兵馬征南，無功而返，事不可再。想那南越，實也無力侵掠中原；他稱帝，乃是憎惡呂氏之故。而今漢家百廢待興，於藩屬還是以撫為上。臣以為：征南越而成事者，古來罕有。秦始皇尚且勉強，我朝則萬不可心存僥倖。」

陳平亦道：「張公明見。趙佗既無大志，我征討又無勝算，再征又有何益？料他只不過想爭一時意氣，朝廷若以好言宣慰，定能收服。」

文帝又問：「先帝在時，趙佗心悅誠服，如何呂太后當政時，他偏就

[13] 黃屋左纛，漢代皇帝乘輿之飾物。黃屋，即黃色車蓋。左纛，以犛牛尾或雉尾製成，設在車衡左邊。

與長沙王糾纏不清？」

陳平答道：「此事乃陰差陽錯，臣略知一二。先帝封吳芮為長沙王，原是封了長沙、豫章、象郡、桂林、南海五郡。趙佗稱王之後，占有其中三郡。他先自心中有愧，便疑心長沙國要奪回這三郡。兩國齟齬，便源於此。」

「這個趙佗，到底還是心虛。」

「呂太后稱制，趙佗曾遣南越內史、中尉、御史三次來朝，欲加申辯，然呂太后只是不理。」

「哦？那呂太后打理藩屬事，頗有方略，待南越國何至於此？」

「或因呂祿、呂產操縱其間，也未可知。昔日朝政紊亂，不可究了；而今諸事，當一改舊弊。臣以為，陛下今欲收服南越國，正當其時也。」

文帝便頷首微笑：「兩愛卿已明朕意，那便好。那趙佗昔時，曾有書信交周灶帶回，我昨日翻檢，知其亦有求和意，我為上國，不妨應之。真定那地方，尚有趙佗祖墓，高帝時已修葺，今可再翻新，起造墓邑以守之。他有兄弟在漢地，都召來長安，委以尊官，厚賜以寵之，並下令罷陳始長沙將軍。如此，趙佗聞之，必也以誠心報我。」

陳平、張武兩人面露欣喜，都拱手稱道：「善！」

「那麼，丞相請舉薦一人，為朕出使南越，宣諭籠絡之意。」

陳平略一思索，脫口便道：「此事，非陸賈先生不可。先帝在時，陸賈曾杯酒掙得南越國來歸，今日不妨再試之。」

多年前陸賈使粵時，文帝尚年幼，僅略有耳聞。此時陳平提起，文帝並無異議，卻也擔憂道：「陸賈出使，當是不至無功，然趙佗公然稱帝犯邊，已與中國不兩立，老夫子此去，若有萬一，豈非大險？」

陳平道：「犯險涉難，方挽得回南嶺，捨此別無他途。」

張武亦道：「以一人之險，換得百代安寧，諒陸賈先生必不會推辭。」

文帝頷首道：「然。陸賈長者也，無愧國之重器，定不負朕意。」

君臣議到此，胸中都覺豁然開朗。文帝四望片刻，但見水色瀲灩，亭臺有如仙境，掩映於綠叢中，不禁就慨嘆道：「朕生也晚，不及前輩閱歷多。想那刀山血海之時，漢家君臣所盼望，便是這半日的安寧吧？」

一句話，說得陳平動容，忙答道：「老臣當時，唯求生還，豈敢做此等好夢？」

「話也正是如此。你我君臣在此亭上，雖是隻言片語，卻是關乎子孫萬代事，能不戰戰兢兢？你二人，今後萬不可消沉度日。」

陳平、張武聞言，都不免失色，忙伏地叩首，連連稱是。

越日，文帝宣召陸賈面諭。待陸賈上殿時，文帝起身，疾行數步相迎，恭恭謹謹道：「先生隱居九峻山，多年韜晦，今日見之，倒是更旺健了！漢家元勛，今日已無多，有幸見先生來，後輩心安得很。」

陸賈行畢大禮，應道：「臣實不敢賣老！昔年因無功，方得倖存。今雖殘朽，仍願為王前驅。」

文帝便賜座，笑讚道：「朕幼年時便知，先生曾使粵，片言掙得趙佗萬里之地，真乃神人也！」

陸賈便仰頭笑道：「民間所傳，未免溢美。老夫固然有巧舌，然則，若無先帝天威，哪裡能說得動趙佗？」

一番說笑畢，文帝便正色道：「今召先生來，乃有大事相托，關乎萬代邊陲寧靖，望先生勿辭。」

陸賈便斂容道：「唯陛下之命是從。」

「那趙佗，因呂氏亂政，今復叛去，擬請先生攜朕親筆信一封，再使南越國，宣諭盛德，勸說趙佗來歸。」

陸賈聞之，略顯驚愕，忽就遲疑起來。

文帝見狀，忙道：「趙佗擅自稱帝，與我相抗，南嶺已成險地，朕亦為此頗費躊躇。然年前南征，用兵不利，今又無力再征，故出此下策，令先生為難了。」

陸賈猶豫片刻，忽然伏地一拜，慨然道：「願從命！臣雖老朽，筋骨尚健，那南越國丘壑雖險，我則視之若平地也。」

「夫子，趙佗喜怒無常，此去或有不測……」

「區區南越，怒又何妨？他見臣敢一人前往，便知漢家並非怯戰！」

文帝大喜，便取出寫好的親筆信，交給陸賈，又叮囑道：「此信，乃朕苦思三日，斟酌而成。令先生見笑了，可否代為潤色？」

陸賈展卷，細讀了一遍，神色便顯肅然。復又讀一遍，不禁撫膝嘆道：「陛下好文章，臣豈能更易一字！攜此信，老臣足可以說得那趙佗回頭。」

文帝便拱手一拜：「先生既已受命，朕便有諭。」說畢，即起身離座。陸賈連忙也立起，躬身聽命。

文帝正了正衣冠，振聲道：「今加陸賈為太中大夫，授金印紫綬，為朝使，攜朕親筆賜書一封及賜物，往南越國說服趙佗。另遣一謁者為副使，伺候途中起居。朕已飛檄長沙國及沿途郡縣，一路照應，勿使先生勞累。今日使命，福澤千秋，唯望先生途中保重。」

陸賈聞罷諭旨，老淚縱橫，長揖答道：「陛下即便不言，臣也知輕重。來日且聽老臣覆命。」

文帝遂親送陸賈至階下，依依惜別，目送其遠去。但見陸賈白髮皤然，飄逸若步雲之仙，不覺感慨良久。

陸賈這一路上，因郡縣迎送周到，且天氣已轉涼，倒也不大辛苦。至長沙國境內，長沙王吳右率眾屬官郊迎，備極恭謹。

見了陸賈，吳右滿面羞慚，請罪道：「孤王年少，遇事不知轉圜，給朝廷惹了禍。」

陸賈看看吳右，不由想到天下異姓王，除南藩之外，已誅殺盡淨，唯餘此一姓，便不忍責備，只道：「長沙王不必自責。邊事安否，非人力所能及也。只是⋯⋯先王拓土，實是九死一生，方得這一隅。封疆之主任事，不可不記取前代事。既然說守土有責，守住便是大功；捨此而外，別無奇功！」

吳右聽出陸賈有責備意，不禁愧悔滿面，連連揖道：「先生數語，令孤王無地自容。此誤，險些誤了大事，有勞先生犯險出使，我心難安。」

陸賈揮揮袖笑道：「哪裡話。老臣今往粵地，自知那趙佗分量，必定無事。」說罷，又瞟了一眼在旁的陳始，冷冷道：「博陽侯好英武！令尊起自芒碭，與老夫相熟，當年也不過你這般年紀，卻是從不多事。」

一句話，說得陳始大慚，慌忙伏地，連連請罪不已。

且說陸賈車駕出了長沙，顛簸於險峻山道上，歷經半月餘，翻過九嶷山、越城嶺，終來至陽山關下。

那陽山關，依山崖而建。其山色赭紅，似火燒而成。壁立千尺如斧鑿，真是傍馬頭而起，直上雲霄。不要說攻破，即是平常攀緣，也是不能。

隨行謁者乍見此奇景，仰之愕然，脫口道：「詭矣！無怪我征南兵馬，無功而返。」

陸賈笑笑，憑車軾觀之，悠然道：「且看老夫手段吧。」

那南越國境內，得了斥候探報，早已有人在此守候。待關口大門一開，便有趙佗所遣使者，持節出來，將漢使一行迎入，一路護送向南。

後又馳驅旬日，來至番禺城北門外，見南越國丞相呂嘉，正率左右恭迎於城下。呂嘉迎住陸賈，略一施禮，滿臉笑意道：「先生別來無恙乎？吾主聞聽先生將至，朝思暮想，常嘆曰：『又得見故人矣！』」

陸賈卻無一絲笑意，亦不還禮，只冷冷打量呂嘉一眼，語含譏誚道：「呂丞相老臣，倒是未曾昏頭；只不知南越王此時，是否還在夢中？」

呂嘉聞其言不善，不由就一凜，忙斂容道：「我君臣盼先生久矣。」遂命左右鳴響鼓號，以大禮將陸賈迎進越王宮。

這越王宮，比陸賈前次來時，又新造了許多宮殿，均為石砌，巍峨連綿，其名一概仿照長安宮殿。呂嘉引陸賈入魏闕，赴「未央宮」謁見。

不料才進宮門，便見一對石麒麟之後，有兩排郎衛，執戟肅立，面露隱隱殺氣。見陸賈至，立時挺戟交搭，有如長廊。呂嘉便向前一抬手道：「先生請。」

陸賈隨他手望去，便是一驚：只見那陛路盡頭處，正擺著一個湯鑊！隨行副使見了，面色即慘白，急呼道：「先生！」

陸賈轉頭怒視副使，低聲道：「足下膽量，尚不如一秦舞陽乎？」叱罷，即昂首前行，至滾沸湯鑊旁，視若無睹，繞行而至殿前停步。

呂嘉連忙跟上，見陸賈鎮定如常，心中也暗自吃驚，忙喚謁者通報。

此時，趙佗頭戴十二冕旒，身披越人袍服，正自在龍椅上高坐。謁者上前，通報陸賈已至，趙佗目不下視，只略一頷首道：「宣上來吧。」

大行官聞令，便是一聲呼喝：「漢使陸賈，謁見武帝——」殿上一眾謁者，頓時都齊聲附和。

陸賈便一撩衣襟，大步上殿，略略一揖道：「漢太中大夫陸賈，萬里南下，來拜見故人。」

話音甫落，滿堂皆驚，呂嘉不禁大怒：「漢使無禮！」

殿上宦者聞聲，立時怒視陸賈，只待一聲令下，便要拿人。

那趙佗也是一驚，仔細看去，見陸賈旁若無人，似笑非笑，自己先就忍不住了，跳將起來，搶上前幾步，執陸賈之手大笑道：「不錯，故人，正是故人！自高帝十一年別後，竟是十九年了，我是無日不思老夫子……」

「老臣亦是日夜思之。」

「朕已老矣，夫子卻仍不老。想那隱居所在，必是一個神仙地。」

「哪裡！老夫守拙，十九年無甚長進；足下倒是若隔世之人了。昔日臣來，曾領略大王風采；今日見之，竟是冠冕殊異，令老夫不知該如何敘舊了。」

呂嘉在側道：「陸大夫豈能不知，吾主今號『武帝』，已為南越天子了。」

陸賈便佯作驚訝，連連揖道：「料想不到，天不變，道亦不變，唯足下變了。老臣這裡，賀足下已然勝過天道！」

趙佗聞言，仰頭大笑道：「先生又來逞辯才了，我南越君臣，哪裡是你的對手？來來，坐下說話。」

兩人便分賓主坐好，趙佗一拱手道：「久未聞大雅，不覺又是多年，今日願聞先生賜教。」

陸賈便道：「今來，臣並無一語，唯攜一篇文章來，請大王過目。」趙佗略顯詫異：「哦？是先生手筆？」

陸賈笑道：「非也，然遠勝老臣文采。」說罷，便從袖中取出文帝信來，恭謹呈上。趙佗忙接過來看。剛看了數行，不禁就神情肅然，抬頭問道：「這一封皇帝賜書，莫非陳平所擬？」

「大王請細讀，此乃天子親筆，他人未添一字。」

「漢天子文采，竟是如此了得？」

「正是。老夫到這把年紀，已無須作虛言。」

趙佗便又屏息閱看，讀罷再讀，如是再三。只見那信中寫道：

皇帝謹問南越王，王在粵地，甚苦心勞意。朕乃高皇帝側室之子，奉北藩於代，路途遼遠，耳目壅蔽，從未曾致書與大王。

高皇帝殯天，孝惠皇帝即位，高后臨朝稱制，不幸有疾，日漸深重。以其故，行事悖暴，諸呂趁機亂法，乃取外姓之子為孝惠皇帝後嗣，朝綱遂亂。幸賴宗廟之靈、功臣之力，盡誅諸呂已畢。朕以王侯官吏擁戴之故，不得不立為新帝。今即位，聞昔日大王曾與將軍隆慮侯書信一封，求送還胞弟，並請罷長沙將軍。朕應大王書信所求，罷將軍博陽侯等。大王胞弟在真定者，已遣人問候，並修治大王先人塚，以示誠意。

前日聞大王發兵於兩國邊，為寇災不止。當其時，長沙國苦之，南海郡尤甚。雖大王之國，又能獨得利乎？兩相交惡，必多殺士卒，傷及良將良吏，使人之妻寡、人之子孤，使人父母喪子而獨居。得一亡十，朕不忍為也。

…………

趙佗放下賜書，沉思良久，方嘆道：「漢天子待我，如兄弟也。」陸賈狡黠一笑：「兄弟之邦，便以鼎鑊待客嗎？」

趙佗這才想起，不由大慚，急喚呂嘉道：「撤去，撤去！」又輕聲對陸賈道，「夫子請隨我往偏殿說話。」

至偏殿，趙佗摒退左右，與陸賈相對而坐，取下冕旒，神色頗不安：「漢丞相周勃，可是在謀劃對我用兵？」

「哪裡話。絳侯已罷相，今漢丞相乃是陳平。」

「哦。」趙佗鬆了口氣，又問道，「如此說來，漢天子並無征南之意？」

「既為兄弟，何用干戈。老夫遠涉萬里，即是為和輯而來。」

趙佗拱手一拜，語氣懇切道：「既如此，我便對大夫道出實情。呂氏在時，我亦有苦衷，音信隔絕，民間紛傳，說漢家已盡誅我兄弟，不由人不信。今閱天子賜書，方知真偽。天子書信，起首便言『朕乃高皇帝側室之子』，便是撇清了與呂太后關係，我豈能看不出？呂氏既滅，我心病亦消。漢家與我，兄弟相殘，確是無益之事。」

「大王初衷未改，老臣甚欣慰。昨日種種事，可否揮袖拂去？」

「這有何難？我趙佗，是何許人也？本為燕趙之士，今衣冠雖從越俗，心仍屬故土，數十年來，以詩書化國俗，猶念中國。雖有甲兵百萬，又豈能忍心與漢家為敵？」

「此話，老臣深信不疑。足下既知禮，朝廷亦必不棄足下。」

「況且以弱攻強，豈非自尋死？若是漢家遣灌嬰南來，半月便可下番禺，逐我於海上。天子今遣老夫子來，顯是不欲殺我，我豈能不知？」

陸賈面露微笑道：「足下既有此意，何不去帝號，重歸漢家？」

「我也正有此意，請容我回書一封，有勞夫子攜回。趙佗究係中國人，流落南嶺，不得歸鄉，不得已而為蠻夷長老，實無心與朝廷為敵。今番得天子垂愛，願世代為藩臣，進奉朝貢。」

「這封回書，不可草率，須字斟句酌才好。」

「那是自然。我雖莽夫，早先也曾親擬軍書。今日提筆，要寫一篇妙文出來，供夫子一笑。」

「老夫此來，上命甚急，待大王回書寫好，便要告辭了。」

「豈可如此急切？夫子既來，便不要匆忙，你我仍如當年，煮酒論世，醉個幾晝夜再說。」

陸賈連忙拜道：「我遲幾日歸，倒不妨事。然老臣若早一日返歸，南越便早一日得安，確是耽擱不得了。」

趙佗望住陸賈，慨嘆道：「夫子兩次南來，竟是兩次救我。今番別去，只不知可還有重逢之日……」言未畢，竟有數行淚落，沾溼衣襟。

陸賈擺擺手，也幾欲泣下，不忍再說半句了。

後數日，趙佗白晝與陸賈飲酒閒話，夜來便閉門苦思，草擬回覆皇帝書。

兩日後，趙佗有詔令下，頒至南越國各地，曰：「吾聞兩雄不俱立、兩賢不併世。漢皇帝乃賢天子，自今以後，孤王除去黃屋左纛，永世歸服中國。」

此令一出，越王宮內外皆震動，呂嘉急忙求見趙佗，面奏道：「詔令一出，官民心甚不安。陛下十數年稱制，上下皆習，驟然改之，恐為不便。」

趙佗微微一笑，拂袖道：「陸老夫子尚未走，此事勿再多言。」

呂嘉一怔，旋即會意，便一揖退下了。

又過了兩日，趙佗請陸賈到「曲流石渠」飲酒。陸賈來至渠邊涼亭，四下望望，見城南不遠處，便是浩茫南海，便讚道：「好個觀景之處！南越王宮景色，真乃仙境，老臣生平從未見過。」

趙佗便笑：「小邦唯有小趣，不足道哉。」

越王宮中那曲流石渠，係鑿石砌成，依地勢迴環蜿蜒，如龍蟠地面。渠底以卵石鋪就，水流過，可聞潺潺之聲，如絲竹之妙。有那曲流回水處，則水聲大作，淙淙作響，又似笙簫齊奏，令人驚喜。坐於芭蕉濃蔭之下，聞此聲，恰是天籟。

陸賈聽了片刻，心曠神怡，向趙佗連連揖謝：「大王在南國，享得好福！」

趙佗便從袖中摸出一卷縑帛來，神態恭謹道：「此乃我草擬回書，令先生見笑了。孤王多年不執筆，堪堪苦熬了好幾夜呢。」

陸賈接過，展捲來看，只見回書寫道：

蠻夷大長老、臣趙佗再拜上書皇帝陛下：

高皇帝幸賜臣趙佗國璽，立為南越王，用為外臣，時納貢職。孝惠皇帝即位，義不忍絕，又賜老夫恩寵厚甚。高皇后自臨朝用事，近小人，信讒臣，視我為蠻夷，出令曰：『禁售予蠻夷外粵金鐵田器。馬、牛、羊可售，毋畜則禁。』老夫地處偏僻，馬、牛、羊齒不繼，國之祭祀不修。臣曾命吾之內史、中尉、御史三度入朝，攜書信呈皇帝謝罪，皆無回音。又風聞父母墳墓已平毀，兄弟宗族已被誅殺。南越之吏，紛紛諫議曰：『今內附不得，不如自立。』故更號為帝。自帝其國，非敢有害於天下也。高皇后聞之大怒，削去南越之籍，互不通使。老夫竊疑長沙王進讒，故敢發兵以伐其邊。

且南方卑溼，蠻夷四布。西有西甌，亦南面稱王；東有閩越，亦稱王；西北有長沙，亦稱王。老夫故敢妄竊帝號，聊以自娛。老夫略定百邑之地，東西南北數千萬里，帶甲百萬有餘，然北面而臣服漢，何也？不敢背先人之故。老夫處粵四十九年，於今抱孫焉。然夙興夜寐、寢不安席、食不甘味、目不視靡曼之色、耳不聽鐘鼓之音而寡歡者，皆因不得事漢也。今陛下哀憐臣趙佗，復我故號，通使如故，老夫死骨不腐，則名號永不敢為帝矣！謹託使者獻白璧一雙、翠鳥千羽、犀角十隻、紫貝五百、桂蠹一器、生翠四十雙、孔雀二雙。

臣面北再拜，以此敬告皇帝陛下。

陸賈讀畢，不禁擊節讚道：「大王好文章！好一個『寢不安席、食不甘味、目不視靡曼之色、耳不聽鐘鼓之音而寡歡者，皆因不得事漢也』。若是借文臣之手，絕寫不出此等佳句。思鄉之切，其聲可聞。大王至誠，尺素之內可見，待老臣返京師，定如實稟明天子。」讚畢，忽就伏地，向趙佗恭恭敬敬三叩首。

趙佗連忙扶住，直喚道：「夫子夫子，使不得！」

「大王，此非老臣之拜，乃為漢家君臣及百姓而拜。南嶺歸服，福澤萬代，大王之功是要上史書的，連帶老臣也可留名於後世了。」

趙佗連忙道：「哪裡。夫子兩番勸說之功，才是要緊。我這裡，特為夫子備了一份厚禮。」說著，便從懷中摸出一粒夜明珠來，其形之巨，世間罕有其匹。

陸賈吃了一驚：「這是何等寶物？」

「此乃波斯國燧珠，乃胡商所獻。置於室內，夜裡可滿室通明。」

陸賈連忙擺手拒道：「前次出使，老臣之子尚未自立，大王所贈，已由犬子平分。今日再獲贈，則是萬萬不敢。衰殘之軀，苟活時日，受了這等奢靡物，豈不要折壽？」

見陸賈堅辭不受，趙佗也只得作罷，便道：「夫子高節，孤王甚是感佩。也罷！寶珠不受，尋常程儀總要拿些，不然於禮不合了。夫子南來一趟不易，孤王還有一惜別之禮，料想夫子定能欣然受之。你這便與我同行，乘馬出宮去。」說罷，便喚涓人牽馬過來，僅帶數名宦者，出了宮去。

趙佗率眾馳驅於途，路人亦不知是國君出行，只道是官家人行路。百姓中有避讓者，亦有遙遙施禮者。

陸賈見了，大為驚奇：「大王不帶護衛，便不怕刺客嗎？」

趙佗笑道：「秦亡以來，我治粵二十七年，外無兵燹，內無苛捐，世道清平如水。百姓感恩尚且不及呢，還有何人想要害我？」

陸賈聞言，不禁感慨：「漢家百姓，怎有越人之福！」

不多時，一行人已經出了城門，馳上城東紅花崗，駐馬遠眺。但見崗下平疇千里，綠禾萬頃，中有田舍錯落，綠樹如蓋。田間往來的越人，頭戴斗笠，行色從容。

陸賈注視良久，悠然神往道：「果真是『日之夕矣，羊牛下來』，今老朽親見上古之風矣。」

趙佗便以鞭指崗下道：「孤王所領疆土，北至閩越，南接林邑，無一處不是此等景象。百越和輯，官民相安。雖不能上比三代之盛，亦是現世之蓬萊福地了。你我二人，既已相知，我這裡就大言不慚了 —— 秦末之時，天不遣我在中原，時也命也，孤王也只得認了。若不然，還不知鹿死誰手哩。」

陸賈大驚，正想該如何對答，卻又聽趙佗道：「夫子莫驚！今返長安，可稟告天子，這一片山河，便是我請夫子帶回的大禮。」

陸賈這才釋然，不禁會心一笑：「大王真乃豪雄！如此重禮，老夫怎生背負得動？」

趙佗大笑道：「自有九萬里鵬，與你背負！」言畢，兩人相對朗聲大笑。時有薰風吹過，聲播四方。崗下農夫聞之，莫不抬頭驚望。

新人掌權，老臣黯然退朝堂

時過兩月，正是入冬時節。文帝親率近侍，於上林苑圍獵，忽有宮中涓人來報：「太中大夫已返歸。」

聞此報，文帝不禁揮弓大喜：「夫子如期返歸，那趙佗，定是有好禮相贈！」於是急命罷獵，返回未央宮召見陸賈。

陸賈上得殿來，揖拜禮畢，便將出使始末向文帝稟明，又呈上趙佗回書。文帝閱過，略露驚異，遂問起趙佗及南越國種種，陸賈皆如實作答。說到南越物產豐饒、官民相安情形，文帝竟聽得入神。

待陸賈言畢，文帝若有所失，慨嘆一聲：「趙佗之才，吾不如也。」便起身踱步，環視陸賈攜回的貢物。見那一群翠鳥、孔雀，羽毛華麗，斑斕陸離，不由就喜道：「如今天下太平，真真是有鳳來儀了。陸大夫此行，為漢家恢復南疆，居功至大，美名足以傳世。先生年高，朕以後再也不敢叨擾了，此次即有厚賞。」

當日，陸賈覆命已畢，領了賞賜，便向文帝告辭：「邊將若不邀功，南越便可保百年無事。那趙佗雖有梟雄氣，到底不是越人，欲自立，一二代尚可，日久必為越人所困。故背倚中國，教化僻遠，才是他自保之道。」

「嗯 —— 先生所見甚遠。」

「老夫朽骨支離，確是無力再使粵了，唯願陛下用心。」

文帝聞此語，至為動容：「聞先生教誨，朕心即有明光，即是百年之期，亦不敢忘！」說罷起身，送陸賈下殿，含淚執陸賈之手，再道保重，方依依揖別。

數日後，陸賈便拜別昔年同僚，返歸好畤，重作空山雲鶴，從此不復出，直至壽終正寢，此乃後話。

且說那南邊事平，朝野皆知藩屬已安，日後便是百年的承平了，故而無人不歡喜。長安閭里之繁盛，更甚於前。

未幾，便是文帝前元二年（西元前 178 年）新歲，有四方諸侯來賀，車馬輻輳，冠蓋如雲，一時傾動長安城，大大熱鬧了一番。

豈知新歲才過沒幾日，宮中燈綵尚未撤下，便有噩訊傳入宮來：「陳平丞相薨了！」

文帝聞訊，大驚失色，不由就呆了，半晌未發一語。謁者在旁見了，忙提醒道：「百官已在端門外集齊，候陛下諭旨。」

卻說那文帝發呆，乃是一則以喜、一則以憂。往日陳平等一班老臣為左右之輔，礙手礙腳，文帝總覺不自在；然今日陳平病歿，卻又忽覺心裡空落落的，不知今後何人可做宰輔。如此想著，便失神良久。

謁者見不是事，忙又咳嗽一聲，文帝這才回過神來，急問道：「絳侯可在宮門外？」

「正是絳侯率百官齊集於外。」

「且宣他進來。」

少頃，周勃神色悲愴，踉蹌上了殿來。文帝急忙立起，安慰道：「絳侯請節哀。陳丞相薨，朕也是六神無主，萬望絳侯打起精神，率百官前往陳邸弔唁。」

周勃含淚道：「臣一莽夫，上蒼不召去，卻要將陳平召去！陳平與我，昔為同袍，又曾共誅諸呂，多年已情同手足，今日聞此噩訊，直不欲再活了……」

「絳侯，萬不可如此！死生有命，終歸於黃土。凡間人，做不得自己的主。今日百官都在矚望，執宰不能自亂。我這裡，已吩咐少府備了喪儀，也隨絳侯前往陳邸弔問。」

「陛下想得周全！遵陛下旨意，老臣這便去。那陳平長子，名喚陳於賈，品行尚可，請陛下恩准襲封。」

「那是自然。陳平曾救先帝於白登山，又迎我入朝，功高蓋世，當今更無第二人，其子襲封，當無疑⋯⋯然朕常思之，侯門數百，只不知子孫能傳幾代？迄今，因數孫犯法，致侯門斷絕的，怕是有十數家了。以此看，公卿豪門，還須嚴家教，方得久安。」

「陛下說得是，老臣今日便囑陳平夫人，萬不可縱容子孫。」

文帝遂向周勃一拜：「有絳侯等老臣在朝，凡事皆穩重，朕心甚慰。便有勞絳侯代朕，弔問陳平家小，妥為安撫。要教那朝野都知，朕是極敬老臣的。」

周勃拭了淚，諾了一聲，便領命而退。率百官來至陳平家中，望靈而拜。那陳平夫人迎出，淚已幾枯，站立不穩。周勃忙上前攙扶住，叮囑了幾句，特將文帝旨意轉告，將那管束好子弟事，說了又說。

陳平夫人含淚應道：「蒙陛下如此看重，老身哪裡敢疏忽。」

話雖如此，那豪門子弟恣意妄為，終不可改，連官府也忌憚三分。如此傳兩三代下去，便全無敬畏之心，似天下皆為侯門屬地一般，焉有不犯法的？

且說那陳平後人，傳至曾孫，名喚陳何，與乃祖不同，是個貨真價實的好色之徒。有了渾家不算，見閭里婦人有姿色，便仗勢強奪，擄回家中消受。

此事若做得周全，與那婦人兩下裡勾連好，哄住夫家，受害之主也只能忍氣吞聲。然陳何這豎子，累世侯門，驕橫慣了，幾近上門強搶。人家自然不服，告到官裡，廷尉府責問下來，坐實了強搶民女之罪，竟遭棄市，砍了頭，拋屍於街頭。陳氏的侯門，也就到此中絕。祖宗功大，後代頑劣，漢家侯門這樣的事，數不勝數，此處便不再多提了。

將陳平喪事料理好之後，文帝環顧朝中，老臣已凋零無幾，忽又有些惴惴，覺得天下似是猛然空了，便想也沒想，再命周勃任丞相，務求壓住陣腳，免生意外。

周勃聞命，知文帝終究膽虛，還離不得老臣，心中便暗喜，嘴上卻是推辭了一番。文帝再三揖請，周勃這才佯作慷慨道：「罷罷，當年隨了高帝，也就拼卻了平生，臣這條命，全是漢家的。蒙陛下不棄，老朽也只得勉力維持。」如此，朝政倒也沒有大波折。文帝理政，則更是謹慎了。

這日，文帝召見廷尉吳公，商議嚴禁侯門子弟作惡事。議罷，吳公見文帝悶悶不樂，不由問道：「陛下，今四海昇平，民無愁苦，如何天子倒有了愁苦之相？」

文帝便應道：「吳公看對了！治天下，確是人間第一大苦事。諸般瑣細，不敢有所疏漏，略有疏漏，滿盤便是輸。當年我為諸侯，也曾暗笑孝惠帝治國無方，如今坐了這龍庭，方知朕之心智，亦不足用矣！」

吳公見文帝道出肺腑之言，不禁動容，連忙拜道：「陛下英明天縱，朝野皆有口碑，絕不至如此。當是陳丞相薨，政事一時無人擔當，心急所致。臣之門下，倒有一奇才，少年聰慧，於天下事多有見解，臣萬不及一，可為陛下顧問。」

文帝眼睛便一亮：「哦？吳公之賢能，為天下治平第一，竟也有私心佩服的人嗎？」

「有。此人年少有為，不可小覷。」

「究是何等樣小子，得吳公如此讚賞？」

「此人名喚賈誼，洛陽人氏，年方弱冠，飽讀諸子百家，於經史無所不通，人皆稱賈生。賈生曾師從張蒼，張蒼則為荀子再傳弟子，可謂淵源有自。在老夫門下為賓客，遇大事，多有識見。老夫這治平第一的虛名，亦有賈誼幾分功勞哩。」

文帝當即大喜：「想不到，吳公夾袋中，還有這等人物！如何不早說？明日，便宣他入朝，朕倒要好好問他。」

次日大寒，朔風凜冽，賈誼應召來至北闕外。文帝聞謁者通報，望了望窗外天氣，便教人帶往溫室殿等候。自己則換了常服，命一少年宦者隨行，緩緩踱往溫室殿。

那殿中，涓人早已將地炕燒熱，滿室如春。賈誼已先至等候，正四下打量，猛見兩人翩然而至，為首者氣宇軒昂，便知是皇帝來了，忙起身揖道：「布衣賈誼，蒙陛下召見，不勝惶恐。」

文帝忙擺手笑道：「賈誼君，久聞大名了，便不必客氣。今日也並非召見，無非是想聽聽君之高見。你雖年少，也不過如我兄弟般年紀，萬勿拘君臣之禮。權當我也是書生，慕君之名，相邀一晤而已。」

賈誼聞言略一怔，忙又揖道：「這如何敢當？陛下所理，乃天下萬事，臣豈敢置喙？小子蒙吳公錯愛，其舉薦之辭，不免有所溢美，不足為憑。我讀典籍，上至三代事，也僅是粗通，陛下如有垂詢，臣當知無不言。」

文帝便拉住賈誼衣袖道：「說不客套，卻又說了這許多，來來，坐下細談。」

兩人分賓主坐下，文帝便喚小宦者點燃了香爐，緩緩道：「今日，且作清雅之談。觀君之貌，清通洞達，朝堂上的俗套，請一概免去。譬如此處即是府上，我攜一書僮，登門叩訪，任風雪肆虐於外，室內唯有靜雅。」

賈誼望住文帝片刻，忍不住道：「天子降尊，召見布衣……」

文帝便笑著截住：「所謂天子，又有何不同？只不過百官都哄著一人罷了。不知外間閭里，究竟是如何議論我的？」

「這個……」

「但說無妨！」

「陛下寬仁，有口皆碑，然民間亦有議論，說陛下略遜雄才。」

文帝便拱手一拜，斂容道：「賈誼君，召你來，正是要聽這等真話。朕有自知，豈止是雄才，連大才也沒有。朕生於太平年間，論弓馬本領，遊獵尚可，欲在萬軍之中取上將首級，只是奢念。依你之見，這太平時節，君王當如何一展雄才？」

賈誼便回道：「始皇帝以來，世人所讚雄略之主，多有謬誤，以為是殺人無算的才是。然回溯上古三代、唐堯虞舜，哪個聖君是有賴殺伐而立功德的？大凡明主，多以修身立於天下。士大夫修身，在於崇德；君主修身，則在於經略全域性。有大器局者，開萬世規模，這便是雄主。孔子曰：『修己以安百姓。』這即是說，以修身之道治天下，若謀劃周密，布局得當，便能致政通人和，百姓安泰。即使居深宮不出，也可建莫大功德。」

「居深宮不出？如此，朕怎能知天下事？」

「帝輦一出，百官逢迎，陛下又怎能知真偽，還不是眾人哄著一人？」

「那麼，先生是說，為君之道，全在經略？」

賈誼聞文帝口稱「先生」，慌忙伏地，叩首道：「小臣為布衣，且年少，豈敢當『先生』之名？」

文帝便仰頭大笑：「賈生才調，世所無匹，怎的當不了先生之名？君雖晚於我生，以學問論，仍是朕之先生。明日起，朕便加你為博士，可入朝堂議事，為我腹心。」

「謝陛下之恩，臣亦不敢辭，思有所得，必傾囊而出。臣以為：秦亡之鑑，在於不仁。治天下，所謂萬年計，無非是施仁義、行仁政。仁政即是上下互愛 —— 為上者，仁以愛民；為下者，則禮以尊君，又焉用戟戈森嚴以防民？君若不愛民，民便不附，這不是市井婦孺皆知的嗎？可惜那商鞅、李斯輩，全不知這至簡之理。陛下若能開仁政之先，與民以福，與民以財，後世萬代君主，也不過步趨於後，總脫不了今日劃定的規模。」

文帝心頭一震，通身血熱，不禁望了望賈誼。見他眉目清秀，看似單薄，然胸中韜略，卻似取之不盡，心裡便暗讚：果然是個異才！於是，便誠心施禮道：「君之所論，又勝於叔孫通禮治之說，恢宏無倫，可為漢家萬世之計，朕已大略知曉。朕於入都之初，也曾想過，欲開萬世楷模；然心馳萬里，卻跨不過門外一個土坎。說起來，做人君之難，與做大戶之主也相差無幾，吃穿用度，處處須苦心籌措；所用之人，也多不得力。久之，雄才大略之心也就淡了。」

賈誼便脫口而出：「天下既在陛下股掌中，可斷然處之。」文帝不禁肅然，正了正衣冠，拜道：「願聞其詳。」

賈誼正欲言，忽而就瞟了一眼小宦者。文帝會意，揮袖命那小宦者退下，對賈誼笑道：「先生可放膽直言了。」

「陛下，為君之道，在於正名。漢家已興二十八年，混一海內，天下合洽。社稷之盛不輸於殷周，如何仍奉前朝正朔，雜用秦之官制，沿襲秦之服色？」

「哦……此事為張蒼所定。秦原為正統，漢家代之，仍承秦制，人心方能服，這有何不妥？」

「不然！秦代周而立，是以水德代火德；漢代秦而興，則為土德代水德。五行既改，禮法亦應改。一則，服色應尚黃，棄秦之黑色；二則，應改正朔，定禮儀；三則，數目應以五為吉，車寬、馬匹之數，用五而不用六；四則，官名應悉數更換，以興我厚土之德。按上古之禮，五德相生相剋，事關運祚，不可敷衍。陛下當順應天意，重開規模，使我漢家堂堂正正立於世，後代也將念陛下之恩，奉陛下為一代聖君。」說到此，賈誼便從袖中摸出一卷簡冊來，恭恭敬敬呈上。

文帝展開來看，原是一卷《論定制度、興禮樂疏》。大略看過，見條目甚清楚，其要旨，正是賈誼方才所言，便搖頭道：「如此變動，擾動四方官民，未免過甚。」

「欲為新政，便應處處更新。」

「然可否從緩？」

賈誼便向前移了移膝，懇切道：「天下萬民，為君主者僅一人；人生百年，有為之時僅十數年。陛下此時不為，更待何時？」

文帝低頭默然，想了又想，方抬頭道：「賈誼君是崇儒的，必也知『中庸之為德也』……」

賈誼見文帝遲疑，不由得急切道：「這個自然。陛下白璧微瑕，恰是惜乎有所不及！」

文帝便笑了笑：「然此番舉動，豈非又過乎？朝中老臣尚在，不容朕有半分閃失。正朔、服色，國之大事也，稍有舉措，便傾動天下。如過於操切，恐生變亂，此事還是不議了吧！吾生不逢時，徒有大志，守牢基業已屬不易，實擔不起這等天意。賈誼君，可還另有見教？」

賈誼便一時失神，呆望著那裊裊香菸不語。文帝面露微笑，輕聲喚道：「賈先生！」

賈誼這才回過神來，嘆了一聲：「陛下禮賢下士，此番傾談，或為亙古以來所僅有；然則，卻是早了百年呀！」

「百年後之事，自有子孫操心；今日朝堂上諸事，還請先生指教。」

「朝堂事，陛下裁斷自如，並非心無主見，只不過有老臣掣肘，不易伸展。此等枝蔓之弊，只須一道上諭，便可刈除盡淨。」

「有這般容易？」

「當然，陛下可令列侯就國，不許留都中。列侯一旦分散，其勢即弱，哪裡還能作怪？」

文帝不覺心中一動，正欲贊同，忽又猶疑起來：「然⋯⋯令列侯就國，所本為何？」

「春秋諸侯千餘，各守其土，可有一個是在朝堂之上的？陛下欲遣列侯出都，《尚書》、《禮記》上有千條道理，不由他們不聽命。」

「列侯就國，若在封國中聚眾作亂，又如之奈何？」

賈誼便擺手道：「陛下，古今之勢已不同。春秋諸侯，不單握有封國錢糧，且握有兵馬，一國便是一個天下。今之列侯，並非諸侯王，既無兵卒，亦無僚屬，僅享本邑賦稅，不過略似一富家翁耳。登高一呼，其聲威尚不如市井屠戶，陛下有何懼之？」

「列侯皆為先帝從臣，如此逐出長安，豈非不仁？」

「孔子曰：『苟志於仁矣，無惡也。』若聽憑列侯在都中掣肘，使政令不暢，百姓不安，那才是大不仁呢。」

文帝聞言，拍案讚道：「賈先生到底是犀利！明日朕即下詔，令列侯各歸其邑，不得留都中，以免尾大不掉。或有在朝為官者，也須遣長子就國。如此，拔去老臣根本，也免得做事礙手礙腳了。」

「臣別無長技，潛心十餘年，無書不讀，頗有領悟，胸中此類謀劃，無日無之。今後隨侍陛下，當逐日獻策，不怕有一日掏空了。」

「如此甚好。朕主天下，苦於少謀，最憾身邊無張良可倚。今與君閒談半日，帷幄中便定了大事，真乃快哉！來來，趁此好興頭，正當飲酒。」言畢，便高聲喚宦者，去取一罈長沙醴酒來。

兩人藉著酒力，談興愈濃，直把那三墳五典、河圖洛書聊了個遍。直至日暮，賈誼才起身告辭。

文帝笑道：「且慢。」便命宦者取來一領白狐裘，親手為賈誼披上，殷切道，「外面天寒，贈君一領白狐裘，此係先帝舊物，可擋風寒。」

賈誼不禁感激於衷，忙謝恩不止。

文帝將賈誼送出前殿，意猶未盡，慨然道：「先帝得張良，遂得天下；朕得賈生，必也能開萬世之功。」

賈誼酒酣未消，便昂揚應道：「即便舜禹再生，為陛下獻計，也不過如此。少年若無此雄略，豈非枉來這世上一場！」

兩人相視，不禁朗聲大笑，方再三揖禮作別。

次日，文帝果有詔下，曰：「朕聞古之諸侯，建國千餘，各守其地，按時入貢，民不勞苦，上下歡欣，少有違德。今列侯多居長安，遠離封邑，吏卒輸運糧賦，分外勞苦。列侯亦無由教訓子民。故而著令列侯就國，在朝為官及優詔挽留者，不在此列，然亦須遣太子就國。」

詔書一下，滿朝譁然。周勃、灌嬰等老臣面有慍色，只是不語。唯有典客馮敬跨出列來，力陳列侯居長安已多年，置業購田，聯姻娶婦，已生了根，且枝蔓盤結。驟然之間遣出都，只恐多有不便，定要鬧得坊間沸騰。

文帝便一笑：「遷居而已，何至於沸騰？一月未成行，三月總可以；若三月不能成行，半年總是足用的。」

眾臣見上意已決，猶豫之間，只得諾諾從命。又聞洛陽少年賈誼忽加為博士，參與朝議，便知這定是賈誼主張。待賈誼被宣上殿，竟是朝會上最年少一人，眾臣皆側目而視。

那賈誼春風得意，上殿謝了恩，向諸老臣揖了一揖，便昂然而立，眼睛也不斜一下。

此後一連數日，文帝又連下數詔，定於孟春正月，皇帝在籍田親耕，以示勸農；並迭次變更律法，幾乎三五日一新。

如此，老臣們更是心懷疑慮。每一新法出，必力諫其弊，紛言不可。每逢此際，文帝便以目視賈誼，賈誼則跨步出列，引經據典，侃侃而談，必自三皇五帝說起，言新法順天意、合民情之緣由。他博聞強記，辯才無礙，所言無不條理分明，難以辯駁。諸臣雖長於權謀，卻疏於學問，哪裡辯得過這新晉少年？

文帝見此，益發倚重賈誼，每每定奪時，皆以一語作結：「賈博士既如此說，當無異議。」便揮袖命眾臣散朝。

那周勃在朝堂領班，亦不作聲，每奉詔命，必大聲應諾。諸臣見此，也不便廷爭，只得跟著拱手稱諾而已。終有一日，謁者剛唱畢「罷朝」，周勃便喟然嘆道：「早知如此，當初多生小子便好！」

眾臣會意，哄堂大笑。文帝見此情景，面露驚愕，心中大不悅，賈誼也不免一臉尷尬。

半月後，有東陽侯張相如，與典客馮敬相約，一同來至絳侯府邸，進門便嚷：「豎子乍登朝堂，所言皆妄語。驅趕列侯就國，分明是要剪除老臣了。」

馮敬也附和道：「小子猖獗，實不可忍。絳侯為老臣之首、國之重器，須有個主張才好。」

周勃忙將兩人延入正堂，甫一落座，便道：「兩位是武人，肚囊淺，到底是耐不住。今日朝堂上那少年，趙括而已，慌什麼？」

張相如便一拜：「張某隨高帝起兵，大小百餘戰，功在漢家。昔在河間任太守，曾奮力擊陳豨，險些喪命。如此捨命搏來的尊榮，竟不敵新晉小兒一語，實令人寒心。」

周勃一笑，便轉向馮敬道：「馮將軍，你也是此意嗎？」

馮敬回道：「我投漢家雖遲，然亦有軍功，不忍見功臣為小兒所欺。」

周勃有所觸動，嘆道：「新天子即位，方及一年，便欲摒棄老臣。若是十年八年後，只不知這漢家，可否有老臣一寸土了！」

馮敬頓時怒道：「某雖不才，然終究是名將之後，義無再辱。絳侯若不怪罪，下臣便遣人去刺死那小兒！」

周勃連忙擺手：「使不得！當今廷尉吳公，乃是那小兒恩主。你若冒失，他定是掘地也要追查。只恐將軍這一怒，要為此丟了性命。」

「下臣實不心甘！莫非賣命得來的，要就此拱手交出？」周勃便轉向張相如問道：「張公有何主張？」

張相如答道：「不如由下臣出面，糾合功臣聯名上表，斥那小子狂妄。」

周勃仍是搖頭道：「不妥。此乃廷爭，無異於串通抗旨，倒要惹得今上震怒了，亦是不可。」

張相如聽出了端倪，急道：「願聞絳侯指教。」

周勃掃視二人一眼，意態從容道：「那小兒雖得寵，手中可有一兵一卒？」

「並無。」

「這就是了。若列侯聞詔令，皆託言老病，拒絕離長安，今上又能奈何？今上即位，乃由列侯率南北軍迎入。才及坐穩，總不至就忘恩負義，要遣兵丁來驅趕列侯吧！」

張相如聞言，拊掌喜道：「好主意！絳侯到底是多謀。下臣這便去遍告列侯，長安是萬年根基，萬萬離不得。請諸人得詔旨後，勿惶恐，只是不走，那賈誼必也無計可施。」

周勃便一笑：「正是這道理。」

三人商議畢，張相如、馮敬便辭別出來，分頭去遊說列侯。

未逾幾日，長安城內各侯邸，那兩人便都拜遍了。列侯聽罷兩人所言，都笑逐顏開，鐵定了心腸不走。如此三四月捱過去，列侯就國一事，竟成空文。文帝在宮中探知，也是無奈，只能搖頭嘆息。

接連幾日，文帝閉門思過，心中仍覺惶惑，便召了宋昌、張武來問計。文帝面帶愁容道：「用賈誼議政，乃朕之過乎？如何老臣們皆怨怒？」

宋昌連忙勸道：「吾主用人，不疑便好，無須看臣子臉色。」

「我自是不疑，然老臣為何處處作梗？」

「諸呂尚不能動搖劉氏，況乎老臣！陛下可不必理會。」

「然就國詔令已發下多日，列侯只充耳不聞，迄今未有遷離長安者。律令更新，也是處處遭掣肘。朕之令不出宮門，也是教人氣悶呀！」

「臣下率北軍去驅趕！」

文帝臉色忽地變白，連連擺手道：「不可，萬萬不可！若有此舉，朕便成了負義皇帝，留下千古罵名。此事，只可徐徐圖之。」

宋昌嘆口氣，便揖道：「謀大計，非臣之所長，陛下可問郎中令。」文帝遂轉頭望住張武。

張武略作思忖，方才回道：「各勛臣不思進取，幾成贅物；陛下倚重賈誼，自是有道理。」

「賈誼所言，可是治平之策？於此，張公有何見教？」

「臣下之才，唯能治郡國，實不能擺布天下。臣聞賈生之論，闡揚古今，無人能及；然可否利天下，臣不能分辨。」

一句話，說得文帝沉吟起來。少頃，嘉勉了二人幾句，便吩咐他們退下。

送走二人，文帝更無主張，鬱鬱踱至中宮，欲與竇后商議。見竇后正督劉啟、劉武讀書，便嘆道：「皇子輩，當常往郊外馳馬，書讀多了，亦是無用。」

竇后聞言一驚，見夫君臉色陰鬱，便問：「陛下，可是政事不順？」

文帝撡席坐下，嘆了一聲，講起了賈誼遭嫉之事。竇后聽了，便問：「用人妥否，何不問張武？」

文帝搖頭道：「晉陽舊臣，僅為郡國之才而已，參不透大事。」

「典籍中可有高明之論？」

「朕自書堆中長大，豈不知百家之說？然書中文章，救不得急呀！」竇后便嘆道：「妾身實難料，朝臣上百，竟是這般不濟事。」

文帝目光一閃，以手拍額道：「哦？當真是忘了！有一人，必能為我解惑。」言畢，便起身匆匆往前殿，急喚謁者來，傳諭要召見方士陰賓上。

未及一個時辰，陰賓上奉詔而入。文帝招手，命陰賓上坐於旁側，瞟了一眼，見他仍是一身布衣，氣色卻是變了，不禁一笑：「陰先生，這一向，想必是優哉遊哉，氣色如何就好起來了？」

原來，那陰賓上留居長安之後，聲名鵲起，諸臣皆知他為皇帝座上客，便多有前來巴結的，每日賓客盈門。陰賓上倒也不倨傲，一律笑臉相待，賓客若有問卜求籤的，都盡心答覆；若有餽贈，則笑納不拒，日子漸漸滋潤起來。數月下來，昔日那副餓鬼模樣，便不見了。

此時他上前一揖，恭恭敬敬道：「陰某一遊方之士，蒙聖恩，為帝都之民，不再為里正、嗇夫所驅趕，已是感激不盡。今忽奉詔，定有垂詢，陰某當竭誠效力。」

文帝便笑道：「里正、嗇夫者流，早不在你眼中；如今即是公卿貴人，怕也無人敢慢待你吧？」

「自是。然小人明白，寒素匹夫有何德能？世人看的，只是陛下的面子。」

「此番再向人借壽數，恐無人再疑，或已借到了一萬歲？」

「哪裡！」陰賓上臉色一白，連忙叩首道，「罪過罪過！小人身分，今已不同，豈敢再做這等欺人勾當？長生不老事，只合秦始皇所求。賤如小人者，草芥也，只望老有所養，安居而不遭驅趕，便是至福。」

文帝聞言，略作沉吟，便一揖道：「先生真乃大智，戲謔之間，便可道出至理。」

「不敢。小人之智，實為巧智，如鬼谷子所言『揣之術也』，揣摩人心，巧言討好之。混跡於市井尚可，卻是登不得廟堂的。」

「好了，朕今日召你來，確有要事請教，請先生勿拘虛禮，可直言道來。」隨即，便將賈誼遭老臣嫉恨之事，向陰賓上和盤托出，末後問道，「用少年博士，是為開新政。朕所用人，果不當乎？」

陰賓上眨眨眼，答道：「小人以為，上位者用人，只看有謀無謀；有謀即是用對，無謀即是用錯，其餘皆可不論。」

文帝便面露喜色：「說得好！賈博士恰是有謀。」

「那便是了！有謀之才，易遭人猜忌，此事不足為怪。似小人這般，以揣摩之術得恩寵的，才無人敢猜忌，反倒是人家踏破門來逢迎。」

「果真也是！那麼，依先生之意，少年也罷，老成也罷，無須看人年紀，只須問謀略如何？」

「正是。」

「先生果然敢直言。」

「小人知陛下聖明，不喜逢迎，故而敢直言。」

文帝不禁大笑，指指陰賓上道：「陰先生，似你這般逢迎術，亦屬當世一絕了！」

陰賓上也忍不住笑：「陛下不拘禮，小人便也敢戲言。」

「朕還忘了問，看你仍布衣草履，那日常用度可足嗎？」

「小人喜淡泊，一時難改而已。陛下所賜，已足我一生之用。」

文帝大悅，又問了問竇氏兄弟讀書近況，便吩咐內府，賜給陰賓上五十金，以安車送回宅邸。

陰賓上遂起身謝恩，退下殿去，然剛走了幾步，忽又轉回，低聲道：「陛下，自古而來，謀之所以成，全在於行得通。千說萬說，只要行得通便好。」

文帝心中不覺一動，向陰賓上揖別道：「此言朕謹記。先生閒時，可常來。」自此，文帝便心神篤定，對賈誼深信不疑，言聽計從，全不理老臣們臉色。

卻說賈誼得了這般寵信，不免春風得意，環視朝中文武，能入眼者，唯寥寥二三人而已。

時有中大夫宋忠，亦是新晉少年，與賈誼頗相得，互引為知己。當時漢家官吏，五日一休沐，兩人常一同外出洗沐，洗濯時亦議論不休。所議皆不離《易》、《禮》，無非先王之道、世態人情。說起時弊來，常痛心疾首，相視而嘆。

這日洗沐罷，賈誼道：「吾聞古之聖人，不在朝廷，而在卜醫之中。今我已見識三公九卿，其言其行，皆可知矣。不如與足下同乘車，往訪卜者，看有無可觀之人。」

宋忠恰好亦有此意，兩人便同乘一車，往長安東市中，遊走於卜者麇集之處。時逢雨後，路上甚少行人，恰有一卜者，於卜館內閒坐，旁有弟子三四人侍奉。

原來，這卜者為楚人，名喚司馬季主，白髮皤然，舉止散淡，生得一副仙風道骨。雖是做卜筮生意，卻只顧與弟子論辯天地之道、日月之運，探究陰陽吉凶之本。賈誼、宋忠駐足聽了幾句，便知此翁博學，當下進門拜謁，互通了姓名。

那司馬季主抬眼望望，見兩人皆一身布衣，略覺詫異，緩緩起身一揖道：「原是兩位大夫，久仰。」便命弟子延請兩人入座。

待兩人坐定，司馬季主卻不睬來客，只顧接續前面話頭，滔滔不絕，上至天地始終，下至仁義綱紀，無不言之成理。

賈誼聽了多時，忽不耐煩，便攏起冠纓，正襟危坐道：「看先生之貌，聽先生之詞，小子於當世未曾見也。然以先生之才，應為賢者高人，卻為何居之卑下、行之汙濁？」

司馬季主瞥了一眼兩人，面露不豫之色，忽而就譏笑道：「我看二位大夫，應是有道之人，卻為何出言如此鄙陋？我倒要問，今兩位所尊之賢者，乃何等品行？兩位所推之高人，又是哪個？何以『卑汙』二字，妄言長者？」

賈誼聞老翁出言犀利，知是遇見了高人，便不敢輕慢，字斟句酌答道：「卜者也，多虛誇人長壽，以悅人情；擅言禍災，以蔽人心；矯言鬼神，以占人財；厚求謝禮，以私於己。此為我之所恥，故謂之卑汙。」

那司馬季主早聞賈誼大名，也知今日是棋逢對手，當下就抖擻精神，揮退弟子，請兩人將座席前移，直視賈誼道：「二公且安坐，聽老夫一言。我年逾花甲，人皆謂將成朽木，然生平所見，卻與二公不同。以老夫所見，賢者之行也，當行直道。其讚人也，不望其報；責人也，不顧其怨。總之，以利天下為務。若是官非其任，則不處也；祿非其功，則不受也。見人不正，雖貴而不敬也；見人有汙，雖尊而不附也。」

賈誼聞聽此言，大出意外，不由肅然起敬：「公所言，正是所謂君子，晚輩亦尊之。」

「二公皆是新晉，行走於朝堂，想必所識士人甚多。豈不知，公所謂賢者，皆可為羞矣！此等偽善君子，見權勢者，必卑躬而前，趨奉而言。平素勾結成群，相引以勢，相導以利，結黨而遠拒正人，以求尊榮，以求受俸。以官為虎威，以法為私器，逆理求利，無異於操利刃而劫人者也。」

「長者所言甚是，然此等末流，不足為患。朝中文武，多為棟梁，主上亦不至昏聵不明，專寵邪僻。」

司馬季主便拈鬚而笑：「那麼老夫亦有話說。公食君祿，故不應身入濁流。你看那當朝文武，哪個不是善巧作、飾虛功、執空文以惑主上？此輩所擅長者，以偽為實，以無為有，以少為多，浮誇以求尊位。今通都大邑，此類人何其多也！狂飲驅馳，攜抱美姬，犯法害民，虛耗公帑 —— 此輩巧偽人，即是為盜而不操矛戈者也，害人而不用利刃者也。二公雙目未盲，兩耳不聾，何以謂彼輩為賢才？」

宋忠聽到此，芒刺在背，忍不住插言道：「朝中袞袞諸公，或有屍位素餐者，然總還是一時英傑，不可謂全是巧偽人。」

那司馬季主冷笑一聲，手指門外，厲聲駁道：「二公請看這世道 —— 盜賊多而不能禁，蠻夷不服不能懾，奸邪起而不能阻，官帑耗費而不能治，究竟是何等心腸，方能如此不為？袞袞諸公，若有半數有為，世事可糜爛至此乎？你既然問，老夫便教你 —— 有賢才而不為，是不忠也；無賢才而請託官位，坐食俸祿，排擠賢者，是竊位也；有人者得晉爵，有財者得禮遇，是大偽也！二公學富五車，獨不見鴟鴞與鳳凰同翔乎？蘭草棄於荒野，蒿草瘋長成林，逼使君子退隱，暗助庸才顯貴，二公亦屬此類人也！」

賈誼、宋忠聞言大窘，臉上紅白不定。賈誼便向老翁一揖道：「朝中積弊，所在不少，天子既知，諫臣亦敢言之。我等行止，合大義與否，唯有寸心自知。晚輩只是問：卜者收人錢財，放言天地上下，於天下有何益？於四民有何利？所言可是有德之言？」

司馬季主掉頭向賈誼，面露輕蔑之色，笑道：「你倒是個曉事的。老夫也來問你：自伏羲作八卦，王者受益，智者得勢，文王演周易而天下治，勾踐效仿文王而稱霸天下，由是觀之，卜者有何負天下？卜者出一言，忠臣得以事君上，孝子得以養其親，慈父得以育其子。這便是有德之言。問者求我一卦，不過費數十百錢，所獲卻甚多：病者或以愈，瀕死或以生，禍患或以免，謀事或以成，嫁女娶婦或以養生。此之大德，豈是僅值數十百錢乎？」

「這個……先生雄辯，當世或無其二，賈某領教了。以先生觀之，我二人又是何等樣人？」

「老夫算得什麼，公見過當世辯士嗎？謀事定計，必為此類人也，為部落客上歡心，言必稱先王，語必道上古。成敗利害，全在一張利口上，以左右主上之意，討個封賞。此等大言浮誇者，才是當世絕無其二。老夫不過一卜者，只配調教愚頑，身處卑下，以明天性，不求尊榮，僅此而已。故而良駒不與疲驢為伍，鳳凰不與燕雀為群，賢者亦不與不肖者同列。公等居朝堂，才是喋喋不休之輩，焉知忠厚之道乎！」

老者這一席話無遮無攔，如江河瀉地，摧枯拉朽。賈誼、宋忠聽得呆了，面白無色，噤口不能言，慌忙攝衣而起，向司馬季主謝道：「聞先生所言，如夢方醒。」於是再拜而辭，相偕出門，倉皇登車而去。車馳過數條街巷，賈誼仍覺驚魂不定，以頭抵車軾，喘息不能出大氣。

三日之後，宋忠於殿門外遇見賈誼，便拉他至無人處，嘆息道：「道高則愈安，勢高則愈危。你我居赫赫之位，失勢之日或不久矣。」

賈誼亦嘆道：「聞司馬季主之言，我亦不能成眠。他乃道家，可以超然出世；吾輩則從儒學，焉能棄世而去？天地空曠，萬物熙熙，或安或危，你我何以知？唯有竭力輔佐君主，久之或可身安。」

當日別了宋忠歸家，賈誼細思宋忠之言，心不能平。想那司馬季主所言世事，並非危言聳聽，當是深切之論。由此想到秦末事，愈覺當今天下之危，已迫在眉睫。於是披衣坐起，挑燈疾書，將多年所思，揮灑成文。

次日，賈誼朝見文帝，自袖中摸出一道奏疏來，雙手奉上，容色滯重道：「漢今日雖興，卻有隱憂，若忘前事，則天下崩壞在頃刻間。昨夜，臣寫成拙文一卷，乃苦思數年所得，今獻與君上，望有所裨益。長堤潰於蟻穴，大廈傾於罅隙，不可不有所備。陛下之位，人皆謂安；臣卻以為，或已處鼎鑊之上矣！」

文帝聽得瞠目，不禁汗涔額頭，連忙接過，稱謝道：「賈生坦誠若此，乃天助我也。此文，朕當潛心拜讀，有所得，容當數日後告之。」

送走賈誼，文帝展捲來看，奏疏為上中下三篇，洋洋三千言。其文雄辯滔滔，說理細密，指斥秦始皇、二世及秦王子嬰之過，故稱「過秦」。文帝看罷上、中兩篇，尚不以為意。及至讀到下篇，見辭情愈加激烈。文曰：秦俗多忌諱之禁，忠言未卒於口而身被戮矣。故使天下之士，傾耳而聽，重足而立，拑[14]口而不言。是以君主失道，而忠臣不諫、智士不謀也。天下已亂，奸佞遍地而君上不聞，豈不哀哉！

讀到此句，文帝便覺百骸震動，汗出如雨。急切間再往下看，見文末「前事之不忘，後事之師也」之句，不禁霍然起身，對左右涓人嘆道：「賈生果然奇才！明君確乎不可拑人之口。眾人不敢言之際，天下即已亂矣。」

當夜，文帝不能眠，又於燈下再三讀過，滿心折服。於次日，便迫

[14] 拑（ㄑㄧㄢˊ），同「鉗」。

不及待召見賈誼。

待賈誼至，文帝便一揖道：「君之識見，當世無倫。昨夜再三讀之，恰似朕心中所欲言，唯有嘆服。只不知，君之言辭何以如此激切？」

賈誼便將與宋忠偶遇司馬季主事，從頭道來。文帝聽得入神，不由嘆道：「江湖之地，果然是有潛龍在！今漢家之勢，雖不至危若累卵，卻也如司馬季主所言，善巧作，飾虛功，日久已成積習。先生此篇文章朕將視為寶典，置於枕邊，一日不敢忘。朝中事，還望先生多為謀劃。」

自此之後，文帝理政便越發謹慎，不敢有所妄為。偏巧此時，天象也來示警，好似真的就有大難將要臨頭。

話說前元二年冬十一月裡，正當午時，長安忽逢日食。白日裡轉眼昏暗無光，滿城百姓驚擾奔竄，鳴鑼擊鼓，連雞狗也受了驚嚇，一派喧囂。

文帝慌忙奔出大殿，立於階陛之上，仰望空中，口中喃喃道：「我勤政如此，如何天象還要告變？」

此時雖是寒天，文帝亦是驚得渾身汗流。回到內室，當即揮筆寫了一道「求賢令」。詔令起首，便是萬分惶恐，向臣民謝罪道：「朕以微渺之身，託於萬民之主，天下治亂，在吾一人，唯二三近臣為吾股肱也。在上者謀寡，為政必有疏漏；朕枉為人主，下不能撫育民生，上累及日月無光，其過大矣。」

詔令中最為緊要者，是責令群臣都要直言極諫：「此令頒下郡縣，官吏皆可思朕之過，凡施政之不及處，須如實稟告。各地可推舉賢良方正、敢直言極諫者，以匡正朕之不及。」

這番話，說得懇切，哪像是皇帝詔令，分明就是子姪向長輩討教。

詔令最後，文帝又深加自責：既不能罷戍邊屯兵，卻又添了長安衛戍，徒費民力。因此下令，將衛將軍薄昭所屬一部罷去，令丁壯歸家務農。另有太僕寺所養馬匹過多，可分往郡縣驛站，免得驛站向民間索求，驚擾百姓。

到了正月，天漸暖，賈誼又上了一道〈論積貯疏〉。文帝看得仔細，見內中寫道：「今經商易驟富，民貪利，多有背本趨末、棄田不理者。長安內外，爭相誇富，以一斛珠多於鄰人而驕矜，淫侈之風，漸成積習。如此下去，官民唯知貪利，天下將怎生得了？」

文帝也知民間崇富，然萬未想到已致動搖國本，讀到此，不由心生恐懼。又見賈誼建言道：天下欲安，須重農抑商，多多勸農，積貯穀粟，以防饑荒。

讀罷，文帝頓覺飲食無味，起坐皆不安，想了半日，覺賈誼之言無不至當，不能不警醒。於是便喚了涓人來，親授諭旨，擬了一道「勸農令」，送去丞相府斟酌發下，昭告天下，務要以農為本。勸農令曰：於今年起，在長安北郊闢出一處「籍田」，為天子之田。今後年年立春，皇帝將親自犁田，為萬民作則，勉勵天下農夫安心種田。

一連兩道詔令發下，官民無不震動。歷來所見天子詔令，都是疾言厲色訓示，從未見過如此謙恭溫良的，便都讚當今聖上，果然是一代明君。

未過幾日，便有內外官吏紛紛上書，指陳朝廷治理得失。各地也薦了一些賢良來，文帝一一面詢，見諸人雖才賦不等，卻都是一時英傑，不由大喜道：「我道是天下只有一個賈誼，未料到各處都有賈誼！」遂令謁者記下姓名，全數召為近侍，隨左右顧問。

身邊近臣濟濟多才，文帝便心情大好，一日三出城，與眾賢良一起縱馬圍獵。邊射箭，邊商議天下事，好不快活。

如此熱鬧了一月有半，忽有一位老臣潁陰侯賈山，實在看不過眼，便上書勸諫。這一道諫疏，縱論治亂之道，見識不凡，條理分明。甫一呈遞，便有人抄了傳出，竟至朝野爭相傳抄，都誇說是當世至理。其開篇，乃是賈山剖白心跡，曰：「為人臣者，當盡忠竭愚，以直諫主，不避死亡之誅，臣賈山即類此也。臣不敢考究久遠，願借秦為喻，望陛下稍加留意焉。」

當漢初之時，只要一提「秦亡之鑑」，無人不立覺震悚；皆因秦之鐵鑄天下，數年間即覆亡，即便是揭竿而起者，也不免看得心驚。賈山深諳當朝者心思，下筆便語驚四座：

「昔者，周有千八百國，以九州之民，養千八百國之君，君有餘財，民有餘力，而天下頌聲大起。秦有天下，則以千八百國之民力自養，卻教萬民力疲不能勝其役，財盡不能勝其求。始皇身死才數月，天下四面而攻之，宗廟自此滅絕矣！秦二世居滅絕之中而不自知，何也？蓋因無輔弼之臣，無直諫之士，天下已潰而無人告知也。

「今陛下號令天下，舉賢良方正之士。天下之士，莫不陳情告白以求聖恩，今已盡數在朝矣。陛下選其賢者，為常侍近隨，與之馳騁射獵，一日再三出城。臣恐此舉，必致朝政懈怠，百官皆不理事也。」

奏疏送至御座前，文帝展捲來看，看到此處，不由得呆了，默坐半晌，方嘆道：「我只道自己算半個好皇帝，卻不料，又在蹈秦二世舊轍。治天下，確不可只與親隨一起快活。」

當下，便喚了賈誼來，吩咐道：「你來看，你這本家所言，於朕，乃是當頭棒喝呢！」

賈誼看過半篇，便放下，略一笑：「陛下，群臣上書，喜好危言，並非稀奇事。陛下不必過慮，賈山之言，固有道理，然不可全信。聽人煩言，則新政豈非以罷廢為宜了？」

「不然，太平之世，危言總好過諛辭。你再看看後面，其言不無道理。」

賈誼便展開卷尾來看，見後面果然有建言：「詩曰：『靡不有初，鮮克有終。』臣之所願，不敢求大，唯願陛下減少射獵。今歲起，定明堂[15]，造大學[16]，修先王之道，匡正風俗，以定萬世之基，此為陛下之大幸也！往古之時，大臣不得與君主宴遊；方正高潔之士，不得隨君主射獵。君主用賢臣，必使其所行中規中矩，而使其節操愈高；群臣則不敢不正身修行，盡心職司，以合大禮。如此，君主治理之道，方有人遵行，功業方能達於四海，垂於萬世子孫矣。」

賈誼讀畢，不禁微微頷首，雙目有光。文帝便問：「何如？」

賈誼道：「漢初，基業以殺伐而成，故民間暴戾過重，人人慫仗劍橫行天下。此奏疏說得有道理：所謂德政，便是以文化之。民不崇文，天下便不寧。民不知禮，天下便無道。賈山所言，陛下不妨納之。」

「朕之意，恰與先生同，這就下詔褒獎賈山。言路開了，總還是好事，免得老臣怨我獨斷拒諫。」

褒獎賈山的諭令一出，滿朝又是一番轟動。自此，百官都踴躍進言，文帝偶乘車駕出行，竟也有官吏攔路上書。每逢此時，文帝必令御者停車，收了奏疏，當場展卷細看，若有好主張，便極口稱善。進言者無不引以為傲，百官也眾口喧嚷，一時間，直言上書成了官吏風氣。

[15] 明堂，中國古代禮制建築，為儒家禮制建築典範，是古代帝王「明政教」的場所，凡祭祀、朝會、慶賞、選士等重要禮典均在此舉行。明堂建築先為方形，後演變為圓形。北京天壇祈年殿即沿用此制。

[16] 大學，此處指成人學校，周代始置，接受15歲以上的貴胄子弟在此學習，即後來的「太學」。

文帝見案頭奏疏如山積，心下大喜，自己看不完，便喚了賈誼一同來看，對賈誼道：「臣下之忠，到底不能只賴恩賞；放開言路，允人講話，便自有忠臣在。」

賈誼也樂見文帝不拘一格，索性諫議道：「秦為暴虐之政，防民之口，甚於防川，故而有誹謗妖言罪。漢承秦制，這一條苛法最無道理，不如一併廢去。」

文帝頷首稱善，當場便命賈誼執筆，草詔曰：「古之治天下，朝堂有進言之旗、誹謗之木（即華表），以此通言路而招徠諫言者。今法有誹謗妖言之罪，使眾臣不敢盡心陳情，而君上無由聞過失也，又將何以招徠遠方之賢良？今即廢此罪。以往小民或詛咒君上，或謾語至尊，官吏聞之，皆以為誹謗。此等風習，乃小民之愚，若以此無知而抵死罪，朕甚不取。自今以後，如有犯此者，勿治罪。」

此詔一下，無異於開了言禁，大小官吏聞之，都額手稱慶，心中再無顧忌。就連那市井屠販，平素管不住嘴巴的，也都奔相走告。旬日之間，秦焚書以來的封口令一掃而空。民間百姓相見時，都面有喜色，聚議時政，口無遮攔。昔時嘆息之民，皆高談闊論，無危懼之心，恍似兩世為人。

數日後，文帝見了賈誼，忍不住問道：「新政迭出，弊端盡除，民間可有何議論？」

賈誼便朗聲笑道：「那市井小民，率直無文，只說是天上一個日食，便換來人間如許好處，唯願每月逢一日食。」

文帝聞言，哈哈大笑：「日食多了，固然好；然朕之位，怕也是坐不穩了。朕登位兩年，總算知道如何做個好皇帝了，那便是：不可一日視民為草芥。各郡縣職司，都要節省靡費、減少徭役以便民。所謂好官，只需做好這一事便罷。」

賈誼道：「確乎如此。民之所求，不為多，無非衣食飽暖。官家不占民利，天下還有何事可憂？」

文帝欣然道：「正是。今春勸農，我將率群臣赴北郊犁田。並詔令天下，春荒時節，所有向官府借貸種子、口糧者，一概赦免；至秋禾成熟，則免徵田租之半。」

賈誼睜大眼睛，怔了一怔，而後伏地，連連叩頭道：「如此，海內皆沐天恩，臣代天下農夫謝陛下。」

文帝連忙扶起賈誼，佯作哂笑：「你一個儒生，不知稼穡之苦，如何能為農夫代言？只多多上疏、指陳時弊便好。」

賈誼道：「此乃書生本分，臣當盡職。所謂時弊，眼中有，即遍地都有，怕是今生說也說不完哩！」遂與文帝相視大笑。

兩人又議了一回，文帝忽就斂容，輕嘆一口氣道：「民雖安，然尚不能言天下皆安。」

「這個自然。臣這幾日亦多有所思：山東劉氏諸王，皆非陛下近枝，其心若何，實難以揣測。若叛，則長安危殆，急切間不可救。不如效法先帝，立劉武等皇子為王，封在長安近旁，以拱衛京師。」

此時文帝已有四子，竇后所生兩子以下，又添了庶出的劉參、劉揖兩幼子。除太子以外，三位皇子都未封王。

文帝連忙擺手，示意賈誼毋庸多言，只道：「容後幾日再議。」賈誼便打住，繼而又奏道：「臣尚有平匈奴之策。」

文帝便高興，催促道：「哦？快快說來。」

「匈奴南犯，年年有之，我漢家力不能制。高帝、高后兩度和親，然亦不能制。」

「不錯。朕也知，和親乃權宜之計也，甚失顏面。然即便如此，邊事卻未能息，君有何妙計？」

「和親，儒術也，為敦化外藩計。若僅於此，那匈奴豈能以一女而息戰？臣以為，陰陽天地、人及萬物，皆由德而生。儒家教化之術，亦須佐以道家之德、法家之戰，方為周全。故而當今安邊策，應以德戰而退匈奴。」

「唔 —— 先生說得深奧。然則朕甚不明：既用德，何又言戰？」

「這即是要訣所在。漢軍所向，多遇化外之民，彼輩不知禮節，說得口乾舌燥亦無用。臣以為，安邊之術，重在明白至簡，須以厚德懷柔，以服四夷。再輔以『三表』、『五餌』之術，即可招匈奴之民來歸，致單于勢孤，從而降服。」

「三表、五餌之術？先生請說來我聽！」

「匈奴為邊塞大患，苦我久矣。臣為此苦思數年，略有心得而已。所謂『三表』，乃天子之表率，即是：立信義、讚人之狀、誇人之技。天子以此『三表』示匈奴，可令匈奴所部，知天子愛其民、重其俗。」

「那五餌又為何？」

「人之所好，皆同也。五餌即是：賜之盛服車乘以壞其目；賜之盛食珍味以壞其口；賜之音樂婦人以壞其耳；賜之高堂深宅、財寶奴婢以壞其腹；有來降者，天子則召幸之，與之娛樂，親斟酒而手奉食之，以壞其心。」

文帝聽到此，當即領悟，拊掌道：「賈生之智，果然是當世無雙！容朕逐一記下，或可為百年之計。」

賈誼此時，忽就拜伏於地，懇請道：「臣本一書生，然亦喜讀兵家之典。生未逢秦末，不得建萬世之功，乃生平唯一所憾。今邊患未除，時有驚擾，請允臣率兵馬十萬，振戈長驅，以三表五餌之計，直掃漠北。滅匈奴，安邊民，係單于之頸而還，以報天恩。」

「嗯？」文帝大感詫異，望了賈誼半晌，撫住他肩頭道：「先生大丈夫氣重，然書生氣亦重。時勢易矣！張良、陳平舊事，我輩唯有欣羨而已。征匈奴之舉，草檄易，布陣難。君貿然率師，事若不濟，倒要讓絳侯、灌太尉笑話了。」

賈誼抬頭，幾欲淚下，急切道：「男兒有志，苦無機會。今微臣蒙陛下垂恩，此即時也。」

文帝沉思片刻，終還是嘆了一聲，搖頭道：「君之奇計，朕納之，然須從長計議。先生是儒生，志在事功，然君子有志，奈何天卻不予？北地兵事，以先帝之才，尚不能取勝，朕之才更是不及，只能以『無為』應萬變，就無須再議了。立皇子為王，則合時也，朕可著即行之。」

賈誼見請兵征匈奴事，文帝不允准，只得嘆息了一聲，怏怏退下。

文帝看重賈誼所言封皇子之計，果然立見採納。轉眼時入三月，花開草長，典客得了文帝授意，便奏請此事。

文帝假意推讓了幾日，便允了。先有一道詔書下來，曰：「昔趙幽王被幽禁而死，朕甚憐之，已立其太子劉遂為趙王。劉遂之弟劉辟彊，以及朱虛侯劉章、東牟侯劉興居，亦可為王。」

隨即，典客府便議妥了封邑，立劉辟彊為河間王、劉章為城陽王、劉興居為濟北王。這三人，皆為文帝姪輩。三人當中，劉章、劉興居誅呂有功，早就該封王。此時詔下，群臣自是無異議。

過了一日，又有一道詔下，立劉啟以外的三個皇子為王，即：皇次子劉武為代王、三子劉参為太原王、幼子劉揖為梁王。

此次封王，雖是子姪輩都一起封了，但封邑之遠近大小，卻是大有玄機。三位皇子所封，不但疆土遼闊，且地近長安，恰成拱衛之勢。

此次新封的代國，都城復歸代郡；又從代國中劃出太原郡來，新置太原國，都晉陽；這兩國，都在長安東北。梁國則在長安正東，都睢陽(今河南省商丘市)。

文帝雖飽讀詩書，卻絕非腐儒，知京畿為天下根基，至為緊要。近鄰三個諸侯國，總要封給自家血脈，方牢靠些。如此封了三個皇子，關中之地，便成金湯之固。

至於三位姪兒，則要寒酸得多，所封無非為郡縣之地。那趙幽王幼子劉辟彊，封在了河間(今河北省河間市)，封地從燕、趙割出。

劉辟彊本為弱枝，出身不顯，平白得了一個王做，自是心滿意足；而劉章、劉興居心情，則全然不同。

二人的長兄齊王劉襄，於平呂次年，即在臨淄薨歿，其長子劉澤襲了王位。長兄劉襄一死，劉章兄弟更不敢輕舉妄動，如是蹉跎了兩年，此次總算盼到了封王。然二人所封之地，皆是從齊國之地劃出，微不足道。

劉章所封的城陽國，原為舊琅琊郡(今山東省青島市)內一縣而已，似這等小國之主，權勢還不如一個縣令。劉興居所封的濟北國，則稍大些，原為濟北郡，都博陽(今山東省泰安市)；然這個濟北王，也遠不及一個郡守威風。

漢初之際，叔孫通定下規制，諸侯王在封國，均受朝廷所下派丞相掣肘，且不能掌兵。若是小國之君，其名號雖顯貴，實不及一郡守尉勢大。

劉章、劉興居受了這窩囊的封賞，還須遵儀禮，上表謝恩，心中就更鬱悶，只道是周勃等人暗中作祟。私底下兩人對飲，劉興居不知罵了多少回，要掘周勃的祖墓。

文帝於此也略有耳聞，卻只是心裡笑笑，不加理會，料想這兄弟二人，日久便會順服。

如此到了九月，風調雨順，四方田禾大熟，五穀豐登。各地都有百姓獻祥瑞，皆為白鹿、綵鳳、龍紋玉、六穗禾之類，五花八門。然郡縣諸吏都知皇帝尚儉，不喜浮飾，官衙收了這些異物，竟無一個敢上報。官吏們只是忙著挨戶勸農，看問孤寡。

文帝雖深居宮中，天下治理得如何，心中卻是有數的。此刻見海內承平，萬家祥和，不由大喜。一日，對賈誼道：「如今，朝中弊端日少，百姓益富，天下諸事順暢，賈先生當推首功。朕有幸，恰好似先帝得了留侯，少費了多少心思！明日，該為先生加官晉爵了。」

次日，果然有詔令發下，加賈誼為太中大夫，可上朝議政，一如往昔陸賈之尊。

入冬十月，便是文帝前元三年(西元前177年)。文帝在心中祈願，新一年裡，萬不要多事，卻不料一過元旦竟接連兩次日食。朝野臣民，心下不免惶然，只恐這一年裡不順。

朝臣怕文帝憂心，便都裝作未見日食，絕口不提。愈是如此，文帝愈是不安，閉門思過，卻也找不出有何疏漏處。萬般無奈，只得去向薄太后討教。薄太后此時目疾已深，幾不能視，文帝每日請安兩次，都是親奉母后羹飯。

這日，文帝來到長信殿請安，為母后餵完飯，提起日食頻發事，不禁嘆氣。

薄太后摩挲文帝頭頂良久，緩緩道：「偶有異象，不足為奇。為娘已見不到多少光亮了，豈不是日日都是日食？」

文帝道：「為人君，領有天下，兒不敢大意。上天若有警，我必自責。」

薄太后微微苦笑，嘆道：「恆兒可憐，竟是謹慎慣了，遇事只想到自家有錯，上天或並非責你，只是在責你身邊人。」

文帝略感詫異，自語道：「身邊有何人，能引得上天發怒？」

「恆兒坐了皇位這幾年，內外口碑，為娘還是聽到了些，讚語雖多，然亦有人怨，只說你太優柔。如今情勢，遠非當日你我孤兒寡母時了，兒不妨放膽去做。擺布天下事，到底要果決些才好；一味寬和，怕也成不了事。」

「如今新政，一月數出。凡有利於天下者，即無禁忌，兒已不顧及物議了。」

「話雖如此，我看你對老臣，終究有忌憚。那絳侯周勃，當年迎我母子有功，如今卻陽奉陰違，連我這裡近侍都看得出。長此以往，怎生得了？不如借天有異象，令他就國便好。」

文帝沉吟片刻，狠狠心道：「也罷！這便遵太后旨意，兒也不再遲疑了。」

薄太后一笑：「昨日嘉禾，或成稗草，良莠全看情勢如何。絳侯得享尊榮至今，已屬大幸了。你也莫怕，令他就國，乃順勢而為，未見就擔了負義之名。」

文帝頷首稱是，返回未央宮，便伏在案頭，欲執筆擬詔。正待落筆，卻又遲疑起來，久不能成章。這一夜，眾涓人皆被擋在門外，不得入內，寢宮內一夜燈未熄。至平旦，文帝方喚了宦者入內，命涓人將詔令謄好，送往丞相府。

這日，周勃用畢朝食，入丞相府公廨視事，忽見長史匆匆奔入，報稱宮中有詔書發下。

周勃接過，神閒氣定展開來看。不料，才看了幾個字，便汗如雨下，原來那詔曰：「前日有詔，命列侯就國，然諸人皆託辭未行。詔命不出宮門，天又數見異象，朕心甚憂。丞相周勃為朕所倚重，應為朕率列侯就國。今免周勃丞相職，即日就國，其餘列侯隨之。太尉灌嬰升為丞相，原太尉府官署罷撤，職司歸入丞相府。」

周勃看罷，面色驟變，頹然倚於靠幾上。正不知所措之際，長史又奔入來報：「太尉灌嬰叩門求見。」

周勃冷笑一聲：「不至就逼上門來了吧！」怔了一怔，才懶懶整了整衣冠迎出。只見那灌嬰神色惶然，急急拉住周勃衣袖道：「絳侯，且往你內室說話。」

周勃遂將灌嬰引入內室，摒退左右，淡淡問道：「太尉，今日便要接印嗎？」

灌嬰聞言一驚，連忙擺手道：「絳侯勿疑，下臣也是今早才得了消息。只不知，發下此詔前，今上可曾與你通過口風？」

「不曾。」

「果然！事起突然，下臣不勝惶恐。今日來，是向絳侯討教的。」

「唉，事已至此，我又能何如？」

「豎子賈誼，狂悖無常，不如聯繫老臣，聯名劾他一本。」

「萬萬不可！列侯就國一事，已拖延多時，今上並未責怪。若再拖延，必引得今上發怒，倒是怕有大禍要臨頭了。」

灌嬰大感沮喪，嘆氣道：「想我輩提劍斬將時，那小兒還在娘胎裡，今日卻被他逼得無以轉身。」

周勃見灌嬰並無他意，方才釋然，想了想，反倒勸起灌嬰來：「那小兒不曉利害，捨命欠債，遲早要教他抵償。太尉如今接掌丞相，兵權總還是在手，不怕他一個書生。」

灌嬰便頓足道：「絳侯有所不知，我這太尉，哪裡還有兵權？今上日前召我，已擬議好，欲向各郡發銅虎符，今後哪怕是幾個郡兵，都須憑虎符調遣。我接任丞相，於兵事上，已無處置之權。」

周勃圓睜雙目，拍案怒道：「真真逼人太甚！」

兩人默對良久，灌嬰才黯然道：「奈何？世上已無楚項王，便再無武人說話處。絳侯請暫且就國，勿斷了音信。朝中事，一如舊章，下臣自會聯繫馮敬、張相如等，伺機驅走那小兒。」

周勃默然片刻，只嘆息道：「也好。」

隨後，兩人又密語多時。周勃將朝中大事交代清楚，便道：「都中許多事，還須太尉費心，我明日便謝恩辭行。你知會諸舊部，萬不可相約送行，鬧得鼎沸。我離長安，風平浪靜便好，免得惹主上猜疑。我輩於刀劍下活到今日，居然未被梟首，已是大幸了……」說到此，竟有些哽咽。

一番話，說得灌嬰心中也悽楚，抬頭望了望周勃，幾欲淚下。

果然，未過幾日，周勃便卸了職，收拾好闔家細軟，悄然出城，連閭里都未驚動。其餘列侯得知，也都乖覺，各自從點好行裝，未及半月，便都奔四方去了。

列侯之中，齊王之舅駟鈞、淮南王之舅趙兼這兩人，倚仗外甥之勢，一向跋扈。文帝對此二人，最為忌憚。當初誅呂，便是駟鈞鼓動齊王興兵的，今後若再如法炮製，便成大患，故而必逐之而後心安。那二人，原本心存僥倖，然見了詔令，知上意已決，也不敢貿然抗命，只得各自去了封邑。

深冬之際，北闕甲第頓顯悽清，長安城好似空了一半。各處驛路上，一時車馬喧闐。就連荒山僻地的小民，也不難見到公卿在趕路。

離長安當日，周勃攜長子周勝之、次子周亞夫、幼子周堅出行，一家人輕裝簡從，皆是布衣常服。宅邸中所有贅物盡已送人，一行只有三五輛車、十數匹馬馱。車馬行至霸城門，城門吏見這一行人氣度不凡，忙攔下詢問。聞聽是絳侯行將就國，甚是吃驚，驗過符牌，當即恭恭敬敬放行。

行至霸上長亭，周勃回望來路，已望不見長安城郭，唯有馳道旁楊柳，低垂於雪野，了無生氣，遠望倍覺淒涼。

正待吩咐御者加鞭，忽見前面有一布衣男子，當路而立。隨行家僕正要喝斥，周勃心中一動，忙擺手道：「不得無禮！待我近前去問。」

待周勃車駕至男子面前，方看清此人其貌不揚，面目黧黑，若不是衣飾整潔，幾與役徒無異。周勃便好奇，俯身問道：「當路不避，你可是有話要說？」

那人施了個禮，不卑不亢道：「在下乃小民陰賓上，聞絳侯離都就國，不事聲張，特在此恭候，欲看個究竟。」

周勃不由警覺：「陰賓上？公之大名，久有耳聞，在此攔路有何貴幹，莫非是受人差遣？」便連忙跳下車來，略施回禮。

「哪裡，絳侯有大功，天下人皆仰望，無不以一睹為快。在下籍籍無名，無緣拜訪，只得在這路邊望上一眼。」

周勃聞言大笑：「你這話，哪裡是真心？先生為國舅之師，我這莽夫，才是無緣攀附呢。」

「不敢。絳侯此行萬里，無暇耽擱，在下也不便囉唣，只有一句話，要贈予足下。」

「哦？先生足智多謀，為今上所重。周某一匹夫，竟能得先生教誨，實是大幸，願洗耳恭聽。」

陰賓上便從袖中摸出一根竹簡來，恭謹遞上：「此乃老子之語，小人抄錄下來，贈予絳侯，可於閒時玩味。」

周勃接過來，見竹簡上寫了一句話，乃是：

歸根曰靜，靜曰覆命，覆命曰常，知常曰明。不知常，妄作凶。

周勃看到末後，竟然有個「凶」字，不免就一驚：「此話作何解？願聞指教。」

此時周勃家眷車馬，停於道上，阻住了過往客商。眾人見阻路車馬華麗，前後有家僕護送，便知絕非尋常人物，只得耐住性子等候。

陰賓上見道路已阻塞，忙道：「絳侯為上上之智，無須在下多說。足下封邑絳縣（在今山西省），乃是春秋晉之古都，為一福地也，能歸根福地，這便是常。以往絳侯位極人臣，以武人而成文臣之首，則為非常也。今日解印而去，才是明智。願足下知常而守，不妄作，便是天下人至福了。」

周勃聞言，心中一亮，不由捉住陰賓上手腕，急道：「先生之言，說得好，解了我心中之疑。今日就國，周某當恭謹守常。先生指點之恩，不知該如何謝，可否隨我赴絳縣，把酒共話幾日？」

陰賓上連忙辭謝：「君子之交，一語可止。在下乃草野之人，幾句話說完，便無所求，還請絳侯上路。」

周勃望望這奇人，心中感慨，便將竹簡揣於懷中，深深一揖道：「世上高人，多在山澤，周某在這裡謝過。」

陰賓上次了禮，急忙向後退了幾步，讓開前路。

周勃登車，正要吩咐啟程，忽又想起，便命親隨取出一酒壺來。只見此壺，乃是一尊朱黑漆方壺，形制古舊，絕非尋常之物。周勃遞與陰賓上，懇切道：「此壺，乃秦宮舊物。當年我入鹹陽，從宮中尋得，想必是個好物。今已盛滿酒，贈予先生，是為謝禮。」

陰賓上略一遲疑，方才雙手接過，道了聲謝。

周勃仰首望了望天，頓了片刻，又向陰賓上拱手謝道：「先生指教，真乃天佑我也。」言畢一揮手，一隊車馬便揚塵而去。

灞橋上下，此時已是冰天雪地。長安道旁，唯餘陰賓上一人佇立，拈鬚微笑，目送轔轔車馬漸行漸遠⋯⋯

御駕親征，甘泉驅逐北方虜

文帝前元三年四月，正是花紅柳綠之時，長安城比往年清靜了許多。文帝見周勃就國之後，數月間悄無聲息，便知天下已歸服，老臣們再也無膽抗命，心就放了下來。

這年春上，好事似頗多，長公主劉嫖也終於嫁了出去。夫家是堂邑侯陳午。文帝對這女婿頗為稱意，心情就更是好。

堂邑侯陳午的身世，亦有些來頭。其祖父陳嬰，為東陽（今浙江省東陽市）人，最早為東陽縣令史[17]，秦末投項梁義軍，後為楚項王的上柱國，位高權重。項羽兵敗後降漢，得以封侯，傳到陳午，是為第三代堂邑侯。

劉嫖是金枝玉葉，位同諸侯王，嫁給陳午算是下嫁。竇后於此老大不忍，然看到這頑皮女終究嫁了出去，便也只能高興。婚後劉嫖便隨了夫婿，去了堂邑（今南京市六合區）就國，由此人稱堂邑長公主。

春濃時節，文帝再去向薄太后請安，就不免喜形於色。那薄太后雖目力不濟，辨聲音也知文帝心思。一日，文帝正親奉羹湯時，薄太后忽然就問：「聽吾兒近日說話，聲也高了些，想必是朝中諸事順遂？」

文帝面帶喜色道：「列侯就國，都中再無人居功坐大。兒臣心中，當是愜意。」

薄太后搖頭道：「為人君者，切莫說愜意。治天下，便是如履薄冰；你愜意時，腳下就有罅隙出來，不可不防。」

---

[17] 令史，縣令屬吏。

「老臣居功，先帝時即是大患。今日用賈誼計，一朝遣散，還能有何等罅隙大於此？」

「恆兒說得容易。你我母子，在劉氏一門中，終屬弱枝，你又無半分戰功在身，那劉氏其餘諸子弟，自是心存芥蒂，你不可大意。」

「劉氏子弟，皆已封王，有了那百代榮華，還安頓不住彼輩嗎？」

薄太后便一笑：「既姓劉，便不是封王可以安頓的，你可不要輕忽此事。」

「哦？」

「且今日漢家，內憂未消，尚有外患，恆兒哪裡就可以說安心？」

「兒臣想，自先帝和親以來，北虜多年未南犯，總不至無端開釁。」

「恆兒呀，這和親，便是漢家示了弱，不弱又何必和親？敵強我弱，我輩豈有安睡之理？他多年不來犯，或正是大舉南來的先兆。攻其不備之道，那胡人也是知曉的。」

薄太后一番話，說得文帝倒吸一口涼氣，忙謝恩道：「兒臣謹記。聞母后教誨，兒已知：今日之勢，仍似昔年在代地時，一刻也大意不得。」

「向日你理政，多為細事，故而為娘總勸你果決。然說到天下大勢，卻不可魯莽，你自去思量吧。」

問安歸來，文帝與竇后談起，竇后便笑：「臣妾曾親見呂太后治天下，卻不似陛下這般小心。」

「呂太后是何等精明？三個我綁在一處，怕也是不及。」

「陛下玩笑了！臣妾平心而論，呂太后理政，確是從容，就好似無事一般。若遇事，便與審食其商議，不過一餐飯的工夫，便可定大計。」

文帝便面露難色：「那辟陽侯，到底是功臣，見過世面的，朕哪裡去找這等人物？」

「辟陽侯不正賦閒嗎？」

「賦閒也不可用。辟陽侯為呂太后親信，已名聲掃地。諸呂盡誅，老臣留了他一命，算是眾人買了陸賈的面子。他能活一日算一日，復起是萬不能了。」

竇后不由慨嘆，又道：「聞聽太中大夫賈誼，學問了得，不是勝過辟陽侯許多？」

文帝略作沉吟，緩緩道：「賈誼豈止是學問，謀略也是超群；然到底是新晉少年，躁進多於老成。我操弄天下事，已兩年有餘，世事雖有翻新，樹敵亦是不少。如今格局已成，恐諸事還是要從緩一些。」

竇后想了想，頷首道：「也是。昔日呂太后稱制，奇就奇在：十餘年間，竟然無大事。朝中大臣，無不讚呂太后垂拱而治的。臣妾卻以為，那是呂太后命好，唯願陛下也有這般好命。」

文帝便嘆氣道：「呂太后無為便可治天下，朕才疏德薄，恐無此福氣。」

此時文帝所心憂，也並非無由。天下之大，千頭萬緒，說這話才過了幾日，劉氏子弟中，果然就接連有事。

當月，齊地傳來噩訊，城陽王劉章就國方及一年，近日竟染重疾薨了。文帝聞此訊，心中亦喜亦憂。原來，自登位以來，文帝一向忌憚齊悼惠王劉肥這一枝。那劉章乃劉肥次子，豐神俊逸，世有美名。原封為朱虛侯，為呂后所重，委以長樂宮宿衛之職。待呂后崩，老臣誅呂之時，劉章在宮中為內應，立下赫赫之功。其膽略之勇、立身之正，中外皆有讚譽。

不料想，文帝即位後，陳平、周勃將擁立之功全數攬去，原先許給劉章的趙王，成了鏡花水月。劉章之弟劉興居也是一樣，隨劉章追殺諸呂，逐走少帝，原指望得到周勃所許的梁王，卻不想自從誅了諸呂之後，此事再不提起。

文帝也深知此中不公，有心要安撫兩位姪兒，封個王了事，然又恐齊悼惠王一脈坐大，左思右想，還是裝聾作啞為好。

因此誅呂一事，滿天下盡皆受益，唯劉章兄弟被擱置一旁。劉興居是率性之人，憤恨之下，數次勸阿兄劉章不如反了，大丈夫，如何嚥得下這口氣！

那劉章忠直寬厚，不願負惡名，抵死不肯造反，勸劉興居道：「三弟，這念頭如何使得？你我兄弟仗義而起，裡應外合，方成誅呂大業。那陳平、周勃者流，貪戀權位，有功不賞，是彼輩之恥。一正一負，天下自有公論。我兄弟若是反了，立成逆賊，倒要將一世的清名毀了。」

劉興居不願聞此空論，只道：「是非公論，又有何用？莫非百姓還能給你個王做？當初兄長劉襄首舉義旗，新帝不該是他嗎？今上卻裝聾作啞，並無一語謙讓。再則，不做這皇帝也罷，你我二人，提了頭顱履險犯難，給個諸侯王做，又能如何？老臣只笑楚項王小氣，輪到自家頭上，還不是扭捏如婦人一般？」

「世間事，難有公平。正是我兄弟有超群之處，才惹得眾人忌憚。事已至此，唯有低首下心。當初長兄於臨淄舉義，也算造反了一回，吾家未獲罪，便是大幸，萬不要再生出枝節來。」

「吾家不平事，今上如何能不知？」

一句話，說得劉章落淚：「弟不必固執。今上不言，必有緣由，或是有心無力，或是本心即此，我等做臣子的，揣度這個實為無用。」

劉興居不禁怒起，拍案道：「我是為你不平，你卻只知忍！往昔你為朱虛侯，得呂太后寵信，何其氣壯！如何舉義一回，反倒不如當初了？」

劉章嘆氣道：「人強不如勢強，謀大事，便放任不得。看如今，天下大勢已定，已不似諸呂擅權時了，朝野皆厭紛亂，若貿然起兵，連二三分的勝算都沒有。」

見兄長不肯冒險，劉興居心中亦無成算，只得忍下。兩人忍了一年，方才沾了皇子封王的光，各自封了齊地郡縣之王。

兩兄弟哭笑不得，各自就國之前，餞行作別，劉章勸慰劉興居道：「事不公，然聊勝於無。好在我兄弟相距不遠，多走動，少發牢騷語。」

劉興居白了劉章一眼，只說道：「我也知孝悌！你不反，我自然不會反。」

劉章雖然勸兄弟心寬，自己卻是難以釋懷，赴齊地做了城陽王，眼見地狹人稀，常憶起當年值守長樂宮的風光，心頭鬱結，無處訴說，只得以酒澆愁。漸漸地身體不支，病臥多時，竟一命嗚呼了。

劉章喪報傳至濟北國，劉興居如五雷轟頂，拔劍在手，狠狠砍了案面數十下，怒道：「阿兄誤了！天不仁，他人亦不仁，如何只教自家人求仁？如此顛倒人間，令阿兄枉死，為弟又何必苟活？」

當夜，劉興居便率了三五親信，夤夜趕路，馳入城陽國，為兄奔喪。

下葬當日，劉興居雙目赤紅，一語不發，親扶棺槨放下墓穴。臨到填土，劉興居忽然大喝一聲：「且慢！」便命左右親隨，打開棺蓋再看一眼。

城陽國丞相及眾屬官，皆面有難色，都勸道：「濟北王請節哀！」便紛紛上前勸阻。

劉興居一把推開眾官，發怒道：「城陽王為吾兄，與爾等何干？」便喝令親隨，七手八腳撬開了棺蓋。

但見棺中，劉章遺體面色如生，劉興居更是忍不住淚流，俯下身去，拿起棺中隨葬佩劍，輕聲道：「阿兄，且先走。此劍為弟暫借，誓要取惡人之頭！」

喪事完畢，劉興居返回國中，立即廣散錢財，收買死士，誓要向當朝討個公道。

此時在長安，文帝也正思謀：劉章亡故，他一眾兄弟必不能心安，該如何安撫，須加斟酌，便喚了賈誼來商議。

文帝問賈誼道：「城陽王曾有大功，如今薨了，可否下詔優恤？」

賈誼連連搖頭，勸諫道：「齊悼惠王子嗣一脈，本就居功不服；那濟北王，或心中早有反意。城陽王薨，可以平常之例撫卹，不宜格外開恩。如若開恩，反倒助長了彼輩不臣之心。」

「那齊悼惠王諸子孫，豈不更要激憤？」

「不然。今齊王劉則廣有疆域，養尊處優，王位坐得安穩，必不會反；其餘諸弟尚年幼，亦想不到此。心中不平的，唯有劉章、劉興居二人。如今劉章薨了，劉興居徒有匹夫之勇，不足為慮。當今朝廷名將，尚有十餘之數，不怕他一個小國諸侯作亂。」

文帝聞此言，甚覺有理，遂只令劉章長子劉喜襲了王位了事，並未另加優撫。

劉興居在濟北得知，冷笑了一聲：「婦人之心！」便再無多話，只顧埋頭去募集壯士。

且說劉興居好歹忍下，未起風波。卻不料四月將盡時，一向桀驁不馴的淮南王劉長，猛地就鬧出一件大事來。

這位劉長的身世，頗為曲折，前文曾有交代。劉長之母趙姬，是個苦命女子，原為劉邦女婿張敖的寵姬。張敖為討好岳父，將趙姬獻與劉邦，劉邦見趙姬乖巧，也不計較那許多，欣然納入後宮，是為趙美人。

當時劉邦正多疑，數月之後，忽就疑心趙王張敖要謀反，不由分說，將張敖拘來長安囚禁。趙美人也因此受牽連，身繫獄中，求告無門。

且說入獄時，趙美人已有身孕，在獄中為劉邦誕下一子，這便是劉長。那趙美人，出身雖寒素，卻是個剛烈女子，無端下獄受辱，實不能忍，早就抱定了必死之心。待嬰兒一出生，便一根絲帶繫在梁上，尋了死路。

待冤情大白，張敖並無反跡，劉邦這才後悔，不該逼死那無辜的趙美人。愧悔之下，便將劉長交給呂后撫養，稍待長成，又封他為淮南王。

當時劉邦、呂后兩人，都憐這幼子命苦，倍加寵愛。朝中大臣也哀憐趙美人，愛屋及烏，便也有意偏袒劉長。誅滅諸呂時，呂氏族人幾無倖免，劉長為呂后養子，與呂氏瓜葛甚深，卻絲毫未受株連。

可憐那劉邦諸子，經呂后連番虐殺，所剩無幾。待文帝即位後，看看身邊，同父兄弟竟只有劉長一人了。緣此之故，文帝便覺劉長格外親近，欲多加優容。時淮南國境內，有蓼侯、松茲侯、軑侯三家封邑。文帝便令這三侯邑，擇地易往別處。當時劉長躲過誅呂之變，僥倖未死，暗自慶幸尚且不及，哪裡還敢受此好處，連忙上書推辭。文帝思之再三，終還是將三侯邑遷出，令劉長實得三縣之地。

劉長在那上書中還稱：從未與文帝相見，心有戚戚焉，懇請元旦入朝來見。文帝閱罷，頗覺心酸，於是欣然允之。及見了劉長，更是相談甚歡，撫慰有加，又偕他同車赴上林苑圍獵，以示手足之情。

如此，劉長飽受恩寵，天下盡知，盛名遍於朝野，難免就不知輕重。想自己乃天子至親，世無其匹，即是捅破了天又能如何？在長安滯留數月間，廣受公卿來賀，更加驕恣，竟是日益乖張起來。

這一年，劉長已過而立之年，勇猛過人，力能扛鼎，行事卻仍似少年，專以蠻力說話。

此時的淮南國，都城在壽春（今安徽省壽縣），轄有廬江、九江、衡山、豫章四郡，橫絕江淮，富甲天下。劉長之顯赫，遠勝於早年的九江王英布，然他卻不知足，屢屢犯禁。入都之前，便慣常僭越違制，廣招亡命之徒。

此前劉長多行不法，淮南國屬官皆不敢言，臨近郡縣有那盡職的官吏，也曾屢次密奏朝廷，指其不法。文帝得了奏報，念及骨肉之情，不忍問罪，都一概壓住不理。

劉長卻不知收斂，只道是文帝也奈何他不得，舉止就越發乖戾。最可駭怪的，是入朝覲見時，劉氏諸子弟都稱文帝為「陛下」，無人敢稱「阿翁」、「阿叔」，唯劉長一人，只滿口「大兄、大兄」地叫著，無禮至極。殿上眾大臣聞之，無不驚愕。文帝最不能忍這般粗野，然恪於孝悌，也只是一笑了之，並不責怪。

年初時，劉長母舅趙兼，奉就國詔令，將遠赴封邑周陽（在今陝西省絳縣）。臨行前，舅甥餞別，趙兼酒飲得多了，感時傷懷，忍不住提起往事，嘆道：「三十年前，我尚在少年時。你阿娘鋃鐺入獄，家中只我一個男丁，四處奔走，遭人鄙棄，不知看了多少冷臉……」

劉長酒意微醺，漲紅臉道：「當年我在繈褓中，遭此大難，實屬命不好，說不得了！然今日貴為皇弟，成了天子至親，卻又不能報母恩，真是氣悶。」

「唉，說那些作甚？俗世中人，誰人不是見風使舵。當日求告豪門，只想救下你阿娘一命，然豪門巨貴，聞聽牽涉張敖謀反案，皆閉門不納，冷面如鐵。那時日日奔走，一無所獲，我活都不想活了。」

「甥兒記得，從前阿舅說過，罹禍時曾求告於辟陽侯。甥兒實為不解：那辟陽侯，為呂太后佞幸，連先帝都敢欺瞞，若他肯救吾母，易如反掌，如何他竟未施援手？」

提及此事，趙兼不禁又淚下：「你阿娘當年為衛尉所逮，由後宮直解詔獄，難通音訊。我僅是一少年，慌得不辨南北。當時有趙國舊臣入都，為我出謀，說辟陽侯審食其依附呂氏，一言可左右呂太后；若呂太后肯施救，則一言可左右高帝。以此看來，求到審食其，便可保住你阿娘。我聽信此言，便傾盡家產，換了幾件珍玩，求到辟陽侯，央他懇請太后……」

劉長眼睛便瞪大，驚訝道：「呂太后發話，竟也未救下？」

趙兼苦笑道：「辟陽侯待我，倒還溫和。推讓了幾番，才收下了禮。然數日之後，卻對我道：呂太后不肯代為辯白。」

「這又是為何？」

「我至今不曉，或是呂太后也有不便之處？」

「呂太后權傾朝野，有何不便？」

「呂太后寵愛魯元公主，連帶回護女婿張敖，中外皆知。你阿娘……早先是自張敖處來，按理，呂太后出面為你阿娘緩頰，最為得當。」

劉長聽得糊塗，脫口而出：「我阿娘，自故趙王張敖處來？此話怎講？」

趙兼望住劉長半晌，嘆了一聲道：「甥兒，今日一別，再見還不知是何日，往日事，為舅知道得太多，便通通說與你聽吧。你娘，原是故趙王張敖寵妾。張敖為討好高帝，方將你娘獻與高帝，做了趙美人。」

劉長驚得酒杯落地，大呼道：「哦？怎的我從未聽人說起？」

「你貴為皇親，哪個敢說與你聽？阿舅今日與你作別，說破了此事也好，否則你一世都不知根芽所在。」

劉長聞此言，悵恨良久，喃喃道：「原來如此。甥兒之命，真是苦如黃連。」

趙兼喚來僕人，重新斟上酒，仰頭飲了，才對劉長道：「人情炎涼，不及禽畜；知世間此苦者，無如阿舅我。當年若有人肯施恩，哪怕如涓滴之水，我今日也當傾力相報。可嘆累卵之下，諸臣只顧自保，哪個還肯伸援手？」

「那辟陽侯，究竟求也沒求呂太后？」

「此事究竟如何，已無人可知了。他只說道，太后連張敖都救不出，便更不肯為你阿娘援手。然亦有老臣議論，呂太后是嫉妒你阿娘，故不肯相救。」

劉長聽到此，氣血上湧，拍案道：「那辟陽侯，是何等詭詐？依附呂太后，狐假虎威，袍子上也不乾淨。誅呂之際，老臣饒了他，然在這長安城中，半數之人都恨不能食其肉！他求或沒求呂太后，外人難知，總之未盡力就是。」

趙兼忙按住劉長肩頭，勸道：「此事已過去多年，追究起來，徒然惹氣。甥兒既知曉了原委，不再糊塗，也就作罷。如今君上，已不同即位之初，其勢漸強，頗見手段，防的就是吾輩皇親，甥兒萬勿多事。」

劉長雙眼發紅，恨恨道：「這世上，出娘胎就死了親娘的，能有幾人？甥兒命苦，氣不能就此嚥下。那辟陽侯，生就一副假娘的臉，邀寵得幸，最擅捭闔。如今老了，就能免罪嗎？」

趙兼驚道：「甥兒，你要怎樣？」

劉長一躍而起，自身後劍架上抽出佩劍，「砰」的一聲，將劍架削去一截，怒氣沖沖道：「今日甥兒，已非復昨日，誓要取此賊之頭！」

趙兼有所領悟，臉色就一白，忙勸道：「萬萬不可魯莽。昨日事，乃命中註定。你今日苦盡甘來，貴為皇弟，無人再敢欺，且好好享福就是。」

「我便斬了他，又能如何？」

「朗朗乾坤，如何能隨意殺人？」

「殺了那賊，劉恆大兄還能教我抵命嗎？」

趙兼怒視劉長一眼，斥道：「抵命或不至，然今上所為，一班老臣尚且猜不透，甥兒如何就敢冒犯？」說罷又摑自己的臉，惱恨道，「今日酒飲多了，不該多話。倘若甥兒惹出事來，如何對得起阿姐呀！」

劉長聽得母舅提及生母，心中不忍，忙拉住趙兼衣袖道：「母舅休怒，甥兒遵命就是。只是⋯⋯此恨壓在心頭，實難消解。」說罷嘆了一聲，棄了劍。

趙兼又叮囑再三道：「當今之勢，保得富貴要緊，萬勿妄動。」見劉長不再堅執，才又飲了數杯，依依作別。

此後多時，劉長念念不忘此事，心中不能平。至入春，愈加憤懣，終是不能忍，欲揚孝悌之名於天下，便點起了幾個親隨，去找審食其問罪。

且說那審食其，於呂后駕崩後，退居太傅之位，本應戴罪，然沛縣諸人多念舊情，兼之陸賈亦力保，也就無人與他為難。文帝雖也恨他為虎作倀，然諸臣不究，也就不好加罪。於是，呂后身旁最顯赫的人，竟是如此輕易地解脫了。

審食其也知，留得一命，實屬僥倖，從此不敢再張揚，辭了太傅職，在長安閒住，形同隱居。待到列侯就國令下，文帝見他已然無害，便以耆老之名，容他無須歸封邑。

審食其如今年已耄耋，經誅呂之變一場驚嚇，早是老態龍鍾。雖居長安，卻寡有知交，心中亦覺淒涼，只能嘆時運不濟，昔日之靠山呂太后，是再也活轉不過來了。唯有平原君朱建，念及舊恩，或時時來訪，稍可聊解失意之憂。

如此百無聊賴之時，忽有一日，守門司閽奔入報稱，門外有遠客求見。審食其大出意外，問道：「是何等樣人？」

那司閽答道：「有三五壯男，皆服白衣，聲言主公為昔年恩公，特來拜訪。」審食其心下大慰，吩咐道：「既如此，便請進正堂吧。」

司閽引領白衣客人一行，魚貫而入，進了正堂。審食其顫巍巍立起身，拱手道：「恕老夫目力不濟，請問來客，是何方人氏？」

只見為首一壯男跨前一步，揖禮道：「審公，吾乃小輩，淮南王劉長是也。年幼時在長樂宮中，曾見過審公。今來此，是為謝恩。」

審食其聞言，不由大驚，知其來者不善，心頭便一沉，連忙揖讓道：「原來是劉長姪兒，快請落座。」

兩人依主賓落座，劉長身後一隨從便走出，將一紅漆函匣小心置於座前。

審食其心中忐忑，勉強笑笑：「淮南王多禮了。敝舍冷清，難為大王屈尊造訪。」

劉長仰頭，只顧望住堂上一籠畫眉，不喜不怒道：「審公，別來無恙乎？看氣色，倒還健旺，與長樂宮舊時無異。想往昔，恩公曾為吾家解憂，迄今未能忘。我今來此，還要向恩公討教一事。此事已過去多年，至今眾口紛紜，弄得小輩我糊塗，還要請審公指教。」

審食其早就知劉長驕橫，猜不透他此來是吉是凶，只能勉強一笑，道：「淮南王客氣了。老朽已多時不問朝政，只不知大王所問何事？」

劉長便猛地仰頭大笑：「是審公你客氣了。舊日漢家事，你做了一多半的主，我今日只有找你。」

「不敢，大王謬獎了。往日事，恐是提不得了。」

「如此說來，審公是在責我？」

「哪裡，大王請問。」

審食其此時，已知劉長是來刁難，心中就嘆：當年若知後來事，還不如勸呂后，將這個孽子扼死於繈褓中，絕了後患才好，何至於還有今日事。

劉長見審食其面露驚惶，益發得意，直視審食其道：「今來，只為一樁舊事。昔年家母被囚，吾舅曾求告於審公。審公答應從中轉圜，如何呂太后卻不肯幫忙？」

「這個⋯⋯」

「嗯？有何不便言明嗎？」

「當其時，正值先帝盛怒，呂太后亦不便進言。」

劉長便冷笑一聲：「當其時？那時審公得意於朝堂！只不知，螻蛄可有幾日可活？」

審食其聞其言不善，不覺直冒冷汗，連連作揖道：「救人於危難，士之大義也。當初老臣實未敢怠慢。」

劉長「霍」地起身，厲聲道：「呂太后在時，審公一言可左右天下，如何便救不了一女子？」

審食其也連忙起身，顫顫答道：「老臣曾數度請託，呂太后只是不允。此乃實情，老臣不敢欺大王。」

劉長便微微一笑：「我諒你也不敢欺我。故而，今有一厚禮，要贈予審公為謝。」說罷，便瞟了一眼身後隨從。

那隨從會意，上前打開了紅漆函匣。只見那函匣精工細作，雕飾華麗，裡面卻是空空如也。

審食其看了一眼，臉色驟變，急道：「大王，蒼天在上，老臣萬不敢說謊呀！」

劉長便漸漸露出獰笑來：「我信審公所言，然我手中，卻有一物不信。」說罷，便自袖中摸出一柄鐵椎來，朝審食其晃了一晃，「不信者，便是此物也！」

那鐵椎乃短小兵器，狀如尖錐，長尺餘，其鋒利可以透甲。審食其一見，臉色立時慘白，顫抖道：「大王⋯⋯不可無禮。漢律，殺人者償命。老臣若有罪，願赴廷尉府抵罪，然大王不可⋯⋯不可⋯⋯」

劉長切齒道：「審公，今日才知畏懼，豈不是太遲了？」

「老臣於當年，確曾力請。」

「老匹夫，你請託無果，便是不力！」

審食其腿一軟，險些跪地，連連打拱道：「老臣知罪，知罪。」

劉長怒喝一聲：「既知罪，便同呂太后去說吧！」說罷，便將鐵椎高高舉起。

審食其心膽俱裂，大呼道：「有刺客！」便欲向後躲閃。

劉長哪裡容他逃脫，搶上一步，看準他額頭，便是狠命一擊。

審食其額角頓時血如泉湧，雙目圓睜，嘴張了兩張，便一頭栽倒。

劉長的隨從紛紛拔出劍來，一擁而上，都圍攏去看。一人彎下身去，伸手探了探鼻息，稟報導：「大王，辟陽侯已斃命。」

劉長便上前，一腳踏在審食其胸前，恨恨道：「哼，此等佞人，雞狗不如，居然令天下人都震恐！」便擲椎於地，拔出佩劍來連砍兩下，割下了首級。

隨從上前接過首級，裝入函匣。劉長喝令了一聲：「事已畢，走！」一行人便魚貫相隨，飛步出了審邸大門。

審氏家眷在後堂聽到呼喝響動，情知有變，欲上前察看，然看見白衣客各個持劍，模樣凶狠，便都不敢近前。

待不速之客馳遠，眾家眷才搶入正堂去看，見家主人已失了頭顱，知是來了歹人，直驚得魂飛膽喪。眾人撫屍痛哭了一場，又慌忙去報了中尉衙署。中尉盧福聞訊，不敢怠慢，來到審邸看了，也不禁冷汗直冒，猜不出是何人所為，連忙知會主掌京畿的右內史，一起來勘驗。待驗屍畢，盧福返回中尉署，草擬奏摺，又發了追緝文牒不提。

再說劉長一行出了審氏家門，返歸淮南客邸稍作歇息。不多時，劉長便囑左右不必跟從，獨自一人攜了函匣，來至未央宮北闕之下。

北門執戟郎衛見了，都大驚，連忙挺戟喝問。

劉長並不言語，三下兩下褪去衣袍，袒露上身，於司馬門前跪下，口稱：「淮南王劉長，今來向君上請罪。」

謁者聞報，也是吃驚不小，慌忙奔往宣室殿報與文帝。

文帝正於廊下讀黃老書，聞報，微一蹙眉：「吾弟又是弄什麼名堂，宣進來吧。」

甫一見面，未等文帝詢問，劉長便將函匣置於地，一揖道：「大兄，我為孝悌故，殺了一個仇人。」

文帝未解其意，不由一驚：「殺了何人？」劉長答道：「辟陽侯，此乃他首級。」

文帝不由大驚：「你⋯⋯你竟敢擅殺辟陽侯？」

劉長便撩衣伏地，叩首道：「殺便殺了，當如何，請大兄處置。」

文帝扶案而起，戟指劉長，責問道：「按律，即是擅殺奴僕，亦須抵命！你可知？」

「弟豈能不知？然家仇亦不可不報。」

「荒唐！辟陽侯已退隱多時，與你又有何仇，理會他作甚？」

「昔年先帝疑故趙王張敖反，牽連弟之生母，吾舅曾去見審食其，央他勸呂太后出面說情。老匹夫見我母家勢弱，不肯出力，坐視吾母冤死。今大兄為天子，無人再敢欺我，故要以老賊之首，祭我生母。大兄能開恩便罷，若不能開恩，我甘願伏法。」

「你乃宗室，所行端正否，萬人矚目。今擅奪人命，肉袒入朝請罪，便可無事乎？」

「大兄，你貴為天子，孝名滿天下。太后有你這般孝子，百年永壽，當是無疑。然弟之生母，卻是年未滿十八便成冤魂，弟實不能吞下此恨。既殺之，福禍便都敢當，願聽大兄處置。」

文帝復又坐下，僵木不能言，連嘆數聲，才道：「講孝悌，亦不能枉法。皇親若都犯法，天下還成何等樣子？」隨後便喚來涓人，喝令道：「綁了下去！收押於典客府，聽候處分。」

待押走劉長，文帝已無心讀書，左思右想，不知如何處置才好，便恨恨道：「我唯求無事，他卻偏要多事！」猶疑片刻，看天色已不早，忙趕往長信殿去，親奉太后羹飯。

此時薄太后正閉目養神，聞文帝腳步，即開口問道：「吾兒今日，腳步為何滯重？」

文帝一驚，忙走近母后，一揖道：「兒為家事煩悶。」薄太后便笑：「兒有賢妻孝子，哪裡來的煩心家事？」

文帝本不欲說，見母后仰首凝望，其情至切，便將劉長擅殺之事和盤道出。薄太后亦是一驚：「那豎子，竟殺了辟陽侯？」

「正是。兒於此事，頗感兩難。擅殺為律法所不容，當以命抵命；然劉長為我親骨肉，又如何下得手去？」

「此事，應與朝臣商議才好。」

「若朝臣議決，要劉長弟抵命，莫非也要從眾議嗎？」

「哦⋯⋯那可倉促不得。審食其罪孽甚深，朝臣亦恨他入骨，當不致要劉長抵命。劉長那豎子，如此作惡，亦是損天子之威，兒不可不三思。」

文帝略一思索，便頷首道：「母后所言有道理，然此事乃吾家事，不須與朝臣商量。審食其當年作惡，朝野啣恨者眾多，今日劉長殺了他，怕是有千萬人暗中喊好。我若處置劉長，徒令老臣稱意，令劉氏宗室離心，不如放他一馬。」

薄太后卻遲遲不語，良久方道：「事既如此，便隨你。然劉長豎子，今後不可不防。」

文帝笑笑，道：「劉長不過任性而已，諒他也不敢有異謀，母后請無須掛懷。」薄太后搖搖頭，卻也未再發話。

文帝奉羹飯完畢，回到長樂宮，便喚涓人去典客府傳諭：「淮南王擅殺事，其情可憫，下不為例，故不交下廷尉處置，准予歸國。」

當夜，劉長便面帶得意，回到淮南客邸。眾屬官正自憂心忡忡，以為主公非死即囚，忽見劉長歸來，安然無事，便都喜不自勝。

劉長見了眾屬官，哈哈大笑道：「吾乃皇弟，離天不過半尺，爾等有何可憂？如何入宮，便能如何出來，明日返歸淮南，出入還要稱警蹕呢！今後吾之言，便是詔命，也要學那呂太后稱制。」

眾人便是一片歡呼，都奉承道：「大王本就有天子相！」

劉長故意斂容不笑，擺手道：「阿諛之詞不可濫，人不貴名，而貴在其實。天子只有一個，孤王不能心存妄念；然天子之弟，世間也只有我這一個。」

眾屬官聞此大言，更是狂喜。淮南邸中，一時譁笑滿堂，其聲迴響閭巷之間。此後，又勾留了多日，劉長才與一眾屬官乘車，浩浩蕩蕩，出城返壽春去了。

劉長擊殺審食其事，當日便傳遍長安。朝中諸臣，稱快者有之，疑惑者亦有之，其說不一，議論洶洶。熱鬧了幾日，也就平息了下去。

唯有中郎將袁盎，看不過眼，大步上殿，直諫道：「淮南王擅殺辟陽侯，於法不容，陛下昧於私情，置之不理，竟令他全身歸國。只恐如此寬仁，他便愈發驕縱，無人可制。臣聞『尾大不掉，必致後患』，願陛下依律處置，大則奪國，小則削地，總不能教他脫罪。」

文帝似早料到有此一諫，並不為所動，只徐徐道：「擅殺辟陽侯，不過錯在一個『擅』字，問淮南王罪，還不如追問辟陽侯之罪。」

袁盎急得頓足道：「淮南王劣跡甚多，問罪才是保全他！此事不宜遲，遲則生禍。」

文帝仍是不置可否，只道：「將軍心急了，此事容緩。」袁盎見勸不動文帝，也只得搖頭嘆息，怏怏退下。

隔日，文帝詢問了近臣：當初誅呂，將呂氏一門殺了個精光，如何呂太后的寵嬖審食其，卻獨獨無事？一問之下，方知是平原君朱建所為。當年，審食其曾以重金相贈，助朱建葬母。朱建為報此恩，從中巧為轉圜，終使審食其平安無事。

問明緣由，文帝心中生怒，便下了敕令，命廷尉吳公捕朱建來問罪。

朱建平素仗義，在朝中好友甚多，即刻便得了消息，不由長嘆道：「今入詔獄，豈可生還？當年辟陽侯為我解難，我今日因此獲罪，權當以死報之了！」隨即召諸子於前，吩咐好後事，便欲拔劍自殺。

諸子都慌了，忙上前拉住，紛紛勸道：「此去詔獄，不過對簿公堂，生死尚未知，阿翁萬不可造次。」

朱建緩緩環視諸子，笑一聲道：「我一人事，一死便可了之，免得罪及爾等。」諸子又哀懇道：「今上若令我輩同死，便與阿翁走在一路，有何可懼？」

朱建以手一擋，慨然道：「當初祖母下葬，為父身無分文，多虧辟陽侯相助，方得入土。我受助當日，便已放言出去，來日必以死相報。你等小兒衣食無憂，怎知為父當年所受困窘？今若不以死報之，便汙了我一世清名。」

「那辟陽侯，作孽甚多，萬民無不切齒。人若死義可矣，何必為佞臣去死？」

「胡言！辟陽侯雖負劉氏，卻未曾負我；我為他死，亦是大義。人若不知報恩，雖苟活，亦為天下所笑。」

諸子見事急，不禁惶然道：「阿翁大名，遠近皆知，願開門藏匿的，不知有多少。兒願隨父出亡，朝廷哪裡就能逮得到？」

朱建頓然大怒：「豎子，要我做背德事嗎？」便拔出劍來，厲聲喝令諸子退下。待諸子退出屋去，朱建對鏡整好衣冠，而後才徐徐舉劍，從容自刎。

待詔獄捕頭尋上門來，見滿門縞素，燭火高照，才知朱建已自盡而死。

消息傳出，滿城皆驚。百姓道路相傳，唏噓不已，無不為朱建之義動容。

吳公連忙將朱建死訊報入。文帝聞知，亦是大驚，呆坐了半晌，方對吳公道：「朱建大義，我亦有耳聞。交廷尉府治他的罪，不過是要教天下知：士不可以私害公。本不欲殺朱建，他又何必如此！」

嘆息了一回，文帝便召朱建長子入朝，安撫了一番，拜為中大夫，命他好好安葬乃父，算是對天下有個交代。

此事方告消歇，文帝正要稍作喘息，忽有郡縣使者接二連三自西而來，急報塞上又起邊患。有胡騎數萬南犯，輾轉數地，牽動京畿，漢匈兩家眼看便要大動干戈。

時入夏五月，驪山之上，驟然冒起了沖天的黑煙。當時百姓皆知，若烽燧起了狼煙，便是邊地有警。此次，還不知是何處遭了禍殃。長安城內，頓時慌亂起來。

這日，文帝見涓人手捧各地軍書，疾奔來報，也是吃了一驚：「這許多年，從未見烽火，如何匈奴又來欺我？」

此時想起數月前，賈誼曾自請領兵伐匈奴，看來也並非邀功。那北虜貪婪，無論怎樣哄他，也不能安於漠北，兩三年間，總要南竄一回，掠些人口財物去。察看涓人送來的軍書，卻都語焉不詳，只說匈奴自北地郡（今甘肅省慶陽市）闖入，卻獨不見北地都尉軍書。

文帝心中焦慮，踱至殿門，抬眼望了望烽煙，便吩咐左右，急召新任丞相灌嬰來議。

灌嬰聞召，知是為禦敵之事，便特地披掛了甲胄，不慌不忙上了殿。不等文帝問話，便建言道：「自白登山議和，漢匈已有兩度和親，迄今三十餘年無邊釁。那冒頓單于，算來已熬成老翁了，諒也不至以舉國之兵南來。灌某雖無韓信之才，應付擾邊之寇，尚有餘力。陛下請放心，待北地都尉軍書來，再議不遲。」

文帝聞聽灌嬰此言，才鬆了口氣。待北地都尉軍書送至，拆開來看，見果然並非冒頓大軍南犯，僅是右賢王率兵一支，攻入北地郡，繼而又犯河套之地，進至賀蘭山下，安營紮寨，四處劫掠，並無退走之意。

文帝得了詳情，便召見賈誼，問道：「胡騎南來，占了隴東不退。依先生之見，朝廷可大動干戈否？」

賈誼應道：「劫掠之寇，本無奪城略地之謀，可無須在意。差遣一將，驅走即可。」

「如此，朕意欲親征。」

「哦？……陛下何出此計？」

「要教那匈奴流寇，知我絕非孱弱，小覷不得。」

「哦，如此也好，然終究太過使力。」

文帝便一笑，轉了話頭道：「那麼，數月之前，先生為何要勸我改服色？」

賈誼心中一凜，忙應道：「是為正名也。」

「御駕親征，便是正名。不然，朕雖為當今天子，百姓不識，四夷不畏，豈不是深宮中一個偶人？」

「臣淺薄，然已知陛下深意。日前所言改服色，是為久安之計，唯願漢家早些改制。」

文帝低頭看看自己袍服，又望住賈誼道：「改制事，關乎萬代，不急在一時。朕這身黑袍，倒是穿厭了，不妨先從我一人改起。如先生所言，漢家既為土德，我出征之日，便著黃袍好了，由此開萬世之例。」

賈誼怔了一怔，方領會文帝之意，便笑道：「陛下一人，便可當得億萬人矣。」

文帝送走賈誼，又召灌嬰來，發狠道：「北地郡，為隴東要地，毗鄰關中。胡騎略得此地，已危及長安，不可不懲戒。」

「臣亦是此意，明日臣點齊兵馬便是。」

「好！將軍意氣，不減當年，朕甚慰。那右賢王，雖非勁敵，卻是來勢凶猛。自先帝崩後，未曾有過，顯是欺我儒雅。故而朕決意親征，將軍可為我前驅否？」

灌嬰萬未料到文帝有此意，連忙勸阻道：「區區胡騎，何勞陛下遠征？我趙代兩處馬軍，年年操練，威名猶在，今調去隴東禦敵，可堪一用。我大軍至，右賢王必不敢多留一日，陛下請放心。」

文帝便道：「我也知，那右賢王不過遊寇而已，故而要黃鉞親征，嚇他一嚇，令他不敢視我為文弱之輩。」

灌嬰遲疑道：「邊塞苦寒，入夏仍飄雪，軍旅之勞尤甚，陛下如何耐得？」

文帝卻分外淡定，道：「丞相只當我是富家兒！昔在代地，年年秋防，我也曾馳騁塞下，哪裡就吃不得苦？」

君臣兩人爭執多時，文帝執意要起駕，灌嬰也只得從命。

當日，文帝便有詔下：命丞相灌嬰統軍，調關中及趙、代之步騎八萬五千，赴北地郡，抗禦來犯胡騎。天子則偕諸將，親率北軍及關中兵馬五萬，進至甘泉宮（今陝西省淳化縣北）以作應援。

且說這甘泉宮，原為秦之咸陽林光宮。昔年秦太后曾長居於此，始皇帝及秦二世也曾在此理政。舊時殿宇，周匝十餘里，寬敞宏麗，雖荒廢多年，卻也可暫容棲身。

如此，待親征號令一下，長安內外，便是一派車馬轔轔。自平城之役以來，長安百姓多年未聞鼓角聲，得知朝廷發兵，都跑出來看。只見灌嬰麾下八萬五千勁卒，鎧甲鮮明，長戟如林，絡繹穿城而過，自雍門浩浩蕩蕩出了城。

眾人見了，直是驚嘆，覺漢家休養生息多年，今日兵威，竟是勝過當年。

如此才過了幾日，又見文帝御駕親征，金瓜黃鉞，前後簇擁，大隊自清明門迤邐而出。前來觀望的百姓，滿街滿巷，夾道歡呼。原以為當今天子是個書生，今見戎輅車上，文帝頭戴武弁大冠，身披黃色綈袍，遠遠望去，似一團金光耀目，威武異常。

文帝身後，有柴武、徐厲、張相如、欒布、張武等一干老將相隨，個個執戟跨馬，豪氣干雲。

是日，天子所用鑾駕、鹵簿，都還是高帝舊物，百姓們見了，都不禁驚愕，恍似見高帝再生一般。路旁人叢中，還有南越、閩越、東甌等藩國客使，見了這陣仗，都暗自咂舌，知漢家勢大，絕非虛言。

如此驚天動地般出征，那邊入寇隴東的右賢王，幾日內便得了密報，頓時大驚失色。

原來此次匈奴南來，並非秋犯，而是右賢王為邊民互市之事，與漢家北地都尉起了齟齬，想想氣不過，便下令發兵，越境大掠。

胡騎此來，如入無人之境，搶一處便占一處，志在鯨吞北地、河南兩郡。正恣意搶掠間，忽聞漢丞相灌嬰率軍來伐，後面還有漢天子壓陣，實出意外，便都人心惶惶。右賢王也知沒有勝算，只得勉強領兵上前，與灌嬰軍對陣。

灌嬰征戰半生，本就喜兵事，只聞聽「發兵」兩字，就比做了丞相還歡喜。自白登山之敗後，漢軍士捽發奮雪恥，經周勃、灌嬰連番調教，早練成了一套應對胡騎的功夫。此次出征，大軍直入北地郡，尋到大股胡騎所在，旋即抵近，列好了孫臏傳下的「八卦陣」。

此陣頗為神奇，即：戎車在外，步軍在內，面朝外為八隊；馬軍則隱伏中央，亦是八隊。其陣法錯綜，迴環勾連，俯視恰為乾坤八卦之形。

對陣這日，漢家中軍大纛下，灌嬰一身白袍白甲，親執鼓桴，紋絲不動，只望著漫野而來的匈奴騎士。

只見那右賢王所部，亦有六七萬之眾，人馬皆披皮甲，彪悍異常。那匈奴騎士頭戴棲鷹冠，斜插白翎，漫山遍野，望之有如無邊蘆葦。蒼莽大野間，四處可聞胡笳震天。

漢軍雖訓練有素，然終究多年未經惡戰，此刻見胡騎凶猛，心頭都不免惴惴。

唯那白髮老將灌嬰，迎風而立，面不改色，只低低喝了一聲：「兒郎們，漢家臉面，就在此一戰了！」

各部步騎聞聽，立時齊聲應和。霎時之間，呼喝聲遠播闊野，間雜著劍戟碰撞之聲，甚是威嚴。

那胡騎雖蠻勇，然並無整齊隊形，各個手執彎刀、戰斧、銅錘，狂呼騰躍，只顧雜遝搶進。

見胡騎堪堪離得近了，灌嬰便擂動鼙鼓，眾漢軍一聲怒喝，隨即弓弩齊射，漫天有千萬支羽箭，飛蝗般向對面飛撲過去。

自白登山受辱之後，高帝即令少府精研兵器，專設了一間考工室，打造強弓勁弩。數十年下來，漢軍弓弩已今非昔比，此時所用弓弩，皆為六石強弩，力大無比，一箭可射千尺之遠。箭頭的三稜鐵簇，堅可透甲，利可穿心，匈奴兵的皮甲難以抵擋。

軍中更有勇士十數名，都是力可扛鼎者，臂力可挽十石之「大黃弩」，開弓一發，呼嘯震耳。箭矢至處，竟能致人身首異處。

匈奴兵哪知曉這般厲害，戰陣之上，只見萬千胡騎，冒矢奔突，似波浪般湧來，又似穀禾般被刈倒。如此後隊踐踏前隊，只是不顧命地進擊。

這邊廂，漢步軍卻是穩如泰山，前隊射出一排箭，便半跪裝箭；後隊忽又立起，射出下一排箭。數隊漢軍就這般，此起彼伏，放箭如雨。再看陣前，胡騎成群輾轉於箭雨中，死傷枕藉，卻就是撲不到近前來。

如此撲陣數次，胡騎死傷纍纍，終殺到漢軍陣前。只聽一聲呼哨，原在陣外的漢軍弓弩手，全數退入陣中，不見蹤影。胡騎正在高興，忽聞漢陣中一陣呼喝，外圍戎車掀開頂蓋，立起無數六石弩手，張弩發射。前鋒數百胡騎，立時被射成刺蝟一般，盡數栽倒。

奔突了半晌，胡騎見衝陣無望，軍心便動搖，步伐漸漸緩了。灌嬰冷笑一聲：「這等功夫，來做什麼！」當下又擂鼓一通，其聲震人心魄。

八卦陣中，漢軍步騎聞聲而動，開闔不定，舒捲如龍。但見戎車移動，敞開陣門，馬軍從四面殺出，直踏入對面胡騎隊中，以短兵左右砍殺。

那匈奴兵本就無戰心，見漢軍陣開，鐵甲騎士四出，一下便慌了。

漢軍騎士以逸待勞，此時士氣正猛，踏入匈奴疲憊之陣，如入無人之境。一時間殺聲、呼痛聲、短兵相接之聲，混作一團。

漢馬軍衝過之地，胡騎陣勢已七零八落，死傷枕藉。忽又見漢軍戎車動起，轉眼變作四路，車上甲士執盾持戟，在前掩殺。後隨無數步軍，手持長戟，密如棘叢，直是鋪天蓋地而來。

胡騎前隊見不是事，發了一聲喊，便四下奔逃。後隊勒馬不及，互相踐踏，立陷混亂之中。

右賢王在隊中見了，哀嘆一聲：「灌嬰終是神將，吾不及矣！」便急急下令退軍。

匈奴兵聞令，個個都想逃生，拚死掩殺了一陣，便向大荒深處逃去。狂奔了半日，回望漢軍並未來追，右賢王才鬆口氣，對左右道：「漢天子昔為代王，知我虛實，吾輩未可小覷。」慌亂中，攜了掠得的人畜，匆匆向漠南退去。

灌嬰眼望遠處塵頭，不禁哈哈大笑：「右賢王，你縱然白了頭，也還是奈何不得我！」笑畢，便揮軍大進，四處搜殺殘敵。

旬日之間，北地便再也不見匈奴一人一騎。文帝為壯聲勢，亦率軍進至高奴縣（今陝西省延長縣），與灌嬰大軍呼應。無多日，灌嬰處傳回來捷報，稱大軍挾天子之威，一擊之下，數萬胡騎無心戀戰，望風而逃。諸將士意猶未盡，不欲退兵，今暫留邊境，以作震懾。

文帝閱完軍書，先是大喜，繼而又惘然若失，與老將柴武等人道：「上蒼憐我，竟不教我親冒斧鉞，今生若想建平虜之功，怕是不能了。」

柴武便高聲讚道：「陛下寬仁，以文治天下，遠勝武功，那匈奴怎能不懼？」諸將聞之，亦齊聲稱頌。

文帝便擺擺手道：「諸君為武夫，不奉承也罷。漢家今日，仍不可與匈奴戰，今日小勝，不過湊巧罷了。此番右賢王犯境，京師驚動不小，我君臣切不可大意。朕之意，可命中尉盧福調發五百里內『材官』（預備役）來守長安，統為衛將軍薄昭所屬，以作護衛。」

柴武連聲稱善，趁機便勸道：「此次陛下統兵月餘，盡了興，還請速返駕長安。這高奴縣太過荒僻，只可作幾日歇息，不宜久留。」

文帝想了想，便對諸將道：「數萬人馬，這一番驚動，若只在高奴縣止步，豈不是掃興？不如轉道赴代地，看我舊臣民如今怎樣了，慰勞一番也好。」

諸將互相望望，也只得遵命。於是，文帝鑾駕當日便啟程，轉往太原國去了。

說起這太原國，原為代地境內的太原郡。年初文帝封皇子時，劃出此地新置為國，封給了三子劉參，都城仍是晉陽。

大隊鹵簿入了晉陽城，文帝看一草一木都親，不禁感慨萬千。劉參的太原王宮，便是昔日的代王宮，未加修飾，一如舊貌。文帝各處看過，面露眷戀之色，便將此處暫作行宮，大會舊日臣屬。

文帝在此為代王時，待臣下甚恭，離去之後，舊臣屬無不感念。今日見舊主歸來，情動於衷，都忍不住淚流。

文帝逐個寒暄過，執手問候。聞有病歿不壽者，不禁感嘆唏噓。眾舊臣一一謁見畢，文帝便道：「朕在長安，無一日能忘晉陽。舊時情景，如在昨日。今入城，便似重歸故里。諸君往日隨我，勤勉從政，亦常隨我忍辱，今日重逢，不可不賞。」說罷，便命涓人搬出些財寶，分賞了眾舊臣。

舊臣感激非常，都連呼「萬歲」不止，聲震屋宇。

文帝擺擺手，又道：「今次北征，匆忙中未多帶財物，所賜，不過表些許心意而已，諸君不必謝。老子曰『天下有始』，於朕而言，天下便是始於太原。太原官民，與我共過患難，皆如家人一般，今日我稍有榮耀，便不能忘本，必有還報。」

隨即下詔，所有舊時屬官，皆論功行賞，各得拔擢。晉陽百姓，按閭里賜給牛、酒，又免去晉陽、中都（今山西省平遙縣）賦役三年。舊臣聞旨，都覺驚喜，紛紛伏地感泣。

會見舊臣畢，文帝又在城內各處拜訪，見過許多父老。如此十餘日過去，忽感疲憊，便在行宮略事歇息，與隨駕諸臣閒談。

諸臣中張武是代國舊臣，撫今追昔，尤為感慨：「往日在晉陽，諸事艱難，我輩甚為君上擔憂，然亦無奈，怎敢想有今日？」

老將徐厲在旁也道：「陛下坐擁天下，就該返鄉，召見父老，方為痛快！」文帝抬眼看看，不禁微笑道：「你曾隨高帝返鄉，當時是何心情？」

徐厲捋鬚大笑，朗聲道：「高帝十二年年初，臣隨高帝返鄉，端的是心情大好。征伐數年，刀山血泊裡爬過，死過幾番，及至返鄉日，方覺這番闖蕩，甚是值得。」

文帝環視左右，忽又傷感起來：「當年高帝還鄉，身旁猛將如雲，尚嘆『安得猛士兮守四方』；如今歲月不居，壯士凋零，能隨朕征戰的，僅諸君數人。悲哉無過於此，我焉能不心驚？」

柴武見文帝傷心，忙岔開話頭道：「人君有為，功成自當返鄉。當年項王，放著關中王不做，也要返歸故里……」

文帝便猛抬頭，望住柴武道：「高帝在時，曾屢次言及此事。吾當時年幼，尚不知其深意。」說到此，又轉向諸將道，「此事諸君恐都有耳聞。幼年時，高帝曾與我言，項王入關中後，火燒秦宮東還。時有韓生，獻計於項王，說可建都於關中，成其霸業。項王只道：『富貴不歸故鄉，如錦衣夜行，有誰知之！』項王之誤，可以為鑑，故而高帝只憂壯士少，難以守社稷，而不謀還鄉……」

柴武連忙揖道：「臣勸陛下返長安，也正是此意，願陛下以守社稷為要！」

文帝當下怔住，頓感大慚，起身向柴武揖道：「公之見，遠勝於朕。朕出甘泉宮，又在太原勾留十多日，今日當歸去了。」

次日朝食畢，正當各軍欲拔營之時，忽有八百里急報遞入，稱濟北王劉興居反，在博陽舉兵五萬，一路西進，攻城拔寨，兵鋒直指滎陽。

文帝閱畢，手臂微顫，默然無語，將簡牘遞給左右看。眾臣看罷，皆憤然道：「濟北王以劉氏子弟而作亂，窺伺大統，實乃開了惡例，為立朝以來所未有。」

文帝恨恨道：「劉章功最大，生前並未反，倒是這個劉興居反了！」

柴武便道：「濟北王性躁進，胸無長策，不足為慮，容臣領兵討滅便是。」

「不可如此想，將軍恐是輕敵了！楚漢爭鋒，當年爭的就是滎陽。滎陽為天下之要樞，得了滎陽，便可得天下。他反幟方舉，便知來奪滎陽，此等謀略，不可謂躁進。」

「陛下，以臣之見，濟北王欲反，至少已籌劃數年，身邊有謀士為他獻計，也不足怪。諸侯王若作亂，無論劉氏與否，皆是以下犯上，朝廷發兵，乃是以示天威。彼之敗，只在指顧間耳，陛下請勿慮。」

文帝放下軍書，思忖片刻道：「濟北王於旬日前舉事，今已攻入梁國（今河南省商丘市一帶）。觀其勢，兵鋒迅疾，日趨百里，志在攻陷滎陽，諸君不可小視。」

柴武起身，前趨一步道：「濟北國兵寡人稀，所裹挾者，無非潑皮無賴，不堪一擊。」

「縱是如此，為何反幟一豎，即有吏民響應？莫非朝廷寬仁尚不足，民間有難解之怨？」

此時欒布出列應道：「即是上古三代，唐堯虞舜，治下亦有不逞之徒，不事生產，而謀僥倖。此輩趁機作亂，只為錢財，天下一日不大同，此輩即一日不絕跡，而非君上之過也。昔在彭王麾下，臣多見此輩，不值一哂。」

文帝頷首笑道：「我想也是。食有粟，居有屋，立功有賞爵，卻要作亂，便是想做王侯了。此等群氓，若生在秦末，或可得逞；既生於漢興時，便是做夢了。」

柴武朗聲道：「既是作亂，還有什麼好說？臣願領軍一支，與之力戰，誓擒濟北王以還。」

文帝環顧諸將道：「濟北王雖曾任武職，終非領軍之才，焉用什麼力戰？只是這無謀豎子，以同姓王而作亂，首開惡例，絕不容寬恕。兵家曰：『善用兵者，屈人之兵而非戰也。』朕之意，須以驅北虜之策，出師多多益善，唯求勢大。在座諸君，不妨都前往，以我堂堂之陣，驚懾敵膽。待他軍心一亂，便可不戰而勝之。」

座中柴武、徐厲、張相如、欒布、張武等諸將，都一齊拱手道：「臣願往！」文帝便問張武道：「齊王劉則那裡，可有異動？」

張武回道：「自濟北王之國，御史大夫張蒼即有眼線在彼。張蒼近日知會臣下：數月來，齊王與濟北王交通甚少，亦無異動，似未有反意。」

「嗯，他不反便好。朝廷發兵，宜速不宜遲，大軍出關，齊王便不敢妄動。倘若發兵遲緩，賊勢漸大，牽動齊王合流，事便難矣。勢必鬧到四方烽煙，萬難收拾了。」

諸將聞言，都踴躍不止，恨不能立即提劍上馬。

文帝遂與諸將商議，定下平亂之計：急令灌嬰罷兵，回防長安。又拜柴武為大將軍，率四將同往，發太原兵與隨駕關中兵馬一部，共十萬餘眾，即日東出討逆。另遣別軍一支，往滎陽增援。

張武又建言道：「討伐大軍東進，無須銜枚，宜大張聲勢，意在震懾。濟北王麾下，無非雞鳴狗盜之徒，應聲作亂，實屬心存僥倖。彼貪利之輩，終無報主之心，震懾之下，不旋踵即可瓦解，焉能成大患？」

文帝大喜道：「正是此話。朝廷十萬兵，縱橫山東，即是持戈遊行，亦可威震央外。各位，今夜便歇息不成了，各去提點兵馬好了，事不宜遲。」

諸將握拳攘臂，齊聲應諾，皆面露興奮之色。

待布置停當，五將軍即調發兵馬，自晉陽傾城而出，直撲梁地，欲迎面攔截濟北之兵。

大軍走後，文帝看看再勾留不得了，便下令返長安，與晉陽父老依依作別。有父老數人攔住車駕，涕泗交流，直不欲文帝離去。文帝亦含淚道：「太原，朕之龍興地也，須臾不敢忘。今離去，便是為明日可再來。」父老這才放手，目送大隊遠去。

秋七月，車駕返歸長安，文帝立即詔發天下，怒斥劉興居「背德反上，貽誤吏民，為大逆」。為離間劉興居與徒眾計，又明諭道：凡濟北吏民，王師未至即降者，或率軍來歸，或開門獻城，皆赦免，官復原爵。曾與劉興居交往者，若未反，亦赦免不問。

諭旨一下，山東各郡國為之一振。半月來，各地官民惴惴不安，唯恐天子文弱，擋不住亂兵，天下將又陷入紛亂。今見朝廷大軍出動，旌旗蔽野，甲光耀日，恰似高帝東征之盛。百姓便群情激奮，深挖壕塹，壘土固牆，一心要阻住逆賊來犯。

話分兩頭，且說那濟北王劉興居，臥薪嘗膽數年，直至做了諸侯王，方覺手腳施展得開了。年前，聞次兄劉章鬱悶而死，當下就想造反，權衡了一番，卻未敢動。

及至屬官從長安傳回密報，稱天子御駕親征，偕一班老將，都去了甘泉宮，丞相灌嬰更是率軍遠赴北地。劉興居便料定長安空虛，想到何不趁機起事，也學一回高帝，破關而入。

時劉興居已收服了相府，帳下有若干文武之士，見識不凡，向他建言道：「大王應以陳豨、臧荼為戒，既揭反旗，便不能死守巢穴，務以奇兵襲奪天下之樞要，先占了滎陽再說。滎陽攻下，天下不愁不亂；濟北之義兵，翻手便可成赫赫王師。」

又有人獻計道：「我軍攻下滎陽，應趁灌嬰在北地之際，揮師長安。其時義軍聲勢，必不輸於當年陳勝王。以數十萬呼嘯之眾，叩關西進，豈是區區數萬北軍能擋的？」

謀劃既妥，劉興居意氣陡增，即在博陽豎起反旗，招兵買馬。三日間，竟聚起徒眾五萬餘，搖旗鼓譟，聳動鄉邑。旬日之間，濟北軍便高張旗幟，車馬相銜，殺出了博陽城。西進之日，亦不發檄文，務求晝夜疾進。擬奪下滎陽後，再傳檄四方。

誓師當日，劉興居率文武屬臣，擐甲執兵，各登戎車。放眼看去，見麾下數萬丁壯，人人頭裹白幅，如雪海一片，雖衣甲不整，氣勢卻甚旺。劉興居心下大喜，振臂道：「諸兒郎聽好：孤王為高帝後裔，血脈至純，不忍坐看天下崩壞。吾與兄長劉章，皆為平呂功臣。老臣周勃、陳平曾有前諾，允推吾長兄劉襄入承大統。然尸位老臣，心存偏私，事成則食言，弒少帝而扶旁支，致吾長兄、次兄皆憂鬱而終。天下公道何在，莫非都餵了狗嗎？」

眾軍便齊舉刀矛，以足頓地，喧譁大呼。

劉興居遂又拔出佩劍來，舉過頭頂，道：「此劍，乃家兄城陽王佩劍，今傳於孤王手中，便是要手提此劍，殺入長安，去問個究竟。天下不平事，涕泣百遍也無用，唯以手中劍可削平之。諸兒郎若肯隨我，舉義旗，興哀兵，討還高帝之天下，事成，首義之卒加官授爵，各在二千石以上。到時，即便王侯也可做得，為子孫爭個萬世榮華。兒郎們，可有心隨我反正？」

「有——」眾軍聞之，立陷狂熱，呼吼聲聞於四野。

自是日起，濟北軍所到之處，城邑非降即破；吏民遊雜，群起投效。軍興方旬日，竟已裹挾了七八萬之眾，呼嘯疾進，殺入了梁國地面。那梁王劉揖，乃文帝幼子，因年齒尚幼，並未就國。梁都睢陽城內，僅有丞相、都尉掌事，見叛軍卷地而來，所向披靡，知道招抵不上，都棄城逃去了。

攻入睢陽，劉興居志得意滿，覺重演高帝舊事即在眼前。此前數日，他曾分遣使者，赴齊國與城陽國兩處，知會了姪兒齊王劉則、城陽王劉喜，以期得兩處助力。然旬日過去，卻不見有何動靜，知是二人膽怯，不願合謀。劉興居倒也不以為意，狠下心來，想到自家獨擔大事也好，待踏破崤關，坐了帝位，便無須與諸姪分功了。

卻不想，在睢陽遷延數日，竟然誤了時機。原來，那數萬叛眾，倒有大半是裹挾來的，無非市井無賴者流，進了富鄉大邑，便忙著四處流竄，劫掠嫖賭，全無軍旅模樣。劉興居數度號令，怎奈烏合之眾，哪裡肯聽。

費時多日，待徒眾搶掠得夠了，好不容易集起隊伍，正欲殺向滎陽，忽有探馬來報：朝廷以蒲棘侯柴武為主將，統兵十萬，自太原輕兵疾進，聲言討逆，已阻住前路。另有朝廷別軍三萬，也已開進滎陽助守。

劉興居頓時瞠目。濟北起事，原本貴在神速，早些攻入函谷關，或可致天下大亂，趁勢奪下長安。若被朝廷兵馬搶了先機，勝負則難料。所率徒眾，盡是未經戰陣之丁壯，與柴武大軍對壘，實無勝算。

正猶疑間，朝廷討逆檄文發下，已傳入山東各郡。附逆吏民看了，都知朝廷仁厚，降了官軍便無事，哪裡還有戰心？又聞柴武大軍已逼近，便知大勢不妙，不免人心惶惶。

劉興居退無可退，遲疑了兩日，只得硬起頭皮，驅兵自睢陽西進。方攻入尉氏縣，便與柴武大軍迎頭撞上。

待兩邊將陣對圓，高下立看得分明：柴武那邊，以關中兵馬為中軍，太原兵為兩翼，兵精將廣，猛如貔貅。這邊濟北軍，則半數為民間丁壯，軍伍不整，旗甲參差。

劉興居心知生死只在這一戰，不禁氣血上湧，跳下戎輅車來，躍上馬匹，在自家陣中迴環疾馳，一面高呼：「兒郎們，我軍今執大義，正氣在我，無須膽怯。能殺柴武者，可封萬戶侯！」

濟北軍見主將並無懼色，心中略略踏實，便也陡增神勇，挺戟大呼道：「封萬戶侯咯——」

劉興居見士氣尚可用，心下稍安，策馬衝出本陣，直指柴武陣中大纛，呼道：「蒲棘侯出來，可敢與我對決？」

兩軍之間，只見對方陣內，一員驍將拍馬而出，橫戟喝道：「哪個小兒在張狂？」劉興居抬眼看去，見是松茲侯徐厲，便道：「我只與柴武答話，與你無干。」

徐厲嗤笑道：「黃口小兒，我隨高帝征伐時，你還在娘胎裡，也配來舞刀弄劍？」

劉興居昂首怒道：「閭里匹夫，不過高帝僕役，僥倖得爵而已。漢家賞你個區區亭侯，也配與我說話？我堂堂皇孫，為兄長討公道，力復大統，無須你囉唣！」

徐厲罵道：「咄！你道我不識你父？外婦子孫，得了富貴便好，還談何大統不大統？」罵畢，便朝對面軍卒大呼，「濟北軍聽著，朝廷有旨，濟北王犯上，罪在不赦。朝廷開恩，脅從者降了便不殺。此時不降，更待何時！」

劉興居正要回罵，忽聞對面陣中，猛地擂起了驚天鼙鼓。十萬漢軍聞鼓，發一聲喊，便分左右兩路，漫野掩殺過來。

濟北軍哪見過這等陣勢，前軍氣勢先就短了一截，無奈硬著頭皮迎上。刀光起處，血肉橫飛，斷肢落了滿地。

那作亂徒眾，一路執戈耀武，百姓見了望風而逃，便以為兵器在手，殺伐不過是遊戲一場。今日撞見朝廷大軍，轉眼就刈麥般被砍倒一片，這才紛紛叫苦不迭。劉興居見勢不妙，率長史、中尉等呼喝督戰，勉強殺了一陣，仍難敵柴武大軍如潮捲來。

後軍望見前軍屍橫遍野，不由嚇得膽裂，看看尚有退路，便棄甲而逃。數萬後軍，頓成犬羊四散，旗甲拋落一地。

劉興居見勒兵不住，怒罵了一聲，也只得撥馬後退。部下兵卒見狀，更是驚懼，爭相踐踏奔逃。所謂義師，立成潰散之勢。

徐厲見了，忍不住大笑道：「濟北王，便是如此本領嗎？」

不過片時，徐厲策馬追上，長戟一揮，將劉興居刺下馬來。大隊漢軍喧呼奔進，一擁而上，將劉興居緊緊逼住。

徐厲以戟抵住劉興居胸甲，叱道：「小兒，還當是在長樂宮嗎？」劉興居掙扎而起，啐道：「負義豬狗，恨不當日便擊殺了你！」

「你當日得勢，無非借呂太后之威，還有臉面提起？今日戰罷，你方知老臣不可欺。」

「呸！狗便是狗，豈知大義。你隨了劉恆，便不是狗了嗎？」徐厲也不理會，只吩咐左右：「勿傷害，綁了獻與蒲棘侯去。」

此後數日，漢軍擂鼓大進，附逆城邑望風而降。博陽吏民見大勢已去，便綁縛了王宮、相府屬官，遣使來軍前請降。半月之內，濟北國即告廓清，無一城一鄉拒降。

再說漢軍大帳中，柴武見了劉興居，略一揖道：「濟北王別來無恙。恕王命在身，委屈大王了。」便命左右為劉興居解縛。

劉興居昂首道：「成敗天數也，無須你來假惺惺，推出我斬了便是。」

柴武微笑道：「哪裡。今上仁厚，當另有處置。濟北王不必多心，且隨我入都就好。」

劉興居仰頭長嘆道：「當日居權要，中外皆仰我鼻息，不意竟敗在裨將手中。」

「大王，賭氣話休說！老子曰：『善之與惡，相去若何？』大王昨日誅呂，是為善；今日謀逆，便是為惡。善惡殊途，勝負便也不同，就不必爭一時意氣了。」

「豬狗，說這些還有何益？快將我殺了吧！」

柴武臉一沉，便不再多說，命左右褫下劉興居戰袍，押去軟禁起來。

秋八月中，柴武安撫好濟北吏民，便班師回朝，攜劉興居及俘獲屬官在隊後。劉興居所乘輜車，簾幕低垂，四圍有甲士看押。好在雖奪去衣冠，卻未械繫，手腳都還自如。每日打尖，也有些酒肉，只是絕無逃脫可能。

劉興居胸中有惡氣，只想詈罵，想想罵又何益，徒傷英雄氣，只得忍住，每日在車上閉目不語。

徐厲當年與劉肥有舊，看到此景，竟也有所不忍，便常來車前，囑押車校尉好生照看。

這日，大隊行至虎牢關，西望崤山，已可見疊嶂千重。車馬便都停下，駐足小憩。徐厲踱至車前，撩起門簾勸慰道：「事已至此，怒又何用？明日見了今上，多言孝悌，到底今上也是你叔伯，血脈不分。說些軟話，服罪即可，無非是奪了王位，又不誤富貴。」

劉興居怒目徐厲，冷冷道：「我本貴胄，富貴豈是我所求？」

「賢姪，人既得富貴，更有何圖？」

「與螻蛄輩，說也無益。」劉興居遂將頭一昂，不再理睬。徐厲見他抱定必死之志，也只得搖頭，轉身而去。

次日，車行在崤函古道上，顛簸了一整日。晚間歇宿，校尉喚劉興居下車。喚了幾聲，卻不聞回應。正遲疑間，忽聞車內一聲大吼，繼而聲息全無。那校尉慌了，忙掀簾去看，見劉興居在車中躺倒，頸間血流如注。校尉連呼不好，登上車去摸脈，竟是漸無脈動。扶起看看，人已奄奄一息，不多時，便斃命了。

柴武、徐厲等人聞報，連忙趕來，見是劉興居不甘入朝受辱，竟自己扼喉而死，都禁不住嘆息。柴武吩咐左右，將劉興居屍身裹好，置於車上。又告誡押車校尉，看管好其餘叛眾，勿使有人再自戕。

入朝覆命當日，諸將抬了劉興居屍身上殿，驗明屍身。文帝欲起身察看，想想又作罷，只問諸將道：「濟北王可曾服罪？」

徐厲稟道：「臣勸過濟北王，無奈他死志已定。」

文帝忽就想起登位那夜，劉興居前後奔走，出力甚多，心中便有愧疚，自覺對齊悼惠王一脈未免壓抑太甚。如今劉興居已死，赦免也是遲了。思前想後，便下了詔令，赦了濟北國所有作亂吏民。

隨後，文帝又問過典客，知齊悼惠王劉肥諸子嗣，除劉襄一支襲了王位之外，尚有七人，皆為白丁，確乎難以服人心。便又下詔，封劉肥之子劉罷軍等七人為列侯，以作安撫，免得再生出什麼亂子。至於濟北國，原是為劉興居而置，今日竟成贅物，大不吉利，於是下令撤罷，不復再置。

這一年秋，漢家內外禍患迭至，多有險象，到此時方告消歇。

賈誼多才，聰明反被聰明誤

天下既安，文帝心亦安，此時又值後宮添了新寵，乃是慎夫人與尹姬。文帝輪流臨幸，琴瑟和諧，真真是宮掖內外，皆有喜色。

單說這位慎夫人，系選自邯鄲民間，與竇皇后俱是趙國女子，姿色卻勝過竇后許多，能歌善舞，又鼓得一手好瑟。此時的竇皇后，因染了病，漸漸生了目疾，竟然與薄太后相似，幾近半個盲人了。如此，文帝眷顧便漸衰，將那萬千寵愛，都移到慎夫人身上去了。出入起居，慎夫人儼如正室，均與竇后同席。

這慎夫人，亦如當年的竇姬，是個冰雪聰明的女子。知那宮闈之中，看是錦衣玉食，卻處處隱含殺機，早先戚夫人之死，便是因惹怒了天子正室。自家之所長，不過是與戚夫人一般，有美色，善歌舞，這恰是遭嫉的禍端。於是進退舉止，都用盡了心思，只要外人說一個恭謹賢良。

平素裡，慎夫人待竇后十分知禮；待那多病靜養的薄太后，亦是殷勤照護，直如親生女一般。在文帝面前，更是處處小心，巧為固寵。如此既久，無論內外，果真人人都誇慎夫人賢淑，上下相安，自是無話。

這年秋，漢文帝攜竇后、慎夫人，乘輦同往上林苑遊幸。至夜，在上林苑擺下宴席。

開宴之前，上林郎前後奔走，忙著安置席位。他知慎夫人為文帝寵妾，起居同於皇后，便未加多想，將慎夫人之座置於上席，與竇后並列。

原任郎中的袁盎，此時已擢為中郎將，正在當值護駕。見席間此狀，便面露不豫之色，喚了涓人過來，命將慎夫人座搬開，移至下席。

那慎夫人平日與竇后同席慣了，見自家竟要坐下席，不由惱怒，昂頭便問道：「這上林苑，不屬漢家嗎？」遂不肯就座。

文帝見了，也是生氣，然亦不願當眾叱責袁盎。便執慎夫人之手，乘輦車回宮去了。其餘諸人見不是事，也先後登車而去。一席酒宴，竟一箸未動，於搖曳燈火下看去，竟是一派淒涼。上林郎頓感惶悚，立於庭中，不知所措。幸而文帝回宮後，並無言語，故無人為此受責罰。

饒是如此，袁盎耿直，胸中仍有塊壘未消。數日後，袁盎在前殿當值，正遇文帝步出，便按捺不住，上前一步說道：「陛下稍留，臣有事要奏。臣聞尊卑有序，則上下和。今陛下既已立皇后，慎夫人乃妾，妾豈可與皇后同坐？同坐，便是失了尊卑。且陛下寵幸慎夫人，常有厚賜。陛下以為是為慎夫人好，卻不知，如此偏私，恰是肇禍之源。細數惠帝年間往事，陛下獨不見『人豕』[18] 二字乎？」

文帝聞聽「人豕」二字，不由心驚肉跳，直盯住袁盎，吐出幾個字來：「說得好！」

當夜，文帝即召慎夫人，登上柏梁臺小坐，將袁盎之言告之，隨即讚道：「這袁盎，倒是個骨鯁之臣。」

慎夫人臉登時漲紅，怔了片刻，才緩緩道：「袁盎此舉，還是為臣妾好。」文帝道：「正是。今日固無呂氏之禍，然人言亦不可不畏。」

慎夫人便以團扇撲流螢，望月半晌，又嘆道：「戚夫人慘事，臣妾於民間即聞之。父老們講起〈春歌〉，聞者多流淚，皆言宮掖女子命苦，還不及尋常人家。」

---

[18] 豕（ㄕˇ），豬。人豕，即前文之「人彘」。

文帝聞此言，心中便有寒意，又殷殷囑道：「新晉者，須藏鋒芒，勿爭名分，隱忍方得長久。朕自即位之日起，即不敢衣錦繡，只以厚繒[19]為袍服，夫人只學我便好。明日起，妳衣不得曳地，帷帳不得文繡，以示敦樸，為天下先。久之，人們看在眼中，名聲便好。」

慎夫人欣然道：「陛下想得周全，臣妾明日即服民婦之裙，不爭座席，求得安泰，一如民間小戶之婦，亦是其樂融融。袁盎耿直若此，妾身倒要好好謝他！」說罷，便喚一宮女近前，吩咐備好五十金，明日賜予袁盎。

文帝頻頻頷首，讚許道：「甚好甚好。逆耳之言，值得萬金呢！」

此時一陣涼風拂過，兩人都裹了裹衣服。文帝抬眼望望夜空，忽指給慎夫人看：「古詩所謂『七月流火』，便是這天象了。周代之七月，即為當下時節，看那『大火』星已橫斜，暑熱便都散了。」

慎夫人跟著望去，笑道：「幼時在家，遇此時節，正是鵝肥穀黃時。若田禾大熟，家家便都歡悅。」

「天下安泰若此，乃天所眷顧，朕當小心備至。大事須謹慎，衽席[20]次序之事，則馬虎些便好，夫人當解朕之苦心。」

「那是自然。臣妾入宮遲，且無大德，應自知收斂。不似那賈誼大夫，滿腹韜略，可以傲視當朝。」

說到賈誼，文帝神情就是一振，笑道：「賈誼，朕之張子房也，兼通儒、道兩家，常有奇謀。他勸朕以德為上，施惠萬民。日前為朕獻勸農、安邊之策，至為精當，可謂社稷之臣。明日朝會，當請諸大臣擬議，拔擢他為公卿。」

[19] 厚繒，即「綈」，古代一種粗厚的絲織品。
[20] 衽席，指皇帝與后妃之間的禮儀。

慎夫人便向文帝賀道：「陛下得人，乃漢家之福。朝中有能臣，四海便可平安，妾也好與陛下常來此，安享清福。」

兩人說說笑笑，不覺夜深，慎夫人便勸文帝早些歇息。文帝頗覺盡興，遂起身，牽執慎夫人之手，一路下了柏梁臺去。

豈料，次日於朝堂之上，文帝說起欲擢賈誼為公卿，灌嬰及九卿等諸臣，皆默然不語。

文帝好生奇怪，便問道：「賈誼大夫屢獻良謀，大利於天下，論功理當拔擢，莫非諸公不以為然？」

灌嬰遲疑片刻，方回道：「陛下此意，臣等始料不及，容臣與諸公細細商議。」文帝便道：「老子曰『知人者智』，朕知賈誼之大才，諸公當高興才是。」

此時，典客馮敬跨上一步道：「然臣所知，老子亦曰：『不以智治國，國之福。』漢家素重忠厚之臣，陛下亦得其利。至於聰慧少年，來日方長，似可緩用。」

文帝便變色道：「朕竟不知，馮公亦通《老子》！以公之意，賈誼主張以智治國，竟是『國之賊』嗎？」

馮敬大急，慌忙跪下謝罪道：「臣言語不當，望陛下息怒。然臣之所諫，乃肺腑之言也，即使獲罪，亦不敢不言。」

灌嬰見此，忙插言轉圜道：「賈誼大夫之才，世人皆知。只是拔少年為公卿，臣等聞所未聞，故而驚詫。」

「你等皆為高帝舊部，所歷甚多，遠勝於朕。我倒要問：昔年那御史大夫趙堯，不也是新晉少年嗎，如何便能當得大任？」

灌嬰回道：「趙堯之任，實屬僥倖。施小伎，投上之所好，才得晉身公卿，眾臣無有一個心服的。後貶為布衣，雖有其故，也是勢所必然。」

文帝便心甚不悅，冷冷道：「少年上進，並非老臣便要退下，諸公總不是嫉妒吧？」

灌嬰連忙道：「哪裡敢！事起突然，容臣等散朝之後，再行商議。」

不料事過半月，諸臣並無片語上奏。文帝正要過問，忽見數日之間，由周勃、灌嬰、張相如、馮敬等帶領，眾大臣紛紛上書，力諫不可重用賈誼。更有痛詆賈誼者謂：「洛陽少年，喜變更，多險計，意在擅權，不宜輕用。望陛下三思。」

稍後半月，各郡國竟有諫書紛遝而至，無日無之。開初，文帝尚能一笑置之，後見阻諫甚多，公卿多半都極言不可用賈誼，心中便鬱悶異常，以為定是周勃在後策動。

這日，文帝於夕食時，赴長樂宮為薄太后奉羹飯，於席間，忍不住嘆氣連聲。

薄太后怪之，忙問道：「恆兒，緣何事不悅？」

文帝遲疑片刻，嘆了口氣，方答道：「為拔擢賈誼事。」薄太后當即便猜到：「莫非諸臣力阻？」

文帝道：「正是，連那周勃在封邑，亦有諫書來。兒臣以為，老臣們不過是妒忌。」

「此事哄傳，內外已紛紛揚揚。恆兒要小心，老臣所言，或不盡然悖謬。」

「風摧秀木，自古已然。兒臣若不是天子，有周勃者流在，恐也將遭人進讒，永無伸展之日。」

「話不能那樣說。少年多智，固然可喜，然老成當國，亦為歷朝之鏡鑑。用賈誼任事妥否，為母不敢亂說。然少年得勢，恐非吉兆。你看那淮南王劉長，不也是少年？此人驕橫跋扈，實可憂心。聞聽他在國中，車輿服飾已與天子同。如此少年，便不可不防。」

「小兒劉長，無非仗勢驕縱，豈能與賈誼大夫相比？」

「事有相似，其理或一。我聞說，恆兒命慎夫人裙不曳地，這正是韜晦之計，所慮久遠。那賈誼少年多才，不令其冒進，才是真的迴護吧？」

聞母后此語，文帝默然良久。侍奉飲食畢，緩步返歸未央宮。行至飛閣複道上，駐足憑欄，望見兩宮廣廈千間，心中就頗不寧。想起高帝安撫功臣事，竟躊躇起來，想那安撫老臣，莫非真是天下至大之事？

如此佇立良久，文帝覺秋風拂面，彷彿吹來穀香，便想到田舍人家，最喜的還是這秋熟時分 —— 事到老成，人心方安。這老成謀國的古訓，流傳了多少代，必有其道理在。然轉念又想：賈誼才調，乃是千古難得；其言若採納之，可惠及後世萬代。如此大才，不予擢升，豈非逆了天理？

左思右想，不得其解，只得怏怏回到宣室殿，憑窗望天，惆悵不已。

過了幾日，文帝仍覺心頭鬱結。欲與人商議，又覺內外諸臣中，無人可解心中之惑，便想召太史令來問卜。正要傳旨，忽想起多時不見的陰賓上，倒是個可商議之人，便遣人出宮去尋。

等了半日，那陰賓上才姍姍來遲，見了文帝，行禮如儀。

文帝見陰賓上華服儼然，舉止雍容，已全無野老模樣，便笑道：「多日不見，先生衣飾奢華，竟是一身公卿氣了。想必是長安居，甚為安泰？」

陰賓上便面露愧色，回道：「陛下所責甚是，小民也是不得已。」

「如何講呢？」

「老夫往昔，不過一江湖方術士，淪於下潦，憑口舌討得兩餐。生計雖苦，倒也不為外物所挾，可謂優遊度日。」

「哦，那倒是。」

「自從蒙陛下恩典，得居長安，衣食無憂，心中反倒不安了。」

文帝便笑道：「衣食有著落，民之大事也。大事無憂，你還有何憂慮？」

陰賓上答道：「往日衣食不足，輾轉於途，臣亦曾作如此想。然時至今日，才知富貴亦有富貴的苦處。」

「先生莫非還不饜足？」

「哪裡。鬼谷子曰：『凡謀有道，必得其所因。』此話臣早便熟知，原以為是庸常道理；今日方知，所得若無因，便是有愧於天。」

文帝聽得有趣，便道：「先生所得，亦不可謂無因；這且不提，只不知你緣何煩惱？」

「居長安已有年餘，看眾人碌碌，卻鮮有識見卓異者。公卿愛財，自不必說了；即使那凡俗田舍翁，心頭所藏，也無不是財、爵兩字。鄰里諸人，聞聽老夫曾蒙天恩，不識者也來叩門，無非是要攀附、請託，以沾些好處。臣乃一布衣，素不結交公卿，如何能如其所願？拒之，則人皆恨我，謂我仗勢跋扈。若不拒，收下賄金，我哪裡識得什麼高官，如何能白白吞了人家財物？」

「哈哈，看先生今日，華服遍身，莫非皆是鄰舍相贈？」

「不敢！納人錢財，便是虧了心。小民原本布衣蔬食，蒙陛下召見之後，若依舊是布衣蔬食，鄰里便說老夫是吹噓，哪裡識得皇帝，都笑我是騙子。不承想我蒙陛下恩遇，倒落個貧也不是，富也不是，橫直都遭人譏諷。」

文帝便忍不住笑：「朕想得不周，致先生如此尷尬，倒是事與願違了。」

陰賓上道：「哪裡哪裡！鴻鵠處燕雀群中，焉得不如此？如今老夫處處做豪奢狀，睨視他人，反倒是無事了。出門所見，盡是諂諛之色。」

聽了陰賓上一席話，文帝笑個不住：「未料想，先生竟也遭人嫉。」

陰賓上道：「虧得老夫為布衣，若是朝中人，定要被人扳倒了。」

說到此，文帝才猛可想到，召陰賓上來，是有正事要問，便急忙道：「先生說得是，朝中有才具者，屢遭人嫉，這還得了？朕請先生來，正是要討教此事。」

陰賓上眨眨眼，拱手回道：「陛下所問，非小民之智所能及，不如去問太中大夫。」

文帝微微一笑：「朕之所問，正是賈誼事。」

陰賓上見文帝並非玩笑，這才斂容，沉吟片刻道：「賈誼大夫事，民間亦有盛傳。少年得志，眷寵正隆，恐不是什麼好事。」

文帝立時便警覺，催促道：「你不妨放膽說來。」

「賈誼大夫蒙恩極重，鋒芒又太露，他遭嫉是有道理的。臣以為，智者千慮，也難免百密一疏。他如何能事事言中，白璧無瑕？只怕是陛下盛眷之下，要害了他。」

「哦，竟有如此危殆？」

「他若事事皆成，自是千古佳話。若有一事不成，則百口交毀，成了千夫所指的箭靶。天下所有弊端，便成了賈生一人之罪。到那時，陛下欲救之，亦是難矣！」

文帝大驚，不由心中惴惴，急問道：「有何計可解？」

「遠放之，乃萬全之計。人不在廟堂上，或不至遭嫉。陛下若惜才，便不要令他身處是非中。」

「漢家有如此大才，棄而不用，朕豈非成了昏君？」

「這個不難。用其計，而不用其人，即可兩全。」

文帝不由拊掌讚道：「先生果然奇人！然則，只用其計，老臣便不作梗了嗎？」陰賓上狡黠一笑：「老臣本無甚良謀，所謂群議滔滔者，不過嫉其位而已。」

文帝恍然大悟，欣喜道：「先生數語，解了朕心中大惑。」

「那賈誼之才，橫貫古今，市井亦人人知曉。若惜其才，便放他一條生路。離了長安，便可保全。只是⋯⋯陛下切勿心軟，不幾日又召了他回來。」

「必不如此！先生之言，使朕猛醒，當永不召回賈生問政。只是驟失此人，朕若再有疑難處，竟是無人可問計了。」

「這個不難。臣所見，世上文士可分兩類：一為滔滔雄辯之士，擅出奇謀；一為老辣循吏，長於治安。陛下不妨多招納文法吏[21]，多加倚重，老臣們當也無話可說。」

文帝便拍案叫好：「先生之智，可謂通鬼神。今所獻兩全之計，定採納之，朕還要厚賞你。」

陰賓上連忙起身，揖謝道：「臣不敢當。臣屢次蒙陛下垂問，安車迎

[21] 文法吏，亦稱「文吏」或「法吏」。秦置，掌文書、律法、圖籍，自史官中分化而來，與儒生相對而稱。

送於宮闕，市井皆知，鄰里垂涎，此即是臣無盡之財寶，受用不盡。今若無功受賞，必遭天譴，恕臣辭而不受。」

文帝便有些疑惑：「莫非，先生另有所圖？」

「區區無官無爵，一白人而已，更有何所圖？臣平生最慕鬼谷子，奈何才智不濟，今日能無病無災居長安，便可稱至福。」

文帝心中感慨，知不便勉強，端詳了陰賓上幾眼，打趣道：「先生風度如故，面色卻是白了些。」

陰賓上便仰頭大笑：「蒙陛下恩寵，任是天下至黑物，亦能變白。」

如此送走了陰賓上，又過了幾日，文帝便獨召賈誼來，寒暄數語，忽就說道：「先生為天下計，勞苦過甚，可以將養一陣了。」

賈誼摸不著頭緒，忙回道：「臣蒙聖恩，任此閒職，並不覺有甚操勞。」

「先生還是累了！可多在家歇息，聽候召見就好，也無須去赴朝會了。」

「這⋯⋯臣遵命。如此，能靜心頤養也好。」賈誼心中詫異，不知文帝此話從何說起，只得草草謝過恩，轉身下殿。

文帝望望賈誼背影，心有不忍，便又大聲囑道：「先生今後，須多保重。」

賈誼聞聲回首，見文帝面帶憂色，眼中似有淚光，心裡不禁起疑，卻又不敢多問，只遲疑著退下殿去。

回到宅邸，賈誼左思右想，只疑是自己說錯了什麼，卻又理不出頭緒來，只好擱下不想。此後數月，雖未蒙召見，卻一如既往，偶有心得便上書建言，言語愈加激切。

文帝覽後，亦是一概親筆批答，並不見有何異常。久之，賈誼心下也就釋然，不再多想了。

轉眼間，時已至前元四年（西元前 176 年）正月。長安北闕甲第內，忽然傳出噩耗來，當朝丞相灌嬰薨了。舉朝文武聞之，皆大慟不止。

那灌嬰原為睢陽布販，早年投軍跟從高帝，自中涓做起，終至公卿。一生斬將搴旗，無以計數，尤以追斬項羽為最。如此一位老臣亡故，文帝心中，自是憂喜交併，連忙傳詔下去，諡灌嬰為懿侯，長子襲爵潁陰侯。

此後數日間，城中公卿相攜，車馬絡繹，輪番去灌嬰府邸弔唁了一回。

灌嬰歿後，丞相一職，便由原御史大夫張蒼接任。說來，張蒼此人，亦是個奇才，早年曾為秦始皇的柱下御史，因有罪，潛回故里陽武（今河南省原陽縣）。秦末投沛公軍後，因通曉律歷，博聞多才，多年在丞相府任「計相」，專掌各郡國租賦、刑獄、選吏等。至呂后末年，擢升為御史大夫，聲望頗著。

昔年高帝登基，奉秦為正朔，以十月為歲首，服色尚黑，一直沿用至今。此前賈誼曾建言改正朔，然高帝、呂后、文帝三朝，於曆法之事，君臣上下只服張蒼。張蒼以為，當年高帝十月入鹹陽，定漢家基業，乃是天意，因此秦曆之歲首，便不可更動。且以五德之運推算，漢當水德，因而旗幟、服色，也應一如秦制。於是漢初之際，律令、曆法、樂律等事，全從張蒼一家之言。賈誼所言改正朔，雖有些道理，也只得擱置不論了。

當此際，文帝環顧朝中，人事一新，已幾無沛縣老臣在列，心頭便一鬆。這日，想了想，忽就喚了張蒼來，問道：「張丞相，依你之見，往日賈誼所論當否？」

張蒼望望文帝，不知此問是何意，便小心答道：「賈誼為我門生，曾從我學《春秋左氏》[22]。他少年多才，急於事功，確有超群之見。往昔所論，並無不當，然不可操之過急。」

文帝便面露笑容：「朕施新政，皆緣賈誼而起。如今朝中，已盡掃陳腐之見，賈生勞碌了許久，從此可以歇息了。」

張蒼聞言，立時領悟其意，不由滿臉驚愕。本欲為賈誼美言一二，然為避師徒之嫌，只得緘口。

那邊廂，賈誼在家中，全不知文帝這番心思。時逢深秋，憑窗望見滿眼清麗之景，不禁就吟起屈原〈離騷〉來，擊節唱道：

> 日月忽其不淹兮，春與秋其代序。唯草木之零落兮，恐美人之遲暮。不撫壯而棄穢兮，何不改乎此度？乘騏驥以馳騁兮，來吾道夫先路……

正意興勃發間，忽有丞相府長史登門。賈誼一驚，連忙迎出，只見那長史自袖中摸出一卷簡牘，傳文帝諭令曰：「著令賈誼卸去太中大夫，改任長沙王太傅，著即啟程，無須入宮陛辭。」

此事來得突兀，賈誼不禁當場怔住——原來，改任的這個官職，乃是長沙王的輔弼，名雖高，實則無權。兼之長沙地處江南，荒僻多雨，並非福地，顯是貶謫無異。

賈誼接了諭令，才猛然醒悟，原來數月間未蒙召見，是早已被疏遠。可嘆自家痴心，還在一心謀劃，念念不忘魏闕。其中緣故，不問可知，無非是眾口鑠金，連天子也招抵不上了。

此時，賈誼年方二十四，正在血氣方剛的年紀，本欲上表一道，作

[22] 春秋左氏，即《左傳》。為漢朝時書名，亦稱《春秋內傳》，漢以後方稱《左傳》。

別文帝，以剖心跡，然想想又作罷。送走傳諭的長史後，即命家人收拾行囊，以備儘早南行。

夜來春雨瀟瀟，賈誼在枕上睡不著，心中似翻江倒海般，心想周勃等老臣，此次算是遂了心願，正不知在如何相慶呢！天子雖睿智，卻是少了幾分膽量，不敢放手選賢任能。年前還曾口稱有意拔擢，轉眼之間，便下詔貶至邊地，無非欲討好老臣而已。

世間公道，到何處去尋？只可惜數年來心血，尚未見規模，便化作了清夢。想到此，只覺心中鬱結，似要噴湧而出，止不住就狂咳了數聲。

賈妻在榻上聞聲，連忙尋出汗巾，為賈誼揩乾淨臉，又燃起燈燭來看，見雪白巾帛上，竟有幾點血絲，不由就慌了，忙勸解道：「這如何得了？夫君要保重。朝中多事，此去長沙避一時也好。」

賈誼搖搖頭道：「勸有何用？為人一世，最哀之事，莫過於誠而見疑。」

「世人既看不得你，你便不要那麼心誠。」

「什麼話？君子立世，如何能不誠？我為朝廷謀劃，赤心可見。千年之下，總有人知我並非虛狂。」

賈妻便冷笑：「上天雖有眼，你卻如何等得了千年？」

賈誼聞言，不禁默然，睜眼苦思良久，便也不想睡了，兀自起身整理書篋，直至天明。

當日，賈誼去丞相府衙署交了印信，並申領通行文牒。相府主事的東曹掾，為賈誼寫好文牒，見賈誼轉身要走，連忙攔住，恭恭敬敬請道：「公請留步，張蒼丞相欲與公話別。」

賈誼略一怔，便冷冷回道：「丞相方掌相府，諸事繁劇，學生便不打擾了。」言畢撩起衣襟，大步邁出相府，即登車而去。

一連兩日，賈誼閉門不出，收拾好書籍細軟。本欲去向吳公辭行，但又恐為吳公添負累。這日晨起，便也不向都中諸公辭行，偕了妻子及家僕，搭乘驛車，出了霸城門。

行至霸橋，賈誼在車上見楊柳依依，葉已零落，心中就更是淒涼。回望長安城郭，煙靄裊裊，一切如故，然那前殿丹墀上，卻再無自家踏足之地了。昔為近隨，今成謫臣，欲陛辭天子而不得，這又如何能心甘？

賈妻見賈誼憂傷，也垂淚道：「到那江南荒僻地，不知可活幾日？今日離長安，只恐再難返回了。」

賈誼瞥了妻一眼，憤然道：「雞犬成群，此地有何可留戀？」

「夫君，我看今日事，也莫一味責怪小人，只怪你鋒芒太露！滿朝上下，竟無一個朋友，方有今日。」

「你婦人哪裡知曉？我之立世，全憑學識。不如此，又何以揚名天下？若是呼朋喚友，左右逢源，那便不是我賈某人了。」

「揚名天下，不過是一時，你又得了什麼好處？」

「大丈夫行事，豈能以好處論？」

賈妻便埋怨：「事至今日，你還強辯。我一個婦道人家，確是不懂：無好處，來做官又是為何？」

賈誼嘆息一聲，便不再理會，將身邊獨子賈璠抱起，置於膝上，仔細端詳，心中方覺安慰。

如此跋山涉水，賈誼一路上少言寡語，只把獨子緊抱在懷中。途經商洛、襄陽、荊州等處，雖滿眼是青山碧水，卻無有半分意趣。

當年冬十二月，堪堪走了兩千里路，終是到了長沙國。山勢平緩處，已望得見都城臨湘（今湖南省長沙市）了。一行人便下了車，登船渡湘水。

賈誼立於船頭，見水流滔滔，天低雲暗，不由就想起屈原來。屈大夫忠君憂國，遺世獨立，卻不為流俗所容，也是被放逐於三湘，才有〈離騷〉流傳於後世。

〈離騷〉之辭，汪洋恣肆，賈誼平素便喜吟誦。今日見了湘水景象，方知「時繽紛其變易兮，又何可以淹留」之語，乃是字字泣血。想來屈原當年臨水作賦，定是寫畢「國無人莫我知兮」一句，便憤然投江的。

遙念古人，賈誼更是心不能平。下船後，方至館驛，便援筆作了一首《弔屈原賦》，以屈原自比，抒發憤懣。其言辭頗激昂，尤以文末一段為甚：

所貴聖人之神德兮，遠濁世而自藏。使騏驥可繫而羈兮，豈云異夫犬羊？

般紛紛其離此尤兮，亦夫子之故也。歷九州而相其君兮，何必懷此都也？鳳凰翔於千仞兮，覽德輝而下之。見細德之險徵兮，遙增擊而去之。彼尋常之汙瀆兮，豈容吞舟之巨魚？橫江湖之鱣鯨兮，固將制於螻蟻。

此賦，甚為後世所推崇，南朝文士劉勰譽其為「辭清而理哀，蓋首出之作也」。通篇不平之氣，溢於言表，直將一班進讒小人視作犬羊、螻蟻，視自己為鳳凰、巨鯨。雖不及屈原所思之執著，卻也多出來一股豪放之氣。

賦成，賈誼擲筆，吟詠再三，方覺心胸稍有舒展。推窗看去，見行人碌碌，才想起：入了臨湘城，首要一事，是要謁見長沙王。

今日那長沙王宮裡，早已物是人非，先前那位惹惱了趙佗的吳右，已於兩年前病歿。如今襲位的，是第五代長沙王吳著。這位新王倒還好，少年老成，行事平穩。

吳著早便聞聽賈誼大名，此次見了，覺賈誼果然卓異不凡，心中頓起敬意，連連揖禮道：「久仰賈公大名，相見恨晚，然終究是來了敝處。」

賈誼連忙回道：「哪裡！賈某此來，不過寄身南國，似一葉飄蓬，唯羨大王有這般從容。」

「賈公客氣了，長沙國地遠人稀，實是委屈了貴客。孤王繼位不久，諸事生疏，賈公要不吝賜教才好。」

「不敢。臣在長安，即聞說大王少年老成，今日見之，果非虛名。」

吳著便嘆道：「孤王豈是老成，實是不敢大意。觀今日海內，異姓王者，唯孤王一家。若不謹慎，又何以維繫？故先祖曾有遺訓：小國之君，最易得咎，萬不可張揚。」

賈誼聞此言，不覺心有所動：「此言極是。老子所謂『物或損之而益』，也正是此意。臣下在朝時，身歷諸多事，實費猜詳。大王此語，倒是提醒了臣下。」

「哪裡話！賈公又是何等見識？即是做了潛龍，遲早也要騰空而去。」

「大王有所不知：臣之志，不在飛揚，而在於治平。雖遭毀譽之累，為天下計，亦不敢辭。」

吳著不由肅然起敬，連聲讚道：「聞公之言，果然可經天緯地。」賈誼便擺手道：「謀身小事，臣尚不能全，大王這是笑談了。」

吳著也知朝臣沉浮乃尋常事，不足為奇，賈誼今雖被貶，卻未必能久留長沙，不如做個順水人情。便喚來丞相，密囑一番，命他將太傅好生安頓。

那丞相亦頗識趣，領命之後，即遣人在臨湘城內，著意覓得了一處好宅（在今長沙市太平街太傅里），安頓好賈誼一家，又登門寒暄一番，關照甚周。按吳著的本意，只願這位遭貶的才子，能在此處閉門讀書，不要生事就好。

賈誼見臨湘城雖簡陋，然山青水碧，民風純樸，倒是個讀書的清淨地，便也安下心來。

如此住了十數日，便覺太傅邸百事皆好，唯取水不便。閭巷人家，須挑擔去湘水邊汲水，甚是辛苦。便僱人在門前打了一口井，不僅自用，也兼利鄰人。其井口呈六角形，井沿上小下大，狀如方壺，後世稱為「太傅井」。此井歷經風雨，迄今尚在。

待諸事安頓好，賈誼去拜訪鄰里，方知此處宅邸，原是屈原被貶時住過的，心下就感念長沙國君臣，原來有這樣一番苦心。

閭巷父老們皆言，當年屈原在此，常與鄰里相談，噓寒問暖，縱論天下，轉眼已是百年前舊事了。賈誼聞之，不禁訝異，將那滄桑瓦舍看了又看，竟有些恍惚了。

如此，賈誼在臨湘住下，遠離塵囂，神形自如。城中也常有達官、文士來訪，因學問相差甚遠，寒暄數語，來客便無詞可對，只能告辭，故而打擾亦不多。然終究是寂寥度日，於清夜時分，總不免要憶起以往，常自哀傷。

這年四月孟夏，一日黃昏時，忽有一隻鵩鳥，停落於居處屋瓦上。這鵩鳥，形似貓頭鷹，因夜鳴聲惡，上古人視為不祥之鳥。

賈誼見此鳥，不由就感嘆：年前方寫罷《弔屈原賦》，內有「鸞鳳伏竄兮，鴟鴞翱翔」之句，不想今日就應驗了，便遠遠望住那惡鳥，看其如何動作。那鵩鳥也不怕人，撲著翅，又落在了屋內座席上，貌甚閒暇，直直地與賈誼對望。

賈誼心中怪之，便取了卜卦用的《日書》來，占其吉凶。見那書中有讖語日：「野鳥入室兮，主人將去。」心中便一動，忙問那鳥道：「敢問神鳥，我將何往？若是吉，請告於我；若是凶，請言其災。我之壽長短，也請告之期限。」

那鵩鳥竟似通人性，嘴張了兩張，彷彿嘆息；繼而又昂首奮翼，似有千言萬語要說。

賈誼不知這鳥要說什麼，便想到長沙地勢卑溼，易染疾病，自己淹留於此，命或不長。那卦辭中，所謂「主人將去」，也恰有「主人將死」之意。於是，心中頓起憂傷。

待那鵩鳥飛走，賈誼又呆坐至夜半，覺所思甚多，不吐不快，便又作了一首〈鵩鳥賦〉。以鵩鳥口吻，洋洋灑灑，抒己之胸臆：

貪夫殉財兮，烈士殉名。誇者死權兮，品庶每生。怵迫之徒兮，或趨西東；大人不曲兮，意變齊同。……其生兮若浮，其死兮若休；澹乎若深淵之靜，泛乎若不繫之舟。

這賈誼，到底不是個腐儒，苦讀之中，亦深得道家放達之意，終是悟到：人不過就是一葉不繫之舟，漂到何處算何處。「其生兮若浮，其死兮若休」，這才是人間至境。除此而外，更有何求？

於是，賈誼便將以往種種，盡都放下了，想到即是譬如朝菌，明日就死，今日也須看淡。自廟堂上抽身出來，逍遙讀書，看來亦不妨。如是，安下了心來，過了三年清冷日子不提。

且說賈誼離長安後，數月間，文帝常念起往時情形，心中亦不樂。這夜掌燈後，心思又起，便命涓人提了燈籠，出得宣室殿，沿太液池漫步，邊走邊想。

不覺來至槐蔭深處，樹影幢幢中，忽見前方有一人，披甲執劍，立於道旁。隨侍涓人吃了一嚇，連聲喝問是何人。

那人上前一步，拱手致禮道：「臣中郎將袁盎，今夜當值。聞陛下觀賞太液池，恐生意外，特趕來護駕。」

文帝便哈哈大笑：「原來是袁中郎！公之言行，每每出人意料。」

「臣職守在身，不敢大意。」

「這裡宮禁森嚴，又不是在代地，哪裡會有事？」

「凡事多留心，總不為錯。」

文帝不禁頷首稱許，忽而想到一事，便道：「公之篤實奉公，甚可嘉。漢家欲興，多有賴文法吏。今雖有張蒼為丞相，然務實之臣，總還嫌少，公可否薦幾人於我？」

袁盎便將劍收入鞘，低頭想想，稟道：「臣之屬下，有一人，做了十年騎郎。其人忠謹可靠，見識不凡，臣以為可當大任。」

文帝便略顯訝異：「入宮十年？如何仍為騎郎？」

「即是這騎郎，也將做不成了。」

「哦！如何說呢？」

「一言難盡。」

「來來！你我君臣，便在此處亭臺坐下，從容道來。」

涓人連忙伺候兩人坐下，袁盎便將此人的來龍去脈，向文帝稟明。

原來，袁盎所薦之人，名喚張釋之，乃堵陽縣（今河南省方城縣）人。在家為幼子，與兄同住，及年長，由兄長出資，入宮做了騎郎。這一做便是十年，不得升調，於同僚中亦籍籍無名。久之，張釋之不由氣沮，常嘆息道：「久為郎官，通達無望，虛耗兄之家產，還不如歸去！」於是，起了辭官歸鄉之意。

文帝便慨嘆：「十年郎官，自備鞍馬衣甲，確非易事。若家資不富，也是難為他了。」

袁盎便趁機薦道：「臣為郎中時，便與張釋之相熟，深知其賢。若蒙拔擢，可當棟梁之材。」

文帝笑道：「袁公雖好作慷慨語，然所思所慮，倒是十分務實。你且說來，此人可任何職？」

「臣以為，可補為謁者。」

「那好，朕便依了你，升調張釋之為謁者。明日朝會畢，我命他近前，面詢數語便是。」

次日朝會散罷，文帝便喚張釋之近前，命他建言合於時宜之事。

張釋之聞命，實出意外，不免忖度再三。正要從三皇五帝說起，文帝卻窺破他心思，笑一笑道：「卑之勿用高論，只揀今日可行的說來。」

張釋之這才鬆口氣，安了安神，簡要說了一番秦漢間的事。無非是說，秦所以失，漢所以興，即在愛民與否。秦待百姓，如驅豬狗，民不知生之樂趣為何。譬如壅塞江河，久之必潰，天下一旦崩壞，便無從收拾。漢興以來，則小心待民，輕賦役，勸農桑，唯恐勞民傷財。天子似大戶之主，謹慎治天下，四海焉能不安？

在漢初之時，凡言及秦亡漢興事，聞者無不肅然。文帝亦是如此，凡聞秦亡之語，立時就正襟危坐，不敢輕慢。

聽罷張釋之一番話，文帝連連稱善，微笑道：「袁盎力薦公，公果然是大才。既知興亡，便可為股肱，豈是補個謁者便了的？」言畢即下詔，拜張釋之為謁者僕射，領謁者七十人，掌朝儀及通報事。

一夜之間，張釋之便從階下執戟郎，升為天子隨侍，榮寵無比，看得諸臣都瞠目。

張釋之知是袁盎力薦，自是心存感激。再遇袁盎，不免要再三揖謝。袁盎卻擺擺手道：「公之才幹，譬如日月，人皆可察之。公不必稱謝。」

這張釋之，果不負文帝之望，甫一上任，便處處露出頭角來。

一日，文帝興起，帶了左右赴上林苑巡遊。入得苑中，只見一派豐草茂林、鳶飛魚躍，氣象甚是闊大。

文帝大快心意，四處遊走，末後，來至虎圈，與眾人登上石階，往圈內看去，見各色猛獸，不甘被禁錮，都紛紛躍動。內中有數隻獨角獸，為素所未見，其貌獰厲，威風凜凜。

文帝與近臣皆驚異，指點一番，又讚嘆一番。待諸人讚罷，文帝便喚來上林尉，問道：「此獨角獸為何獸，來自何方？」

不料那上林尉一臉茫然，竟無詞以對。

文帝便心生疑惑，又問在冊猛獸數目幾何、品類多少、所飼何食、起居何狀等，一口氣接連十餘問。

那上林尉是個粗人，臨此場面，只是漲紅臉，左顧右盼，一句也不能答。

見文帝臉色漸沉，有一虎圈嗇夫在旁，忙搶上一步，代上林尉對答道：「陛下，那獨角獸，名曰『端角』。乃天下罕見之神獸，由身毒[23]國輾轉入貢。」

文帝便起了興致：「此獸，有何神異？」

「回陛下，此端角，威猛無比，可食虎豹，百獸皆趨避之。」

「有如此威猛？爾等諸吏，倒要小心了。」

「不然。端角專噬虎豹，卻不食人。」

「哦？果然是神獸！豈非與獬豸[24]無異了？」

「二者雖都有角，然獬豸有龍鱗馬尾，端角卻無。」

那嗇夫生性機敏，凡文帝所問，無不悉知。且善察言觀色，問一句，便答一句，應對無窮。

文帝脫口道：「好！做個吏員，不正該如此嗎？上林尉，實不能稱職！」便回首吩咐張釋之道，「此吏堪大用。傳詔令，立拜為上林令。」

此言一出，眾侍臣皆驚。原來這上林令，為少府屬官，秩（俸祿排序）六百石[25]，是上林苑主官；而那百事不知的上林尉，不過是次官而已。至於虎圈嗇夫，則是低品小吏，秩不足百石。將嗇夫拔為主官，顯是破格，也無怪眾人吃驚。

張釋之此時，沉吟未應，面有為難之色。見此，文帝甚怪之：「何如？」

張釋之這才上前一揖道：「陛下看絳侯周勃，為何等人也？」文帝不明所以，只答道：「長者。」

「東陽侯張相如，又為何等人也？」

---

[23] 身毒，印度河流域古國名。始見於《史記》，為中國對印度的最早譯名。

[24] 獬（ㄒㄧㄝˋ）豸（ㄓˋ），中國古代神話傳說中的神獸，類似麒麟。

[25] 漢代以石數為官員品秩之名。石，即謂年俸若干石穀粟，每石為一百二十斤（約為 41 公斤）。

「長者。」

「絳侯、東陽侯，人皆稱長者；然此二人言事，則是囁嚅不能言，豈似這個嗇夫喋喋利口？」

文帝這才知前面所問是何意，便反問道：「事貴在纖細。喋喋利口，有何不好？」

張釋之答道：「秦喜用刀筆吏，小吏便爭相以苛細為能事，其弊在於徒有其表，而無其實。緣此之故，秦之臣子所奏，皆頭頭是道；天子則只聞事成，不聞其過。積弊由此漸多，終至二世而衰，天下土崩。今陛下以嗇夫有口辯之才，便欲超擢之，臣恐天下之吏，相隨風靡，爭逞口辯，而無其實。此風若以下化上，將成大患。此舉為大錯，不可不察。」

文帝注目張釋之，直聽得入神，不由讚道：「善！」於是揮揮袖，命上林尉、嗇夫皆退下，此事作罷。

經此一番論辯，諸人都沒了遊興，文帝便命打道回宮。張釋之正欲上車，文帝忽又喚道：「僕射，來與我同車！」

待張釋之登上天子鑾駕，文帝便命他執戟，在側為驂乘。一路徐行，又細問他秦政之弊。張釋之皆據實作答，句句質樸無文。

文帝一面頷首，一面感嘆：「秦之弊，不在於法，而在於苛細。事至苛細，必成空文，即便精明如李斯，也不能耳聰目明，況乎秦二世？如此看，漢家不欲蹈覆轍，唯在求實。」

張釋之道：「臣正是此意。秦之行法，捨本求末，如雕花巧構之屋，看似嚴密，卻無梁柱。故而陳勝王揭竿反之，一撲即倒。」

文帝不覺悚然，良久未作聲。待鑾駕返回未央宮，文帝下了車，望望張釋之，微笑道：「這便拜你為公車令，請為朕守好北闕。」

且說這公車令，又是何等官職？原來，此職是衛尉屬官，掌未央宮北門的出入，夜間則巡邏宮中。北門又稱司馬門，凡有臣僚上表章、四方進貢、待詔候見者，皆由此門入，故而公車令一職，甚是顯要。

張釋之甫一就職，便嚴守門禁，剛正無私，脾性固執一如往日。

上任未幾日，正逢太子劉啟、梁王劉揖二人，同車來謁見文帝。車過司馬門，二人並未下車，昂然而過。

有謁者急報與張釋之，張釋之出來看，見太子車駕果然未遵禁令，便疾步追上，厲聲喝止。

太子劉啟不知是何故，急命御者停車，回首問道：「公車令，緣何事喝止？」

張釋之搶至車前，伸臂攔住，面色如鐵，厲聲道：「太子、梁王過司馬門，未下車，干犯門禁，下官因此喝止。」

太子也知有錯，便一揖道：「宮禁中即是我家，一日數出入，難免不察。今偶有疏忽，未下車，公車令何至於此？」

張釋之便一把拉住轡頭，堅執道：「不可。漢律有宮禁令，過司馬門，唯天子可不下車。其餘無論何人，並應下車，違者記過，罰金四兩。」

「那麼，罰便罰了。公車令請讓開，勿阻我兄弟入殿。」

「不可！你二人犯禁，不得入殿門，請君自重。左右，執戟攔住！」

北門眾甲士聞令，一聲應諾，紛紛向前，挺戟交搭，阻住了太子車駕去路。

太子與梁王面面相覷，唯有尷尬一笑。張釋之為北門值守，一夫當關，萬人莫入，總不能在此與他廝打起來。太子無奈，只得與梁王下了車，步出司馬門，登車返歸太子宮，兩人都覺大失顏面。

當日，張釋之便奏上一本，彈劾太子、梁王過公門而不下，應以不敬論罪。

奏章呈上，文帝閱過，便有心袒護愛子，以為這等細事，可以不論。不由自語道：「這個張釋之，未免多事！」遂將奏章棄置一旁。

不數日，張釋之劾奏太子一事，便在宮中傳開，涓人、宮女無不咋舌。稍後，又傳至薄太后耳中。薄太后雖有目疾，於朝政仍有留意，聞聽文帝縱容太子，心中便起怒意，急召文帝來見。

文帝不知是何事，聞太后召，立即放下手邊奏章，匆匆來至長樂宮謁見，行禮如儀。

薄太后劈頭便問：「哀家目盲，不辨黑白；然你那豎子劉啟，並無目疾，反倒敢藐視律法乎？」

文帝摸不著頭緒，忙答道：「未曾聞太子犯法。」

薄太后便冷笑：「宮中已然傳遍，太子、梁王過公門不下，張釋之已有劾奏，如何不見你責罰？」

文帝這才恍然大悟，忙免冠伏地，謝罪道：「太后請息怒。兒臣教子不謹，還望恕罪。」

薄太后這才面容稍緩，指點文帝額頭道：「細故不究，必成大禍。那豎子恃寵妄為，久之，不作亂才怪。」

文帝又連連叩首，薄太后這才消了氣，嘆道：「兩孫兒不得入朝，終不是事。還是哀家遣使，前往赦免了吧。」於是遣身邊宦者，奉懿旨往太子宮，赦免太子、梁王。

太子、梁王聞聽是太后懿旨，也知事情鬧大，不由咋舌。惶悚間接旨後，向長樂宮遙拜再三。此後，兩人方得入司馬門謁見。

隔日，文帝見了張釋之，便拉住他衣袖道：「公真乃奇才，有骨鯁！拜你為公車令，實是委屈了，應超擢才好。不然在北門發起怒來，人皆望而生畏。」

於是下詔，拜張釋之為中大夫，掌議論，隨左右顧問。未幾，又升調為中郎將，秩比二千石[26]，統領宮中禁衛，竟是與袁盎同等了。

此後，張釋之再見袁盎，便面有慚色，總要揖謝不止。袁盎便笑：「張兄為耿直之人，敢犯太子顏，何用如此虛禮？」

張釋之臉紅道：「弟胸無城府，不過生了個直膽。若論將相之才，則非袁兄莫屬。」

袁盎道：「哪裡話！袁某之短處，世人皆知，乃是口舌太利，得罪了公卿不知多少。能留條命便好，豈敢望將相之位？今張兄得蒙天子重用，群臣中口碑亦甚佳，還望日後莫膽怯，仍須不畏譏讒。」

「兄所言極是。天生我口，便是用來直諫。兄臺既薦我，我豈敢不愛惜名聲。」言畢，兩人便相對大笑。

張釋之果未食言，升任中郎將後，常隨駕扈蹕，其敢諫性情一仍其舊。

時過不久，文帝偕慎夫人出遊，至霸陵（在今西安市東郊），要看看自家陵寢起造得如何。張釋之、袁盎兩人同為中郎將，皆隨行護駕。

一行人馳至白鹿原上，便見數千民夫，正忙碌造陵。諸郎衛上前，喝退了民夫，警蹕妥備，文帝便率眾登霸陵之頂，於北側坐下。

眾人極目遠眺，但見一條新豐道，坦蕩如砥，蜿蜒向臨潼而去。

---

[26] 秩比，中國古代俸祿等級之稱。漢代秩祿可分為四大等級：比二千石以上、比六百石以上、比二百石以上、比二百石以下。

原來，這霸陵在長安東南三十餘里，背山面水，形勢宏闊。陵寢依山而築，於斷崖上鑿出玄宮來，築成墓室，可謂省工省力。西漢帝陵，多在渭水之北，霸陵卻選址在南。後人謂，乃因文帝崇古，仍循周禮之「昭穆制」，即陵寢之位，始祖居中，以下交替為「昭穆」，左為昭，右為穆。惠帝安陵既在高帝陵之左，文帝霸陵就應在右，於是選在了灞水之畔，因水而得此名。

文帝向北望，臨潼一帶山巒雄奇，林木蓊鬱。臨潼以外，則是高帝建起的新豐邑了。時值金秋，闊野間有和風拂過，穀粟香氣撲鼻而來，令人心曠神怡。

文帝興起，手指新豐道，教慎夫人看：「此即走邯鄲道也。」

那慎夫人，本是趙國邯鄲人，文帝如此說，是想討愛妾一個喜歡。卻不料慎夫人聞聽此言，忽就觸動鄉愁，滿面悽然，泫然欲泣。

文帝見此，也觸發玄思，想到自家百年後，便是葬於此崖下，萬代之後，難免有不逞之徒要來掘發毀壞。想到此，不由得心傷，便命慎夫人鼓瑟，自己則倚瑟旁，慷慨作歌，詞意甚悲涼——

誰謂河廣？一葦杭之。誰謂宋遠？跂予望之。

誰謂河廣？曾不容刀。誰謂宋遠？曾不崇朝。[27]

此歌來自慎夫人故里，又有懷鄉意。文帝方唱出口，慎夫人便淚如泉湧，不能自已，一面就急揮纖指，撫動琴弦。如此歌起瑟鳴，歌罷則止，如飛瀑急瀉，蜿蜒成溪。

此時，夕陽已斜，天地蒼茫，空中偶有鷹飛，似也合著這韻律，淩空向遠，孤絕沖天。眾侍臣圍坐近旁，聞此歌，望此景，都疑是仙人作歌。

[27] 詩為《詩經．衛風．河廣》。

一闋歌罷，文帝只覺悽愴滿懷，眺望遠處煙靄良久，方對眾人道：「若以北山石為棺槨[28]，以麻絮、生漆填其隙，千秋百代，豈有人可撼動！」

眾人料不到文帝竟說起這話頭，都心存顧忌，只能連聲稱善。

這時，唯有張釋之不肯附和，起身上前道：「萬年陵寢，其固在人心。若其中有誘人貪慾之物，雖以南山為禁錮，亦有隙可掘。若陵內無誘人貪慾之物，雖無石槨，又有何可憂？」

文帝興致被打斷，頗為不悅，抬眼看去，卻見張釋之一副倔強之態，不由就怔住。再回味張釋之所言，方有所悟，便讚道：「說得不錯！人若不貪，便也無須恐懼。今後霸陵所用器皿，只需用瓦器，概不得用金銀銅錫。」

待返歸之際，文帝忽向張釋之招手道：「請與朕同車，你仍為我驂乘。」

自霸陵下來，向西是一陡坡路。文帝心頭舒暢，便命御者道：「如此大道，疾馳下去便好！」

御者聞命正要揚鞭，冷不防隨駕的中郎將袁盎，飛馬趕上，攬住了鑾轡。文帝望了袁盎一眼，笑道：「將軍膽怯了？」

袁盎於坐騎上一揖，勸諫道：「臣聞民諺：『千金之子，不坐簷下。百金之子，不騎危欄。聖主不乘危而僥倖。』今陛下乘六駿之車，馳不測之山，若馬驚車毀，縱是陛下願自輕性命，高廟、太后又將奈何？」

文帝望望險峻山路，頷首讚許道：「將軍所言極是，萬乘之君，無一事可任意輕慢。你與張釋之二人，果然都是直諫之臣！」

---

[28] 槨（ㄍㄨㄛˇ），棺材外面的大棺。

如是，乘輿緩緩從高處下來。一路上，文帝並無言語，只不斷打量張釋之。張釋之不知其故，心中便覺忐忑。

待鑾駕行至未央宮南門，張釋之下得車來，文帝便道：「張公，漢家基業成與不成，全在務實與否。公今日所言，實獲我心。前月，真不該拜你為中郎將，以公之才，足可為九卿矣！」

張釋之甚感意外，不知此話是實是虛，不免就心慌，只是連連自責多言。次日，文帝果有詔下，拜張釋之為廷尉，接替吳公。

如是，僅在前元三年的數月間，張釋之便以騎郎之身，一躍而至九卿。滿朝文武見了，無不驚異，一時傳為奇談。

張釋之官聲既著，名亦隨之滿天下。升任廷尉後，仍是不改耿直之氣，勇於犯顏直諫。

時過不久，文帝乘駕出橫門巡遊，才過中渭橋，忽有一人自橋下奔出，驚了御馬。那人似也頗覺驚慌，轉身便逃，隱入了赤楊林中。那橋上，正有值守橋丁七八個，立時前去追趕，然郊外林木，蒼莽無邊，哪裡還能尋得到人？

再看那橋上，驚馬仍兀自狂跳，文帝在車上站立不穩，險些跌下。眾侍衛見狀，一擁而上，死命拉住御馬。多虧幾匹御馬性本溫良，眾人才勉強拉住，七手八腳將文帝扶下車來。

喘息稍定，文帝怒從中來：「當年朕在此橋下車，做了新帝；今日在此下車，竟是有了刺客，莫非上天欲奪我位嗎？」便令隨駕騎郎去追，務要擒住此人。

眾騎郎聞命，立即催馬去追，一陣人喊馬嘶後，終將那人逮住，帶來駕前。文帝看看，不過一尋常百姓，心中便納罕，遂問眾騎郎道：「身上可藏有凶器？」

有騎郎答道：「並無兵刃，僅有一葫蘆，內裝藥散。」

「哦？那倒不似刺客了，然亦不可恕，送廷尉府去問罪。」

此時那幾名橋丁，各個伏地，都惶悚不敢抬頭，不知將有何等責罰。文帝卻揮揮袖，不再理會，帶領一眾侍臣登車走了。

嗣後，人犯被解至詔獄，張釋之奉詔前來審問。當日，詔獄大堂上，有皁隸手執紅黑水火棍，凶神惡煞，肅立兩廂。

張釋之面帶怒容升堂，一拍驚堂木道：「人犯，姓甚名誰，係何方人氏？」

那人早嚇得篩糠，惶悚答道：「小人名喚昭小兒，長安縣[29]人，以賣湯餅為生。」

「大膽！一個賣湯餅小販，也敢來犯蹕？」

「官家，小民萬不敢呀⋯⋯今日出門，路過中渭橋，忽聞橋丁傳警，驅趕閒人。小人躲避不及，一時頭昏，便躲在了橋下。看看等得久了，以為鑾駕已過，才上來探看，哪知正撞見天子車駕。小人一急，只得跑掉。」

「所言可是真？」

「本縣三老、嗇夫，都識得我。若說誑話，死我渾家！」

「咄，刁滑小人！若死了渾家，只怕你高興還來不及。尋常日子，不在橫門內賣餅，去中渭橋作甚？」

原來那中渭橋，便是早先的渭橋，位於長安橫門之北三里，寬六丈，有橋柱七百五十個，恢宏無比。當年文帝入京即位，曾從此橋過。

[29] 長安縣，漢高帝五年（西元前 202 年），改咸陽縣為長安縣，縣治在長安城西北橫門內。

後東西各建了一座便橋，此橋便稱為中渭橋，為長安出城第一橋。

那人聞張釋之此問，頓時語塞，半晌才答道：「只想看風景。」張釋之瞥了那人一眼，又問：「那葫蘆中，裝的是何藥？」

「是……禿雞散。」

「這散石，有何效用？」

「可……可令男子陰大。」

張釋之便又一拍驚堂木，厲聲喝道：「昭小兒，你驚了聖駕，死期將至，還不如實招嗎？你個賣餅小販，攜春藥至中渭橋，只為看風景，不是哄鬼嗎？」

那昭小兒臉漲紅，汗如雨下，支吾了幾句，只得從實招來：「小人與鄰家繡娘有私情，相約至橋下，欲行苟且。隨身攜這禿雞散，是為助興。」

一語道罷，滿堂皁隸皆大笑不止。

張釋之亦忍俊不禁：「難怪你想要咒死自家渾家！」眨了眨眼，忽又問道：「為何未見那繡娘？」

昭小兒道：「當時與我同在橋上，或被驚跑了。」

張釋之當即喚來一老役，驗過葫蘆中散石，確是春藥，便隨口問道：「春藥得自何處？」

「小人出重金，自方士陰賓上手中購得一卷《雜療方》，自行配製。」

「陰賓上？便是那國舅之師嗎？」

「正是。陰賓上府邸，離小店不遠，常來照顧我買賣，故而相識。鄰里皆知他出售祕方，我欲圖些快活，便使錢購得。」

張釋之便忍不住笑：「堂堂國舅師傅，也賺這等小錢嗎？」

不到半日工夫，此案便問結。張釋之覺此人雖猥瑣，卻也絕無謀刺之意，便按律法，問成犯蹕之過，處罰金四兩了事。

張釋之對昭小兒道：「你既捨得重金購藥方，今日便認罰吧，所幸無牢獄之災，當謝天謝地了。」

那昭小兒原以為性命難保，聞聽僅處罰金數兩，恍似在夢中，連聲呼道：「認罰認罰！」忍不住就涕泗橫流，狠命叩首，直要將那地磚叩裂一般。

隔日，張釋之將判牘寫好，面呈文帝。文帝閱過不由大怒，將案卷擲還，責問道：「此人驚吾馬，多虧馬性柔和，若是另外馬匹，豈不要毀我？廷尉如何才判罰金四兩？莫非吾之性命，僅值四兩金乎？」

張釋之早知文帝會發怒，此時便不慌不忙道：「法者，天子與天下人之公共也，上下並無不同。此案之判，依法當如是，若加重判罰，便是法不取信於民。若陛下當時有詔，誅了那人便罷；今既已下廷尉府審理，便無他判。廷尉掌天下之平，若有不平，則天下用法之輕重，皆無定數，百姓又將何所措手足？唯望陛下詳察。」

這番話，說時不徐不疾，在文帝聽來，卻如雷霆震耳，竟一時啞然。良久，方才說出一句來：「罷了，公所判無誤。」

如此數月後，廷尉府又遇一案，張釋之仍是按律處置，不顧文帝內心好惡。

時有賊子一人，潛入高廟，竊去靈位前玉環。此玉環，乃由崑山之玉整塊琢成，溫潤有如日精月華。其狀為環形，取四海混一之意，銜於石雕龍首之口。此物失竊，人皆以為驚動了高帝之靈，非同小可。

高廟僕射慌了，連忙遣人四處搜捕，鬧得鄉邑雞犬不寧，好歹擒到了賊子。文帝聞報，十分惱怒，詔命下廷尉府治罪。

張釋之幾次提那賊子過堂，錄口供皆無誤，便按律法，以盜宗廟器物之罪，判以棄市[30]。

文帝聞此奏報，又是大怒：「我尊宗廟，日夜不敢忘本。而今之世，人無道至此，竟盜起先帝器物來！我發下廷尉究治，便是欲誅他九族。你卻尋章摘句，拘於科條，豈是我尊宗廟之意？」

張釋之見文帝盛怒，竟也執拗起來，當即摘下獬豸冠[31]，叩首爭辯道：「法即如此，不得因罪連坐，奈何？罪有輕重之別，以法量刑，須分出輕重。今盜宗廟便誅九族，若有愚頑敢盜高帝陵，陛下又將誅他幾族？」

文帝見張釋之抗辯，怒氣更盛，將判牘一擲，恨恨道：「如此輕判，情何以堪！」便揮手命張釋之退下。

議罷此事，恰逢夕食時分，文帝便匆忙換了常服，過長樂宮去，為薄太后侍奉羹飯。

薄太后於朦朧中，望見文帝來，側耳聽了聽，就問道：「兒今日為何生氣？」

文帝訝異，至席前坐下，忙反問道：「我有怒氣，母后如何得知？」薄太后便指指地上，笑道：「聽你步履急促，便知你有怒意。」

「母后猜個正著，是那張釋之胡亂判案，兒未能制怒，略作叱責。」

「哦？張釋之？他如何能錯判？」

文帝便將盜玉環案始末，詳盡敘說了一遍。

---

[30] 棄市，在人眾集聚之鬧市，對犯人執行死刑，以示為大眾所棄。

[31] 獬豸冠，中國古代執法官吏所戴之冠。

薄太后仰頭想想，忽就說道：「廷尉未錯，是你錯了。」

「不然，兒臣未錯。天下者，無非人之綱常也，我尊先帝，只不知錯在何處？」

「先帝至尊，固然是規矩，然律法亦是規矩。即便是天子，亦不得法外加罪。否則天子一怒，法便重十倍，法又有何用，民又將何從？億兆之民，若全看你臉色行事，豈非萬事都做不得了？」

文帝仍不服，又爭辯道：「即便法可寬，民亦不可縱。今日輕判盜宗廟賊，明日便有人敢盜陵寢。」

薄太后便微微一笑：「哪裡話？法若謹嚴，不苛不縱，則賊人更懼之。恆兒還是仔細想想才好。」

文帝一怔，想了想，便笑道：「兒先奉母后用飯。」

待餵完羹飯，文帝也想通了，對薄太后道：「廷尉所判，確是至當。兒錯怪他了。」

「你知錯便好。恆兒之才，不比先帝，不可奢望險中求勝。治天下，凡事還是以安為上。想那賈誼之才，百世難尋，你卻將他放逐江南，為的是甚？還不是求個朝堂安穩。老子曰：『愛民治國，能無為乎？』漢家治天下，恐還是要循這『無為』才好。」

「兒知曉了。賈誼乃一儒生，所謀禮教事，未免宏大，兒心力有所不及。近日重用張蒼、張釋之等一干人，是想倚重文法吏，凡事謹嚴，不求履險。如此步步小心，亦不致授老臣們以柄。」

「不錯！用厚重之吏，那班老臣自會乖覺，為娘也可放心飽食了。」

話音剛落，文帝便會心大笑。稍後，薄太后又叮囑了許多，文帝這才諾諾告退。

薄太后隨即也起身道：「為娘送吾兒至殿外。」文帝急忙勸道：「不可。」

薄太后便笑：「吾有目疾，然此殿中各個角落，盡已熟知，閉目亦可行走。」隨後執起文帝之手，送至階陛下，又囑道，「上天眷顧吾兒，諸般凶險，盡都教先帝擔了。吾兒即位以來，風調雨順，海內不驚，則更需謹嚴。」

文帝望望天，慨嘆道：「母后說得是。詩云『戰戰兢兢，如履薄冰』，恰似為我而寫，登位以來，不敢有半分驕矜。」

回到宣室殿，文帝立即手書敕令一道，遣人連夜送與張釋之，告之曰：「准盜高廟案所判，一字不易。」

張釋之由此聲名大振，天下官民無不仰慕，連市井中人都交口稱讚。影響所及，吏治為之一新。漢家上下，從此以行事謹嚴為要，衙署之風，漸趨厚重。

多年之後，老將王恬啟任梁國相，周勃之子周亞夫任中尉，兩人見張釋之執法持平，都大為敬服，願與之結交。時不久，竟都成了兒女親家，此為後話不提。

元勛遭忌，功臣淪為階下囚

至前元四年春上，文帝用張蒼為丞相數月，頗覺稱意，便想到御史大夫一職，不宜久缺，也需有個篤厚的人接替才好。想來想去，忽想到，此事非面詢吳公不可，於是便召了吳公來問。

吳公聞文帝問計，面有慚色道：「老朽不智，前次薦了賈誼，惹得老臣們不快，連累陛下也不得安寧。」

文帝便安撫道：「哪裡話！今後漢家規模，即是依照賈生策劃，朕知其宏遠至當，只不便與外人道罷了。吳公閱人，不至有錯。御史大夫之缺，事已甚急，有何人可用，願聞吳公高見。」

吳公這才略感釋然，低頭想想，便道：「季布自降漢後，令名滿天下，為官勤謹，幾無瑕疵。今外放河東郡守，似太委屈了些，可補為御史大夫。」

文帝眼睛一亮，便拊掌叫好：「公不提起，朕險些忘了！季布俠士也，勇於任事，素有美名，若是項王坐天下，早該為丞相了。今日僅為二千石吏，倒顯得漢家小氣了。」當即與吳公議定，欲擢季布為丞相，先遣使召入都來，當面問話。

且說季布自降漢以來，耿直誠篤，廣有清譽，即在陋巷中亦有人讚。在朝為中郎將十數年間，了無差錯。拜為河東郡守後，政聲亦頗著，河東百姓無不悅服。

時有遊士曹丘生，與季布為同鄉，亦是楚人，卻不曾識得季布。此人流寓長安，憑一張利口，以遊說豪門謀飯吃，極擅結交權貴。入都才數月，便攀上了文帝舅兄竇長君，成了竇家的常客。

曹丘生一番長袖善舞，先後竟結交了公卿數十人，於是便巧用心思，做起掮客勾當來，借勢斂錢。

此等掮客營生，自古便有套路。比如有小官、商賈欲行賄，卻苦於門路難覓，曹丘生便可代為引薦，上下其手，助人將事辦成，從中得些好處。那些公卿貴人，貪圖賄賂，總不好親自出面索要，亦是由曹丘生代為奔走，面子上就好看了許多。

這在古時，叫做「招權納賄」，代代相沿不絕，或與甲骨文般源遠流長，亦未可知。

久之，曹丘生善奔走之名，便遠播長安以外，各地二千石以上官吏，皆有耳聞。季布於私下裡，也聞聽這位同鄉行為不端，不由心生厭惡，索性致書信與竇長君，斥責曹某鼠竊狗偷，曰：「臣聞曹丘生之輩，絕非高德者，請萬勿與之交。君為國戚，應重清名，不可為天子之累。」

且說竇長君此人，曾受過陸賈大夫調教，多少也知些廉恥，拆開書信閱後，不禁半信半疑。事也恰好湊巧，曹丘生此時正欲歸鄉，要往河東郡去。行前，攜了禮物登竇氏之門，請竇長君幫忙修書一封，向季布引薦。

那竇長君到底憨厚，不忍見曹丘生碰壁，便脫口道：「相交一場，有一事不能瞞你：季將軍不喜足下，還是勿訪為好。」

曹丘生眼睛轉了兩轉，心中有了數，仍固請道：「季將軍並不識小人，他如何就能不悅？只求足下代擬一書，小人拿去，待見過季將軍，自有分曉。」

竇長君拗不過，嘆口氣道：「爾等江湖術士，只是個嘴巧！前有陰賓上找上門來，喋喋不休，又有你無事便來纏磨。天若有縫隙，似你這等人，也有法子鑽入。」說罷，草草寫了一封信，算是還了一個人情。

那曹丘生得了引薦信，便興沖沖歸鄉去了。路遇一人，相談甚歡，於是便遣那人先行，將信送至季布府邸。季布拆開看了，不由大怒，惱恨曹丘生無恥竟至此地步，又埋怨竇長君不識人。於是在家中端坐，只待曹丘生來，要好好羞辱他一回。

未過幾日，曹丘生果然登門求見，自報了家門，司閽便將他引入正堂。

曹丘生進了門，見季布一臉黑雲，正怒氣沖沖坐著，卻也不膽怯，上前道：「楚人有諺曰，『得黃金百斤，不如得季布一諾』。梁楚之間，地逾千里，足下何以得此大名？還不是有賴口口相傳？足下雖高標於世，然亦須有人替你揄揚；不然，名聲怎能傳出閭巷？」

季布素來好名，聞此言，明知是阿諛，心中也是一軟。怒容不覺就消了，只淡淡答道：「曹君與我素不相識，光臨敝舍，可有何求？」

曹丘生見季布鬆了口，便趁勢道：「遊士行走四方，不必有所圖；來則來，去亦則去。」

季布便笑笑，揮手道：「既無所圖，那麼，你可以去了。」

曹丘生也不惱，接著又道：「小人與足下同為楚人，鄉誼所繫，不可謂陌路。設若小人雲遊四方，為足下揚名於天下，豈不美哉？足下何必拒小人於門外呢？」

這一番巧言令色，說得季布高興，立時耿介全消，忙起身離座，延請曹丘生入座。一番相談，意猶未盡，便留他在邸中住了十餘日，待之如上賓。臨別，又厚贈了禮物若干。

那曹丘生，倒也並非言而無信，辭別了季布，重返長安，見人便誇讚季布。由此，季布在公卿中聲名大振，這才有吳公向文帝舉薦之事。

此時季布聞召，便知必有重用。想自己降漢多年，為降臣身分所累，徒有濟世之才，也只能屈居人下。至今日，沛縣舊人凋零無幾，也該有個出頭之日了。

未幾，季布趕赴長安，在客邸住下，便一心等候宣召。誰知一住就是一月，宮中紋風未動，亦不見有人前來傳旨。原來，有人探知季布入都，心有不忿，便去文帝面前進讒，說季布徒有勇力，常酗酒，一醉便無人敢近身。

文帝聽了，疑惑起來，覺季布尚欠穩重，或不該擢用。躊躇再三，不能決斷，便索性將此事擱下。

季布不明就裡，整日吃了便睡，延宕多日，不免就十分煩悶。好不容易捱過一月，宮中忽來人告之：「今上不擬召見將軍了，將軍可擇日返職。」

季布吃了一驚，疑惑半晌，終是猜到了緣由，心中便有氣。當即來至北闕，入朝求見。待見到文帝，便直通通地奏道：「臣在河東，陛下無緣無故召我，想必是有人舉薦，方蒙陛下恩寵。今臣至，則久不見召，又令臣返歸，想必是另有詆毀臣者。陛下因一人之譽而召臣，又因一人之毀而令臣去。臣恐天下有識之士聞之，可窺見陛下心胸。」

文帝心思被季布揭破，不由大慚，默然良久才道：「河東，朕之股肱郡也，故召君來詳詢，君請勿疑。日前想想，即便不問，朕亦甚放心，明日你便返歸吧。」

季布聽了，知自己猜得不錯，也不屑於辯白，只揖了揖，便辭謝而去。此後一仍其舊，默默無聞，後終老於河東郡守任上。

此事在朝野間喧嚷一時，多有為季布鳴不平的。想那季布一生，為氣任俠，大名盛傳於楚地。前半生為項羽股肱之臣，戎馬奔突，數窘劉邦，直戰至垓下，方棄主而去。後半生得劉邦恩遇，又仕宦數十年，終究是「時不利兮」，不得為丞相，僅留「一諾千金」的成語於後世，令人為之嘆惋。

這年春上，可謂多事時節。季布入都之事方告了結，平地裡又起了一場風波，亦是轟動朝野，眾口相傳。

此事所涉，乃是前丞相周勃。周勃自罷相之後，閒居絳縣封邑，與其三子住在一處，至此堪堪已有年餘。他三子中，尤以次子周亞夫最為好學，才兼文武，常年在雲臺山中，隨司馬穰苴再傳弟子習兵法。

周勃平素安居家中，獵兔澆圃，投壺弈棋，身體倒也旺健。然閱世過多之人，實不敢高枕無憂，且不說韓、彭之輩下場，即是審食其僥倖脫罪，退居家中，亦被人尋仇殺死。周勃想起來，便頗不自安。

豈料他越是心疑，禍事就越是找上門來，好端端的，忽就惹上了一場大禍。

緣起漢家慣例，郡守、都尉分掌一郡兵民事，每年須巡行各縣數次，於途中考察吏治，拜訪父老，順帶也受理訴訟冤情。

周勃所居絳縣，屬河東郡，郡守正是季布。季布甚知禮數，每至絳縣，雖周勃已無官爵，也總要投謁拜訪，上門寒暄一番，以示尊崇。季布胸無城府，只道是與周勃相識多年，當年各為其主，打出了交情，如今上門問候，亦合常情。

周勃那邊廂，卻多出來幾分心思，想到季布終究是外人，若不防備，只恐也難免遭暗算。於是每逢季布來，都要披甲相見，又令家丁手執兵器，前後簇擁，好似出陣一般。

初時，季布偕同都尉董奉德，備薄禮往訪周邸。見周勃身邊，一片劍戟如林，都大感驚異。季布知周勃如此，是怕做了韓信第二，便也不怪，只當作不見，小心問候如儀。待拜訪畢，臨出門，則回首對周勃笑道：「絳侯不老，仍有垓下時威儀。」

周勃只淡淡回道：「殘生無多，不欲苟且而已。」於是，兩邊都心照不宣，拱一拱手作別。

出得侯邸來，那都尉董奉德便有怒意，對季布道：「你我守尉，一郡之父母也。見絳侯，怎的竟似拜見諸侯王一般？」

季布宅心仁厚，忙擺手制止道：「絳侯功高，當世無出其右。你我輩，且讓他一讓又何妨？」

董奉德便賭氣不語，仍是一臉怒氣。

如是三回，董奉德惱恨不已，不欲再忍，便決意上書變告，密報周勃私蓄甲士事。寫了個開頭，後面索性就信馬遊韁，竟誣周勃欲謀反。

此變告信，由流星快馬急報入京，文帝看了，立時汗流浹背。他本就猜忌周勃，見董奉德密信，更不疑有他，立召張釋之入朝，詔令奪去周勃爵邑，捕入詔獄。

張釋之聞之大驚，小心回道：「臣不解，絳侯怎能生事？只恐有人挾嫌報復。」

文帝也不理會，只吩咐道：「天下事有大小，唯謀反事不得失察。今變告信已飛遞北闕，朕便不能坐視。或真或偽，先捕來獄中，由你對簿。」

張釋之不敢違抗，只得遣左監一人，攜詔令前往河東郡。又密囑那左監，須會同季布一道，往絳縣捕拿周勃。

那左監本是廷尉屬官，專事逮捕，聞聽要去拿絳侯，臉色便一白：「呂氏亂政，下官曾奉詔捕人無數，所作孽，終身不能償還。今清平已久，怎的又要捉拿絳侯？」

張釋之無心與之分辯，只道：「上命既出，你去拿就是。」

那左監猶疑道：「絳侯威勢赫赫，隨從亦多，如何便能拿下？」張釋之便將頭一仰，朗聲道：「有郡守季布在，你只管去拿。」左監這才有所領會，忙將詔令揣於懷中，領命而去。

數日之後，左監帶了公差、檻車，來至河東郡城安邑（今山西省夏縣北），見過季布，講明了來由。

季布聞聽要捕謀逆犯周勃，驚得離座而起。再聞左監相邀，要一同去拿人，更加驚疑不已，不禁拿眼看了看身旁的董奉德。

但見董奉德滿臉喜色，一躍而起，請命道：「季將軍，絳侯邸戒備森嚴，貿然拿人，恐事有不測。下官可點齊郡兵五百，一同前往。」

季布望望董奉德，疑心是他告密，便冷冷道：「點兵有何用，欲與絳侯對陣乎？」遂又滿心狐疑，對左監道，「絳侯若有反跡，本郡應有風聞，如何平地便起風波？」

左監連忙分辯：「季將軍，若無證據，今上斷不會下令拿人。」董奉德遂冷笑一聲：「欲謀反者，反意如何能外洩？」

季布不睬他，低頭沉吟片刻，便對那左監道：「此事，請左監放心與下官同往。下官雖不才，然可保你拿下絳侯，波瀾不驚。」

左監聞言大喜，連忙稱謝。董奉德只得退後，面露悻悻之色。

當日，季布帶了兩三親隨，與左監一行人，驅車至絳縣，當晚在館驛住下。次日晨起，便前往周邸叩門。

周勃聞季布又來，心中好不耐煩，依舊是披戴盔甲，出中庭來相見。周勃身後，眾家丁亦皆披甲，執戟相隨；周勝之則提劍在側，如臨大敵。那左監見了，不由就倒抽一口冷氣。

兩廂見面，周勃大笑兩聲，向季布揖過。又看見左監在，不覺就一驚：「季將軍，都中來人了？」

季布坦然道：「正是。今有廷尉府左監來此，與絳侯有話要說。」周勃便猛地按住劍柄，冷笑道：「果不其然，要來取老夫首級了！」話音未落，周勝之早已搶前一步，以劍鋒直逼季布。

眾家丁見此，也都一齊將長戟橫過，只待周勃一聲令下。

季布卻淡淡一笑，低聲對周勃道：「絳侯莫驚，請左右稍退，今上有詔令至。」周勃猛然怔住，想了想，才揮退眾人，勉強打個拱道：「請宣詔便是。」

待左監讀罷詔令，周勃不禁變色：「笑話！我堂堂漢家功臣，何事要謀反？」周勝之情知有變，一聲令下，眾家丁復又一擁而上，以劍戟逼住季布等人。

季布環視眾人，微微一笑，對周勃道：「下官亦不信絳侯謀反，故而敢前來。今雖有朝廷命官前來宣詔，褫奪爵邑，解京問話，然足下尚有自辯餘地。可惜足下不智，這般作態，豈不恰恰坐實了謀反？」

周勃便嘆道：「昔年我聞韓信死，只笑他不知收斂。今日方知：任是你如何隱忍，亦逃不脫一個『走狗烹』！」

「不然。絳侯已是位極人臣，且為天子姻親，何須謀反以圖富貴？今上若真信足下謀反，你我二人，斷不會今日如此見面。故而，依下官之見，今上並未信小人構讒。絳侯不如卸甲，隨左監入都，好自辯白。其中是非清濁，自有那廷尉府判明，而絕無韓、彭伏誅之厄。」

一番話，說得周勃沉吟起來，望住季布不語。左監見狀，連忙打拱道：「下官受命之時，廷尉囑咐再三，令我須禮敬絳侯，不可使路上有何委屈。入都後，則按律問明，自有分曉。」

周勃仰頭片刻，終一頓足道：「罷罷！便信了季將軍這一回，將我解京便是，死生交由天定。」言未畢，不禁就有老淚潸然而下。

周勝之持劍近前，還想言語，周勃卻猛揮袖道：「毋庸多言！我為魚肉，人為刀俎。天若要我死，即便是反了，亦是個死。」

周勝之忍不住哽咽道：「阿翁，這等冤枉，如何能嚥得下去……」

周勃便怒叱：「豎子，為父無能，如何你也無能？我走後，家中事需你擺布，怎就泣涕流淚，形同婦孺，還不如你那渾家！」

周勝之聞言，似有所悟，這才棄了劍，上前為周勃卸甲。又吩咐家人，備好路上所需什物。

待衣物食盒等備好，便有家人自薦要隨行。左監攔住道：「按捕人科條，異地遞解，家人不得隨行。張廷尉新上任，督之甚嚴，下官不敢通融。」

周勃便對周勝之道：「區區路途，不數日即至，有何可擔憂？我既是聽憑發落，便無須再節外生枝。」

左監又向周勃揖道：「今時廷尉，不比以往，下官須按律處置。還請絳侯乘檻車出城，多少賞個面子，待出城後，無人窺見，再請與我同車。」

周勃便輕蔑一笑：「可要褫去衣袍，繫上械具？」

左監慌忙擺手道：「詔令中，並無械繫之語。下官當年也曾往北軍，親見絳侯發兵誅呂，欽敬尚且不及，豈能刁難……」

「閒話休提！只問你，檻車在何處？」

「即在門外。」

周勃便向季布一躬：「季將軍，就此別過。周某若能僥倖脫罪，當另行拜謝。」

季布忙喚過御者，取來一個紅漆酒樽，遞與周勃道：「此乃家釀美酒，今贈絳侯，以解路上煩悶。」

周勃接過，隔著蓋頭嗅嗅，大喜道：「好酒！何須等到上路，這便飲了吧，以為老夫壯膽。」說著一把扯去蓋頭，捧起酒樽，仰頭便狂飲而盡。

眾人勸阻不及，都看得發呆。周勃飲畢，將酒樽擲還，大笑道：「殺伐多年，即便是人血，也喝下了似這般幾大壇。如此肚腸，世上還有何路我不敢走？」說罷，便撩衣邁出大門，躍上了檻車。

季布急忙追出，對幾名公差囑道：「絳侯年事已高，路上冷暖全賴諸君，不可怠慢。」

左監對季布深深一揖，連聲然諾，便率了公差登車跨馬，揮鞭而去。

周邸門外，鄰里見來了許多差人，知是有變，早圍了許多人在看。見是絳侯被押上檻車，都目瞪口呆，大氣也不敢出，只望著車騎遠去。內有二三蒼髯老者，都搖頭嘆息：「吉凶難蔔啊……」

季布立於人叢中，聞此嘆息，眼睛就一熱，連忙囑咐周勝之道：「你夫妻兩個，要儘速入都才好，就近照看。」

周勝之立時領悟，拭去淚，向季布揖謝再三。

且說檻車入長安之際，正是夜間。至霸城門外，左監請周勃暫入檻車內，行至詔獄，一路竟無人察覺，總算免去一番羞辱。

左監向獄令交接完畢，拱一拱手便走了。那當任獄令，名喚周千秋，早已聞知周勃即將下獄，此時便命人將周勃押至獄倉。獄倉門前，已有皁隸數人，手執水火棍，皆是凶神惡煞模樣，一臉殺氣。

那獄令擺足架勢，瞧也不瞧周勃，便喝道：「帶人犯來我看！」

眾皁隸一聲應諾，便橫執水火棍，將周勃押了上來。周千秋這才望望周勃，問道：「來犯，姓甚名誰？」

周勃瞟了獄令一眼，見是一獐頭鼠目小吏，便滿心不屑，慢吞吞答道：「絳侯周勃。」

周千秋喝道：「大膽！今上已將你奪爵奪邑，京城內無人不知。既已不是絳侯，便是布衣草民，如何還敢冒稱？」

那周勃素不喜文學，生平讀書，不滿半部。昔年在行伍時，每有儒生求見，總是置人於末座，開口便叱道：「有何話，快快講來！」今日驟然顛倒尊卑，置身下賤，竟一時不知如何回話，只是怒目而視。

那周千秋便一笑：「周犯，以為我不知你嗎？今日入獄，不比做丞相時了，可知你犯了何罪？」

周勃賭氣道：「我周某隨高帝起兵，喋血百戰；又率北軍誅呂，迎來今上登位，這便是老夫之罪。」

「陳年舊事，提也是枉然。什麼將軍、太尉，此時此地，皆抵不得我半個獄令！我只問你：罷職以後，在絳縣做的什麼好事？」

「鬥雞走狗，觀魚博弈，還能做什麼！」

「那好，我問你：為何見河東守尉，要披甲冑？為何身邊一眾家丁，要執戟衛護？」

「老夫乃武人，不願做審食其枉死。」

周千秋便又一聲喝道：「妄言！若未謀反，如何就能死？」周勃脫口怒道：「我周某何時曾謀反？」

周千秋便陰陰一笑：「周勃，不知你往日那丞相、太尉，是如何做成的？縱是諸侯王，若敢私蓄甲士，也屬不軌。你一個去職官吏，有何德何能，敢私養甲士？」

「這……」

「你還大言不慚，隨高帝征戰云云。下官且問你：這漢家天下，是你打下的嗎？」

「周某全身被創數十處，便是明證。這天下，總不是你等小吏打下的。」

「哦？原來如此。漢家天下，是你打下的；漢家天子，是你迎來的。然則，為何你偏就不守漢家法令？我倒是不懂 —— 莫非，公卿們拚死打天下，就是為毀這天下的嗎？」

「你……」

「周犯，你可知罪？豈止是那班不逞之徒，日日夢著要反。有你這等不守法度的公卿，不等外賊動手，你們先就將那龍庭踹翻了。」

「胡言！你、你這猢猻……」周勃滿臉漲紅，手指周千秋，卻是急得說不出話來，只顧連連頓足。

幾個皁隸立時黑了臉，各個將水火棍抄起，眼見得就要圍上來打。

周千秋連忙抬手制止：「絳侯老邁了，不得放肆。」

周勃怒極，昂首喝道：「小吏，素與你無冤無仇，又何苦這般折辱？便將我殺了吧！」

周千秋便慢慢踱至周勃身邊，上下打量一番，緩緩道：「絳侯，這便不能忍了？天子未下密殺令，我豈敢擅作主張殺你。今日，教你略知詔獄手段，待明日廷尉來過堂，才教你知道厲害！」說罷即令獄卒道，「押入獄倉去，好生看管！」

周勃幾欲一口痰啐出，想想又忍了，隨著獄卒踉踉蹌蹌步入獄倉。

至獄室內，見是一湫溢陋室，無床無榻，地上僅有散亂穀草為席，不禁脫口道：「無鋪無蓋，這如何睡得？」

那獄卒輕蔑一笑：「侯爺，往日征戰，士卒莫非是有錦緞被蓋的？還不是和衣而臥，欲求穀草一束而不得？今日入了獄，還講究這些作甚！」

周勃啞然，只得倚牆坐下，雙目圓睜捱過長夜。想自家布衣出身，滾血泊而為公卿，繼之又為執宰，何其榮耀。卻於一夜之間，落得身陷囹圄，惹萬人哂笑，只不知是何事觸怒了神明。左思右想，嘆了一回氣，只怨高帝駕崩太早，拋下老臣們不管，如今連小兒都敢來欺辱。

好不容易捱到天明，卻是無人來理睬，獄卒只管送兩餐劣食，粗冷難以下嚥。待到夜間，周千秋來巡查，周勃問何日可以過堂，那周千秋只冷冷答道：「張廷尉若得空閒，自然就來提。」

如此捱過三日，入夜時分，周千秋忽然躡足進了獄倉，隔著木欄低聲道：「絳侯，有家人來探。有事不可囉唆，只三言五語，吩咐清楚便罷。」說罷，便閃身走開了。

周勃精神一振，連忙起身，雙手抓住木欄，向外張望。見是長子周勝之提了食盒，前來探獄。父子相見，周勝之拉住周勃之手，忍不住嚎啕大哭。

周勃眼睛也是滾熱，卻強忍住，叱道：「又做婦人狀！入這鬼獄，幾乎要餓殺，先容我飽腹再說。」便伸手從食盒內抓了糕餅，大嚼了一通。

一陣狼吞虎嚥，將盒裡糕餅、肉脯食盡，周勃這才問道：「外間可有消息？」

周勝之答道：「兒昨日入都，拜見阿翁舊僚屬。眾人都說阿翁冤枉，然礙於詔令，都不敢上疏為你緩頰，只怕萬一惹惱今上，反倒是害了阿翁。」

「唉，彼輩縱使有心，又能奈何？」

「兒聞知，唯袁盎一人上疏，力辯阿翁無罪。」

「袁盎？如何是他！」

「兒亦拜見了張廷尉，廷尉不置可否，只說些官腔，推說要按律處置。」

「按什麼律？我披甲見客，固然不檢點，難道還要梟首不成？」

周勝之頃刻間淚如泉湧，又吞吞吐吐道：「舊屬皆言……壽則多辱，還是陳平、灌嬰僥倖，早早薨了便好。」

周勃怔住，少頃，才仰頭嘆息道：「這是何天理？是何世道？知我者，竟寧願我早死！」

周勝之隔欄望見室內簡陋，不由驚道：「如此陋室，竟連一領被蓋也無？」

周勃皺眉道：「此乃小事，須設法早日脫罪才好。你那公主渾家，可與你同來？」

此處周勃所言「公主」，便是文帝庶出之女，嫁與周勝之為妻，人皆稱「絳邑公主」。

周勝之便答道：「絳邑公主雖與我同入都，然庶出公主，人微言輕，不敢貿然求情，也是怕惹惱了今上。」

「恐不是這話！平素教你善待渾家，你不聽，只顧在外花天酒地。絳邑公主雖是庶出，到底是金枝玉葉，如今用得著了，你如何求得動人家？」

原來，周勝之一貫紈袴氣重，最喜流連勾欄酒肆，素與絳邑公主不睦。此次求公主說情，便遭了冷臉。

「阿翁，此事不能只怪孩兒。絳邑公主終究出自深宮，眼高於頂，兒即便日日跪拜於前，怕也看不到個笑臉。此次我再三懇求，公主應允隨我入都，已屬萬幸，好歹可通宮中消息，免得措手不及。」

「也罷！你便好好學做人，多與絳邑公主說些好話。宮中若有片語透出，須及時相告。」

周勝之應道：「兒自當留意。」

周勃忽然想起，便又問：「你弟亞夫，近日在雲臺山如何？」

「亞夫弟亦知阿翁事，終日流淚，幾無心習武。他來通道，本想也來探望，無奈師傅管教甚嚴，不得告假。」

「亞夫乃文武全才，將來大有前程，只專心習武便好，切不可令他來探獄。阿翁坐了謀反罪，辯白已屬不易，莫再牽入亞夫！」

「兒已知此中利害。凡囹圄內外事，兒一人擔待便是，絕無牽連亞夫。」

「幼弟周堅如何？」

「幼弟亦知事不妙，整日啼哭。」

周勃便長嘆一聲：「我害你們幾兄弟不淺！」

周勝之連忙安慰道：「家中事，無須牽掛。我今日來，帶了些金子與阿翁，你賄與獄令，他自然對你好。飲食被蓋，有獄令關照，或不至受苦。」說著，便從袖中摸出些金版[32]來。

周勃連忙接過，看了兩眼，便藏於懷中。

周勝之又道：「家中財寶，我已盡數用車載來，置於客邸。獄中諸事，如需打點，阿翁只管說話。」

周勃搖頭道：「鼠輩獄吏，何須在意，阿翁所聚財寶，乃是以命換得，如何就能便宜這等小人？」

此時周千秋從門外走入，一個獄卒也跟進來，連聲呼喝攆人。周勝之望一眼老父，心中傷悲，勸慰了兩句，只得起身離開。

待獄卒送周勝之出門，周千秋便踱至獄室前，不經意說了一句：「令郎倒還孝順！」

周勃不知獄令為何發了善心，允准周勝之來探獄，便拱手道：「多謝足下。犬子無才，唯知享恩蔭而已。」

周千秋便笑：「哪裡！子勝父，乃是常理。不知令郎此來，有何高見？」

周勃忽就想起懷中金版來，看看周千秋的神色，便滿心不快，不欲就此行賄，於是含糊道：「無非噓寒問暖，能有何主張？」

豈料那周千秋，接手詔獄已多年，此間的人情世態，早已看得清

[32] 金版，亦稱「印子金」。戰國時楚國鑄造的黃金貨幣，形狀有龜背形、長方形、方形等數種，銘文多為「郢爰」二字。

楚，放周勝之入內探父，所謀就是能得一筆賄金。此刻聞聽周勃語言支吾，便知是捨不得行賄，於是臉色一變，喚門外獄卒進來，吩咐道：「絳侯雖戴罪，到底是公卿貴人，獄室內豈可鋪穀草？快去打掃乾淨。絳侯與我，好歹都姓周，五百年前或是一家，定要好生伺候！」說罷，向獄卒一使眼色，轉身便走開了。

那獄卒連忙入室內，快手快腳將穀草收走，又提了一桶水來，胡亂灑掃一遍，瞄了周勃一眼，順手便將門鎖好，轉身也走了。

周勃原以為，獄卒還要送來床榻、被蓋，不想等到夜半，蹤影全無，這才知獄令是在捉弄人。原先地上有穀草，尚可勉強棲身，此時一派潮溼，如何能睡得下人？

萬般無奈之中，周勃只得倚在牆角，箕踞了一夜。春寒料峭天氣，周勃坐於地上，寒意徹骨，恰似在地府裡煎熬。如此一刻捱過一刻，熬了千萬年般，才等到雞鳴，心中便叫苦：「罷罷！待天明，這些金版，盡數給了那廝便是。若我命喪牢獄，縱是萬金又有何用？」

到天明，周勃便央求獄卒，去喚周千秋來。那獄卒去了片刻，又返回道：「你且等候一時，獄令大人正用朝食，食畢即來。」

周勃便惱道：「牛毛小吏，竟如此威風。孔孟可稱大人，他也配稱大人？」

獄卒橫瞥了周勃一眼，道：「三尺囹圄內，獄令不就是大人嗎？」周勃頓時啞然，摸了摸頭顱，只得苦笑道：「好，好，恕我不知。」

堪堪又捱過半日，那周千秋才慢慢踱進來，先就一揖道：「絳侯，獄室乾淨了，昨夜無恙乎？」

周勃情知他在戲弄，但也無心氣惱，只道：「我這裡有物什，要送與你。」周千秋便笑瞇了眼：「區區獄令，難入絳侯眼中，有何物可以相贈？」

周勃一塊一塊將金版摸出，周千秋眼睛一亮，又驚又喜，直是手足無措。

周勃便道：「老夫生性疏懶，家中寶物，所藏不多。此為當年入鹹陽時所得，盡數相贈，只望有個床榻可睡。」

周千秋似聽非聽，只望住那金版，猛然伸手拿起一塊，翻來覆去看，咂舌道：「果真！這許多『郢爰』金[33]，生平僅耳聞，今日方開了眼界。」

只見這些金版，方方相連，有的已切開，成色十足，金光耀目。周千秋拿在手中，捨不得放下，周勃趁勢便道：「些許『郢爰』金，不成敬意，足下請收好。」

周千秋這才回過神來，將金版揣入懷中，忽就將笑容斂起，冷臉道：「堂堂丞相，家中只得這幾塊金版，下官如何能信？這區區財物，於此時此地，可值得什麼？或許可換得三五餐酒食，饕餮幾日而已。待到赴奈何橋之時，當不至做個餓死鬼。」

周勃聞言，不禁瞠目，望住周千秋半晌，心中才大悟：原來這獄吏胃口，竟與達官貴人無異。於是心一橫，昂首道：「老夫從軍半生，善取首級，卻不善斂財，故而家資微薄。獄令不信，我亦無話，生死交付予天便好。」

周千秋見周勃固執，也不煩言，只一揖道：「下官好言相勸，能聽則聽，不聽便罷。既如此，絳侯好自為之。」言畢，便揚長而去。

入夜，獄室內孤燈一盞，明滅不定。周勃倚牆呆坐，萬念俱灰。想

[33] 戰國時期楚國的方形金版打有「郢爰」二字，也叫「爰金」、「印子金」。

此時身陷絕境，無人可以相救，熬也要被這獄令熬死，眼見得是生還無望了。

正懊惱間，忽有獄卒提燈近前，打開柵門道：「絳侯，有故人來見。」

周勃一驚，抬眼望去，只見獄卒身後閃進一人，面色黧黑，遍身羅綺，一時想不起是何人。

只見那人拿出一尊朱黑漆方壺，置於地上，長揖道：「在下布衣陰賓上，略識獄令一面，蒙他允准，前來探獄，為絳侯奉還這壺酒。」

周勃這才想起，原是霸橋相送的那位方士，便拱拱手道：「原來是國舅之師，難得你不忘故人。我今日，被奪爵奪邑，已與殭屍無異，先生又何苦來看我？」

「絳侯入獄，如今長安滿城爭道，多為絳侯抱不平。我既聞說，如何能不來？」

「唉，見一面也好。老夫生死，只在旦夕。今日若不見，明年此時，吾之墓草恐已黃矣。」

「老臣之中，唯絳侯長壽，萬勿說此喪氣話。絳侯就國，原本應無事，如何轉眼間就禍起？小民實不解。今日來此，是為問足下：可曾忘了一句話？」

「先生此是何意？」

「絳侯就國之日，小民送別於霸橋，曾以老子一言相贈，即：『不知常，妄作凶。』絳侯就國年餘，可否已知常？是否曾妄作？不然，怎會有如此凶險從天而降？」

周勃沮喪道：「不提也罷！老夫不過是披甲見客，便被誣成謀反……」

陰賓上便擺手，截住周勃話頭：「在下平素最喜《老子》，老子所言聖人之道，無非是教人知行止。絳侯在朝為丞相，握生殺權柄，這即是行；一旦就國，頤養天年，這便是止。絳侯見客，本尋常事也；披甲，則成了事非尋常。這不是『妄作』，又是什麼？」

周勃怔了一怔，漸漸面露慚色：「我……確是忘了老子所言。」

「老子言『有無相生』，我輩則多不明其理。披甲，原本是為求生；如絳侯所為，便成了求死。」

「果真，果真！老臣僅一莽夫耳，不知行止，鬧得性命快要不保。還請先生救我。」

「絳侯往日大權在握，生殺予奪，全不在話下。然可曾想過：能頂天立地者，皆因權柄在手；一旦失權，則與草民無異。即便如草芥小吏，你也奈何不得他。」

周勃眼睛睜大，心中便是五味雜陳：「正是正是。老夫已知滋味。」

「絳侯今日當知：曲則全，枉則直，乃萬古不移之道也。」

「好好！我已明白。先生此來，真是救了我。」

陰賓上一面大笑，一面拿過陶碗，斟滿了酒，遞給周勃道：「絳侯且飲。當初贈我酒，我自覺無福消受，故涓滴未飲，今日完璧奉還，權當謝意。今日之後，唯願不再見到絳侯。」

周勃便驚異道：「此話怎講？」

「不見足下，便是足下已全身而退。雖再無浮名，實則可得善終，此為謀身之上上計也。這杯酒，便是預為絳侯賀。」

周勃此時已大悟，拉住陰賓上，納頭便拜，陰賓上連忙攔住。二人正推讓間，獄卒忽地踅進門來，催促陰賓上道：「時辰已晚，外人不宜久留，請先生速去。」

陰賓上便起身，向周勃含笑揖道：「世上事，皆為天定。小民今日能見絳侯，亦屬天意。」

周勃仰頭將碗中酒飲乾，嘆道：「世人皆畏天，我亦不能不畏。」那獄卒見此，便又催促，兩人這才依依作別。

次日清晨，周勃見了獄令，當即解下衣帶來，拱手道：「獄令大人，此地規矩，老夫已領教了。入獄三日，勝過戎馬半生，若再不曉事，一副朽骨便要拋在此了。你快些拿筆墨來，我對犬子有所交代。」

周千秋眼中便灼灼一閃，忙取過筆墨來，欲遞給周勃。

周勃哈哈一笑：「你高看老夫了。老夫無文，下筆不能成言。我口說，你來寫。」接著，便口述一句，令周千秋記下一句，囑周勝之取出一千金，交給來人，保命要緊，萬勿心存吝嗇。

周千秋寫畢，唸了一遍。周勃便囑道：「可矣。足下持此衣帶，去客邸尋得吾兒。吾兒識得這衣帶，他看過，自有分曉。」

周千秋收起衣帶密信，面有喜色，又似半信半疑，只連聲謝道：「下官何德，蒙絳侯如此看重！」

「數日來，老夫席地而臥，睡得腰痛，唯願有個床榻。」

「哦，這倒疏忽了。床榻之事，今夜太遲了，明日再說。可為你鋪上茵席，暫且委屈一夜。」

「犬子再來探看，可否容他多帶些吃食？」

「家眷探獄，乃天經地義事，下官絕無刁難。至於酒食，獄中也可代為備好。」

周勃知許諾見了效，心中恨恨，脫口道：「老夫唯知，千古聖賢可稱大人。然囹圄之中，足下果真就是大人！」

周千秋聽出話中有刺，然也不氣惱，向周勃拱拱手道：「絳侯有所不知，區區獄令，上下都難做人。先前辟陽侯因事入獄，時有獄令姚得賜，曾曲意關照，為之通消息。本以為辟陽侯蒙赦之後，可獲獎賞，豈料全家卻被發配巴蜀，生死不明。此後接任者，皆戰戰兢兢，不敢徇私。」

周勃兩眼炯炯有光，逼視周千秋道：「姚得賜之事，朝中無人不知，恐是因他當年折辱蕭丞相，才有此惡報。此等小人，不足效法。」

周千秋連忙賠笑道：「絳侯玩笑了，我哪裡敢做姚得賜？世事翻覆，唯上智下愚不移，我有天大的膽，亦不敢以下犯上。近日，張廷尉便要來提審，內外消息，下官凡有所知，必先報給絳侯。其餘食宿等事，更無須絳侯操心。」

次日，周千秋果然拿到了千金，立時顯出百倍恭謹，為周勃換了一間乾淨獄室，內中床榻齊全；其餘吃喝洗濯，無不照應周全。周勃臥於新榻之上，只疑是在做夢，心中難辨是悲是喜。

不數日，張釋之果然前來提審。升堂之際，堂上兩排皁隸齊聲低喝：「威武——」立時有幾個獄卒，將周勃架上堂來。

且說張釋之接手此案，頗覺為難——以周勃身世之顯赫，何至於謀反？連市井也知，不過是有人構陷。然詔令既下，也只得升堂對簿，按律處置。

此時大堂左右，廷尉正（次卿）、書佐等已就位，張釋之便一拍驚堂木道：「絳侯，獄中數日，可還安好？本官依例提審，多有不敬了，你只管如實說來。」

周勃便一揖道：「周某係武人，一向不結交文法吏，入獄才數日，便知厲害。廷尉凡有所問，必如實供出。」

張釋之聞言，略顯詫異，瞥了一眼旁側的周千秋，接著便問：「有人上書變告，指絳侯披甲見客、私養甲士，顯係謀反之舉，可有此事？」

「披甲見客，確有此事；私養甲士，則為小人誣陷，不過是家人執戟衛護。」

「那麼，所見何人，須披甲執戟防備？」

「河東郡守、都尉按例巡行，途經絳縣，順便光顧敝舍。老夫於家中見客，寒暄而已，其間並無不軌事。」

「那河東郡守，不正是季布嗎？」

「然也。」

「季布在朝為官，恭謹守法，朝野都無非議。如何他造訪府上，足下要披甲相見？」

「前日曾聞，辟陽侯在家中見客，忽飛來橫禍，竟至身首異處，故而臣不得不防。」

張釋之眼中精光一閃，立即質問：「辟陽侯當年為虎作倀，多行不義，故而結仇，絳侯卻有何驚心處？莫非，足下也曾有不義之事嗎？」

「周某雖位極人臣，卻從不害人，此心可對蒼天！」

「既未曾害人，為何怕人來害你？」

「這……」

「郡守、都尉奉命守土，皆為朝廷命官，依例巡行本郡，絳侯應泰然處之。究竟緣何事，須披甲執戟待之？」

「這個……」

此時周千秋在旁側，見周勃不善言辭，所答悖謬，又不便為他代答，直是急得暗暗頓足。

張釋之望見周千秋不安，頓了頓，忽就問道：「獄令，人犯在獄中，可有牢騷？」周千秋一驚，連忙答道：「未曾有。唯長吁短嘆，似有冤情。」

張釋之便又望住周勃，一句一頓道：「是否冤情，須有呈堂證供。似足下這般語言支吾，如何洗得清罪名？甲冑兵器，交戰之物也，承平時日，家中藏這些有何用？有朝廷命官來訪，不以樂舞相待，卻披甲執戟以迎，若非謀反，又何以自辯？足下先前曾是丞相、太尉，既已奪爵，此時便是布衣。布衣戴罪，還指望刑不上大夫嗎？如無可信證供，下官即便有心相救，亦是無力了，足下請謹記。」

一番話，說得周勃大起恐慌，知事情鬧大，難以收場，一時竟無言以對，只得低下頭去。

因周勝之已說情在先，張釋之此刻見狀，心中也有不忍，便道：「足下於漢家，曾有大功。唯其如此，下官再寬限你幾日，且去省思。何時想好了辯白，再行提審。」說罷一揮袖，便命退堂。

皁隸當即上前，將周勃押下，帶往獄倉去了。張釋之掉轉頭，又囑周千秋道：「這幾日，獄令不可疏忽，人犯如有片言，皆須記下，容本官斟酌。人命關天事，務以證供為要。」

周千秋連忙應諾：「廷尉說得是！下官自會小心。」

張釋之拿出一卷文牘，對周千秋道：「此文牘，乃河東守尉、絳縣主吏等人證詞，言之鑿鑿，如何能抵賴得了？此卷留給你，看罷，勸周勃儘早招認。」

周千秋連忙接過，收於袖中，然諾道：「小臣這便去勸絳侯。」

「周勃涉謀反，此卷所載證據，不得與他看。獄卒均不得與之私語，提審、解送、問話等，須三人以上同行，違者定不饒過。」

「下官……不敢。」

送走張釋之，周千秋已是汗溼衣裳，旋即摒退左右，於公廨中踱步苦思。

看這周勃，徒有三公之尊，卻是笨嘴拙舌，眼見得難逃大禍。如今收了他賄金，若不援手，來日若遭舉發，也將難逃姚得賜之禍。

周千秋想來想去，益發心焦，不由就開口罵道：「如此父子，雙雙都不曉事！這許多年，是如何食的俸祿？如何做的天子姻親……」

罵到此處，周千秋忽而心中一亮，一拍額頭道：「如何就忘了絳邑公主？」於是取過文牘來，於背面疾書「以公主為證」五字。

寫畢，即喚來獄吏兩人，一同往周勃獄室外，以季布等人證詞示之，故意大聲道：「絳侯，你可看清？此乃季布等人證詞，皆言你披甲見客，如臨大敵。」說著，將文牘背面「以公主為證」五字朝向周勃，令其觀看。

周勃看清字跡，心下也一亮：絳邑公主雖不願說情，然可做證，並未見家翁反跡。若公主有此辯白之證，則定案亦難。想到此，忙向周千秋拜謝道：「老夫看清了。旁人如何做證，全在良心。」

「絳侯，如何辯白，或關性命，你想好再說。」周千秋說罷，便收起文牘，巡視他處去了。

至夜，有獄卒向周千秋報：「周勃之子又來探獄，可否放入？」

周千秋此時所盼，正是盼那周勝之來，當即答道：「廷尉未曾禁探獄，可予放入。」

周勝之此次入內，見老父調換了乾淨獄室，不禁露出欣慰之色。周勃便將獄令白日裡所為，詳細告知。

周勝之聞之一喜：「這等好主意，我父子怎未想到？明日，即教渾家寫好證詞，呈遞張釋之。」

周勃便拊膺道：「幸虧我行事端正，雖遭構陷，卻不曾真有劣跡。廷尉審理，諒他也不便上下其手。有絳邑公主證詞在，總不能指鹿為馬。」

周勝之卻道：「阿翁不可大意！指鹿為馬者，豈是僅有趙高一個？一人指鹿，眾人緘口，即便是孔孟之徒，也不過徒有其舌，而無寸膽。古來事，從來以君臣論，廷尉權雖大，總大不過帝王家。阿翁因誅呂有功，受賞的新增封邑，都送給了薄昭，兒昨日已找了薄昭，託他代為緩頰。」

「薄昭如何講？」

「薄昭對我言：『無絳侯，便無薄某今日。此事無礙，我自去對阿姐說。』」

周勃大喜道：「請託至此，便是頂到天了。薄昭進言，或能說動太后。」

周勝之此刻又忍不住泣下：「數日來，兒淪落如同乞兒。公卿門檻，不知踏破有多少，看盡人家臉色！只不知薄昭所言真偽，倘若能得太后過問，便是大幸。」

周勃想想便道：「我待薄昭甚厚，他知恩與否，只有隨他。」

如是，周氏父子謀自救，一番忙亂，暫且壓下不提。再說文帝那邊，自捕了周勃之後，便覺數年來所受的醃臢氣，總算有了個了結。想那張釋之新晉九卿，此次問案，必不敢敷衍，即便問不成謀反，亦不會寬縱周勃，或貶為庶民，或流放巴蜀，都無不可。

卻不想，自張釋之問案之後，已有月餘，只是遲遲不見審結。文帝倒也不急，想到年前，周勃糾合老臣，交章詆毀賈誼，何其洶洶！今日裡，便教他在詔獄窗下，多挨些時日也好。

此時正逢仲春，鶯飛草長，花事繁盛。文帝便常與隨侍文臣一道，流連於後園花叢下，投壺流觴，談詩論文，只恨白晝太短。

這日晨起，見天氣晴和，文帝又一時興起，傳令下去，要率近臣赴上林苑圍獵。近臣尚未集齊，忽有長樂宮宦者來報：「太后有請陛下大駕。」

文帝疑心母后身體不適，忙撇下近臣，從複道急趨長樂宮。

到得薄太后所居長信殿外，卻不見有何異常。此時，太后正閒坐於庭院中，額上覆了一頂軟帽，安享暖陽，一面嗅著木槿香氣。

聞聽文帝走近，薄太后便抬頭，約略看見兒子模樣，便道：「聞吾兒於近日，玩興大發？」

文帝不知此話是讚是諷，只得小心答道：「春日正好，兒不願辜負春光。」

薄太后便頷首微笑：「為母雖老，也是這般心情。」

「唯願母后永壽。」

「只不知諸孫兒女如何？」

「皆好。」

「那絳邑公主，你有幾日不曾見了？」

文帝這才恍然大悟：此番召見，定是意在周勃事。於是存了小心，恭謹答道：「絳邑公主，有些時日未入都了。」

薄太后聞言，忽就拉下臉道：「絳邑公主於昨日，卻來見了我！」

文帝倏然一驚：「絳邑公主入都了？兒實不曾聞。」

「公主怎敢來見你？我只要你說，將周丞相弄到何處去了？」

「周勃有反跡，已捕入詔獄……」

文帝此言未畢，薄太后當即勃然變色，一把摘下軟帽，擲向文帝，怒道：「絳侯當初，腰繫皇帝玉璽，領兵於北軍，足可號令天下。他當時不反，今屈居一小縣，反倒欲反嗎？」

文帝忙辯解道：「此係河東郡吏密報，稱絳侯披甲見客，顯係不軌。」

「何為軌，何為不軌？淮南王擊殺審食其，目無王法，卻為何不見有人密報？絳侯為漢家捨命百戰，連你這龍袍，也是他為你爭得。如此捨生忘死，他便是為了謀反嗎？你究竟聽了何人構讒，才出此下策？」

「母后息怒。漢家既有律法，則不便法外開恩。此事已交張廷尉對簿，是非曲直，皆由法定。」

「你口中所言這法，亦有絳侯浴血之功，方爭得來。你生於掖庭，手未沾血，竊喜做個太平天子便好，焉知刀劍搏殺之苦？漢家有法，應為持平之法，如此荒唐事，也鬧到廷尉那裡去，這便是荒唐之法！」

見母后震怒，文帝不禁汗流滿面，強自辯解道：「絳侯或不反，然需驗證。容兒臣看過證供，再做處置。」

薄太后窺破文帝心思，便從袖中摸出絳邑公主手書證據來，丟給文帝看。

文帝見那縑帛上，有公主手跡、印鑑，力證周勃無罪，頓時啞然，不知如何對答。

薄太后氣呼呼道：「呈堂證供，你究竟看也沒看？一個憑空變告，居然就信了？那周勃固然居功託大，排擠新進，然既已免官，便不足為患。如此誣他謀反，鍛鍊成獄，天下人將作何想？忠而見疑，鳥盡弓藏，來日還有何人肯為你捨命？」

一番喝斥，令文帝無地自容，連忙伏地謝罪道：「兒於此案，也不甚明瞭，這便取案卷來看。」說罷，便遣了身邊涓人，去張釋之處提來證供文牘。

少頃，涓人即搬來幾卷文牘，另有相府移送的一道上疏。

文帝先閱看上疏，見是袁盎為周勃說情，力言絳侯與劉氏混一難分，焉能有謀反之心。文帝知周勃深怨袁盎已久，袁盎卻如此為他脫罪，不由甚感驚異。

再看廷尉府所錄周勃辯詞，顯是率性而答，魯莽無文。似這等莽夫，豈有謀反的心計？當即便知，若照此問成謀反罪，不獨太后不能答應，眾議也不能服。此前捕拿周勃，也確乎太過，便慌忙掩飾道：「原來如此！所幸廷尉已驗明，絳侯無罪，今日即可出獄了。」隨後便喚來謁者，命其持節赴詔獄，赦免周勃，並復其爵邑。

薄太后見謁者領命而去，便釋顏一笑：「你看，所謂滿天雲散，只在你的一句話。故而天子施政，須三思而行，不可貿然出一語。」

文帝連聲然諾，心中只是忐忑，彎腰拾起軟帽，為薄太后戴好，方起身告辭。

再說那使者飛車馳入詔獄，高聲傳令，獄令周千秋亦頗感意外，忙喚獄卒為周勃洗沐更衣。一番忙亂後，周勃衣冠一新，方出來接旨謝恩。

使者走後，獄令便滿面堆笑，請周勃稍事歇息，這就遣公差赴客邸，知會周勝之來接。

周勃心中氣未平，冷冷道：「何用犬子來接？此處有檻車，我怎樣來的，亦可怎樣去。」

周千秋一驚，慌忙伏地謝罪道：「小官無能，連日來侍奉不周，絳侯度量大，還望勿怪罪。」

周勃也不理會，揮揮袖道：「與你無干，無須惶恐。」

周千秋仍不放心，又道：「小官心善，到底不敢做姚得賜。」

周勃便有些惱，怒視周千秋一眼，道：「昨日種種事，你我都可閉口了。」周千秋這才不敢再囉唣，自去詔獄門外張望。

待周勝之駕車來時，諸臣也早已聞訊，有馮敬、張相如、袁盎等一干人，駕車馳至詔獄門，一同迎周勃出獄。

周勃與諸人一一揖過，略事寒暄。唯見到袁盎，則大為動容，執袁盎手不放，再三謝道：「君為我諍友。往日事，老夫錯怪你了！」

袁盎也覺歉疚，連忙道：「下官喜直言，多有得罪。」

周勃便急牽其衣袖，笑道：「非君直言，我如何能及早解脫？若早聽君言，又怎能有此大禍？來來，請與我同車，往客邸小酌。」

正待要登車，周勃忽又回望詔獄一眼。見獄令正在門前執禮相送，便圓睜怒目逼視過去，久久不語。

旁側諸人，頓時有所悟，也都一齊望住獄令。

那周千秋嚇得立時跪下，以頭抵地，哀聲道：「小人罪過！」

豈料周勃仍不言語，只向獄令施了個大禮，便返身登車，喟然長嘆道：「吾曾率百萬軍，卻不知獄吏之貴也。」

諸人聞聽，各個面面相覷，不由都唏噓道：「絳侯實是委屈了！」

當日周勃面謁文帝，不敢流露半分怨怒，只堆起笑臉，說了些謝恩的話，算是陛辭。文帝見周勃已全無傲氣，心知懲戒已見效，於是溫言安撫了幾句，親送周勃下殿，囑他返歸好生將養。

其後數日，周勃又赴薄昭、張釋之府邸，當面謝過，這才打道回絳縣。自此不敢有半句狂語，老老實實，做了個逍遙翁，直至壽終正寢不提。

此事朝野皆知，市井紛傳。公卿列侯見周勃尚不可免，知天子雖溫雅，然事若逾常理，也能使出峻急手段來，於是都存了戒心，不敢再以身試法。

後又數月，文帝見賈誼有上疏，力請「設廉恥禮儀，以禮遇臣下」，不由猜到，賈誼定是也為周勃抱不平，心中便感嘆，賈誼到底是心地坦蕩。也知周勃之事，不可再相逼了，任其終老便好。

待料理周勃之事完畢，文帝方覺如釋重負。即位四年來，老臣掣肘甚多，不得伸展。如今周勃已知厲害，絕無膽量再作祟，心中一塊大石，才算卸下。

這日，又見有魯人公孫臣上書，述說五行終始之序，稱漢正當土德之時，必有黃龍見，應改正朔、易服色。文帝拿捏不下，便召丞相張蒼，至石渠閣面議。

這石渠閣為朝廷藏書處，建在前殿之東，矗立一高臺上，巍峨無比，內中藏書浩如煙海。文帝登臺入閣，緩步環視一遍，不由嘆道：「此盡為蕭丞相之功，蒐羅天下書籍，為世所用。」

張蒼道：「秦之焚書，實為大不祥。自焚書始，天下人便看輕了書籍，動輒嘲笑斯文。」

文帝頷首笑道：「循禮崇文，匡正人心，便自我輩始吧！粗魯如絳侯之輩，可以歇息了。今日召丞相來，便是為公孫臣上書事。其所云改正朔、易服色，為禮教之大事也，不知公意下如何？」

「年前賈誼亦有此論，臣以為，此議不妥。秦奉顓頊曆，尚水德，其源有自，漢家應守舊制不改。」

「然朕亦有不解處 —— 四年間，律法屢易，如何曆法便動不得？」

「曆法，運祚所定，立朝之本也。漢家受命於天，尚水德，乃是應了高帝元年河決金堤[34]之象，應守正不改。且如今並無黃龍見，當罷此議。」

「那好，公孫臣之議，便交丞相府，予以駁回。」

議畢正事，文帝望望張蒼，不禁嘆道：「公不愧為前朝柱下御史，迄今仍直立如松。可惜你那弟子賈誼，不似你這般謹嚴。」

「賈誼才高，所言堪稱百年之計，見識宏闊。其才在於遠謀，而不在實務。」

「誠然。多日未見他，倒是常念之，容日後再說。」

張蒼又道：「朝中老臣凋零，厚重漸失，臣常以蕭曹事自勵。」

文帝便笑：「公亦不輸於蕭曹多少。聽人說起，你每逢休沐，便親奉王陵夫人飲食？」

「然。當年王陵救臣於刀下，臣沒齒不忘。逢休沐日，必先拜見王夫

[34] 金堤，漢朝人稱黃河大堤為金堤。

人，侍奉食畢，方敢歸家。」

「公亦為厚重老臣，不遜於王陵，朕可以放心了。」

君臣議至掌燈時分，張蒼方告辭，文帝起身相送，又推心置腹道：「朕僥倖登大位，心甚不安。四年居上位，不敢放肆言笑，今日起，可稍為寬緩了。」

君臣兩人相視一笑，於是揖別。此時，正滿天星斗，未央宮各處燈火隱約，安謐無聲。文帝不禁朝四下望去，覺萬里天下，似也有這般無邊的安穩。

淮南謀逆，陰謀終致自取辱

自文帝重用文法吏以來，審慎施政，果不負天下之望，一時內外謹嚴，四海清平。賦役既輕省，農家便安於勞作，天下漸漸就透出了清平的模樣來。其間，雖有水旱之災，卻也不是大患。至此，秦末的兵燹遺禍，已無跡可尋。關中百二山河 [35]，漸至復甦，幾可稱富庶之地了。

如此兩年過去，風平浪靜，太常署內，太史令竟無大事可書。

至文帝前元六年（西元前 174 年）新歲，長安入冬日，天氣和暖，宛如春臨，未央宮高牆內外，不意有桃花逆時盛放。後宮諸姬妾無不歡欣，都攛掇著慎夫人、尹姬，要去上林苑觀賞花海。

兩人便往宣室殿去，欲稟明文帝。不料到得宣室殿，卻聽宮人說：「陛下往椒房殿去了。」

尹姬便遲疑，慎夫人卻絲毫不懼，拉著尹姬衣袖道：「妳畏縮什麼？陛下在椒房殿，也無非看太子讀書，你我前往，皇后必不會責備。」

於是兩人轉往椒房殿，見文帝果然在廊下。文帝正手持一冊古詩，於桃枝繁密處，指點幼子劉揖道：「詩云，『桃之夭夭，灼灼其華』。所謂夭夭乃其盛，灼灼乃其豔。你今日讀書，知其文，也須知其意。」

恰逢劉嫖回宮省親，也坐在一處，便向文帝做了個鬼臉：「父皇當皇弟不懂？當年五歲時，師傅便教我了。這詩還有『之子于歸，宜其室家』[36] 一句，父皇莫不是嫌我鬧，想讓我早些『于歸』吧？」

---

[35] 百二山河，成語，喻山河險固之地。百二：意謂以二敵百。
[36] 之子于歸，宜其家室。見《詩經・周南・桃夭》，意為女子出嫁，夫妻和諧。

竇后在一旁笑道：「父皇教你『宜其室家』，有何不好？你自幼淘氣到大，如今有了家室，要守婦道，不要再霸蠻。」

劉嫖故意道：「古人說話，也是沒道理，出嫁怎的就叫個『歸』？莫非唯有夫家，才是我的家嗎？我倒寧願長住宮中，唯覺此處，父母兄弟都有，才是真的家室。」

文帝立即收起笑意：「不可如此說，公主也須守禮法。」

劉嫖卻扭臉不理，賭氣道：「我看那禮法，也是無道理，不過只為女子所設！」一句話，惹得文帝大笑。竇后便嗔怪道：「小女子，不可放肆！」

遠處慎夫人望見，文帝正與兒女說笑，心中便踏實，拉了尹姬趨步上前，道了個萬福，款語請道：「近日天暖，冬十月桃花盛開，顯是吉兆。妾等請往上林苑賞花，請皇后亦駕臨。」

竇后見慎夫人、尹姬恭謹有禮，心中大慰，知是夫君調教得好，便隨口道：「桃花開了二度，未嘗不是喜，去看看亦不妨。」

此語卻點醒了文帝，當即放下書，望望滿樹桃花，容色便謹嚴起來。幾位婦人略感驚慌，一齊望住文帝，不知是哪句話違了上意。

文帝收回目光，環視諸人一眼，道：「四時有序，尊卑有等。入冬桃花盛開，恐不是吉兆。人間若有失序，天也知道。」

慎夫人、尹姬不禁花容失色。竇后也感不安，默然片刻，方道：「陛下常憂天下，我等婦人，當小心侍奉。賞花雖是尋常事，然於時不合，便不合禮數，若傳到外間去，也是不妥。」

兩嬪妃連忙雙雙跪下，請罪道：「臣妾不明事理，望陛下寬恕。」

文帝這才釋顏道：「與爾等無干。上林苑就不要去了，且在此處賞玩，亦是大有意趣。朕有事，須召張丞相商議，這便先走了。」說罷，便喚涓人抬步輦過來，匆匆返回了宣室殿。

文帝到了殿中，立召丞相張蒼來，詢問道：「今桃花違時，入冬而華，朕心十分不安。海內晏然已久，可否有變亂之象？」

張蒼道：「臣問過太史令，他觀星象、問卜筮，似並無異象。只是……」說到後面半句，忽就遲疑起來。

「愛卿，有事但說無妨。既立柱下，唯求直言，朕將天下事託與你，正是看重你的忠直。」

「陛下如此說，臣愧不敢當。想那先帝、高后兩朝，海內動盪，皆因諸侯王之故。今中國之地，諸侯王皆為同姓，本是同根，一脈相連，應無腹心之患。唯淮南王劉長，多行不法，著實堪憂。」

「哦！那劉長，總脫不去小兒氣。淮南國情形，有何事令丞相擔憂？」

「漢家治天下，不似秦時，並非郡縣一統，而是郡國各半；一旦有事，若郡縣瓦解，只望諸侯可為拱衛。然以淮南王所為，非但不能為臂膀，恐還將釀成禍端。」

文帝拂袖笑之：「何至於！豎子恣意，不過是逞逞威風，他豈能有掀天的本事？」

張蒼便伏地，懇切道：「年前淮南王擊殺辟陽侯，陛下未予懲戒。返國後，他目中便全無朝廷。此前曾有上書，請自置丞相，得陛下允准，下官也只得照准。今淮南國丞相嚴春，原是淮南王身邊一個門客，曾為郎中，好武無文，只因是親信，便拔作了執宰。」

文帝略感驚異，脫口道：「原是一個郎中？朕常聞劉長埋怨，說朝中派去丞相不力，故而准他自選。不承想，竟是換成了自家門客！」

「此舉令朝廷頓成盲聾，無由聞知淮南國事。今淮南情形，唯賴廷尉派出的遊士，方可輾轉探得。」

「哦？」

「事若僅於此，也就罷了。今淮南國自定法令，已不用漢法。淮南王出入警蹕，擅自稱制，私建黃屋金鉞，與公然稱帝已相去無幾了。」

「此事，太后、太子及典客等，多懷忌憚，皆有言及，朕也並非一無所知。然淮南王僭越，不過就是這些花頭，倒未曾聞說有反意。或是因少年脾性未改，好慕虛榮。」

張蒼不由心中發急，亢聲爭辯道：「陛下，淮南王年已過而立，豈是懵懂少年？既建黃屋、左纛，便只差一個自封帝號了，與趙佗當年又有何異？裂土另立，恐就在不旋踵間。」

文帝略略一驚，忙安撫張蒼道：「丞相勿急。劉長無知，豈能有趙佗那般心機？無非是好武少文，其性不羈，總還是淘氣一路。」

「非也。淮南之地，乃昔之楚項王根柢，若一旦動盪，天下便不穩了。前朝之事可鑑，待事發，則無以收拾。陛下喜讀〈過秦論〉，可還記得賈誼所言『前事不忘，後事之師』？」

文帝聞此言，不由得驚起，憑窗東望許久，方回首答道：「丞相，此事我已知輕重，容我去信規勸。既然趙佗可以迴心，那劉長也必知道理。」

數日後，文帝便有一道敕書發往壽春，其言甚殷，責備劉長驕恣太甚。

劉長閱過敕書，嗤之以鼻，反倒更激起怨憤之心，回書語多不遜，曰：「大兄仁智，惜乎百僚心機難測，專事進讒。弟謹守淮南，唯謀圖治，何以僭越之罪妄加之？大兄既信讒言，弟亦無話，願棄國為布衣。吾母趙氏當年暴薨，蒙高帝憐之，歸葬真定。弟可守墓真定，不與人爭。」

文帝看罷劉長回書，棄於案頭，惱怒道：「這是什麼話！」於是又下敕書一道，急遞往壽春，嚴詞相勸，令劉長不得棄國。

隔日問安時，文帝特意攜了太子劉啟，同往長樂宮薄太后處，在太后座前，將劉長回書唸了一遍。

時劉啟年已十四歲，文武兼習，虎虎有生氣。聞叔父劉長如此不恭，脫口便道：「父皇，淮南王抗辭罔上，已顯露不臣之心。當日便不該寬縱，應痛加貶抑，以免後患。」

薄太后也頗覺憂心：「劉長年少時，得呂太后庇廕，驕縱無度，於今則更甚。僭越之罪若不問，天下效仿者將不止一二。」

文帝猶豫道：「劉長所為，母后亦曾多次說起，然如何處置，我卻頗費躊躇。」

薄太后不解道：「不知恆兒有何難處？陳平、周勃尚敢除去惠帝諸子，你貴為天子，卻為何懼怕一個諸侯王？」

文帝道：「功臣當初誅殺惠帝諸子，乃有『白馬之盟』為憑。今日若要我除去親弟，實不能為。」

劉啟卻不以為然：「父皇仁孝，恐為天下所議。然叔父如此桀驁，他哪裡會知恩？」

薄太后也勸道：「恆兒，前有劉興居之鑑，後有你百年後之憂，劉氏諸王中桀驁者，若不加以貶抑，便是遺禍來日。那惠帝諸子，不過沾了些呂氏血脈，諸老臣便不能容，可見陳平、周勃所慮之遠……」

如此商議多時，文帝仍難以決斷。此時，忽有長樂宮謁者來報：「車騎將軍薄昭來朝，向太后問安。」

薄太后便命宣進。薄昭上得殿來，見三人在此聚議，頗覺詫異，便逐一揖禮過。

文帝望一眼薄昭，忽地想起，便拊掌笑起來，對薄昭道：「舅父來得正好！淮南王稱制，朝野多有怨言，今日我祖孫三人在此，正議起此事。劉長不守孝悌，我卻不能悖兄弟之情，不教而誅。舅父可按我意，寫一封諫書與劉長弟，嚴詞訓誡。」

劉啟卻搖搖頭道：「叔父無文，恐不是書信可勸回頭的。」文帝望一眼劉啟，笑道：「唯其如此，才令車騎將軍執筆。」在座諸人聽了，方才恍然大悟，連聲稱善。

薄太后道：「今有薄昭書信勸誡，若劉長仍不悟，便是他自尋無趣了。」

當下議定，文帝便與薄昭同返宣室殿，閉門垂簾，斟酌了半日。由薄昭執筆，將一封諫書寫好。

此信起首，歷數劉長擅殺列侯、自置官吏、「欲棄國」等不法之事，說皇帝待劉長甚厚，理應知恩，責備劉長「輕言恣行，身負謗名滿天下，實非明智」。

而後，又列舉劉長不孝、不賢、不義、不順、無禮、不仁、不智、不祥等八大過失，稱：「此八者，危亡之路也，而大王行之。」

繼之，薄昭又列舉史上周公誅管叔、齊桓公殺其弟、秦始皇遷其母之事，以及劉興居被誅之前鑑，喻意此類大義滅親，亦可用於當今。劉長即便是皇親，亦不可奢望法外開恩。目下淮南國藏匿逃亡之徒，委以重任，安插上下，朝廷於此無不盡知。

薄昭告誡道：若不改，朝廷將拘繫你於宮邸，淮南丞相以下皆論罪，你將奈何？勢必逃不過「墮父大業，退為布衣，近臣皆伏法，為天下笑」的結局。

末尾，薄昭又殷殷勸諫劉長，曰：「宜急改操行，上書謝罪，曰：「臣不幸早失先帝，少孤。呂氏之世，亦遭危難。陛下即位，臣恃寵驕橫，行多不軌。今追念罪過，心中恐懼，伏地待誅不敢起。」皇帝聞之必喜。若行之遲疑，禍如發矢，不可追矣。」

劉長接此信，命長史為他一字一句念畢，心中便覺大不悅，知是文帝與薄昭串通好的。他薄昭一個車騎將軍，如何有閒情費這番筆墨？分明是寫了信來恐嚇。不由就大罵：「什麼『禍如發矢』！一個裙帶將軍，也想來嚇人？」

左思右想，若就此低頭，委曲求全，實是於心不甘。再說大兄既已有怨意，遲早也要事發，躲又能躲過幾時？倒不如索性定下反計，免得束手就擒。

於是，劉長便不加理會，並未上書謝罪，只嚴令屬官休得再張揚。一面便募集死士，籌劃錢糧，往長安城內多布眼線，尋找內應。

文帝前元六年冬十一月，劉長果然說動了一個人 —— 棘蒲侯柴武之子柴奇，願參與起事，於是謀逆之事，便悄然發動。

劉長密令屬下大夫謝但，率死士七十人潛入都中，見過柴奇，合謀起事。相約由謝但率死士，以大車四十輛裝載兵器，運至長安以北的谷口（今山西省淳化縣西北）存放，並隱身於此處山中。

谷口這地方，就在當初陸賈隱居的九峻山之東，為涇水出山處，因此得名。此處天寒地荒，奇峰壁立，並無尋常民家，僅有一二高人在此隱居。起事人馬、兵器藏於此，便是神鬼也難察覺。

且說那棘蒲侯柴武，為高帝時名將。早在沛公軍西進咸陽途中，便率四千人投軍，後屢有奇功。至文帝前元三年，仍賈餘勇，親率步騎五萬餘，蕩平劉興居之亂。

柴武此人，不獨善戰，於疆域大勢亦有遠見。文帝初即位時，便上書建言，力主發兵征南越、朝鮮。曰：「南越、朝鮮，秦時皆內屬為藩臣，後擁兵據險，觀望謀叛。高帝時天下新定，人民小安，未再興兵征討。今陛下仁惠，安撫百姓，恩澤加於海內，民亦樂於用命，宜趁此時征討逆臣，混一疆域。」

文帝雖知其所圖宏大，然不願多事，於是批覆道：「朕得此天子冕旒，實難勝任，尚顧不到外藩事。且兵者，凶器也。興兵遠征，即便如我所願，耗費亦巨。得了些許聲威，於百姓又何其遠？先帝知不可使民勞煩，朕豈敢自以為能？今匈奴內侵，軍吏疲累，邊民亦無寧日，朕常為之心痛。今藩屬不附我，可設烽燧，以固邊防；結好通使，以寧邊陲，便是有大功。發兵之事，勿再議。」

柴武見文帝不肯發兵，滿心無奈，只得嘆息而罷。

平定劉興居歸來，柴武終究是年事已高，不久即得病薨了。因他投漢較晚，並非楚懷王舊部，故按例未封諡號；其長子柴奇，亦未能襲侯。

柴奇當時正在長安軍中，悵然有所失，竟不顧亡父英名，與劉長勾搭起來，要謀「大事」。

劉長得此內應，只道是有天助，謀反之事便越發緊鑼密鼓。適逢兩邊傳遞消息，需一個可靠之人，柴奇身邊恰好有個「士伍」，名喚開章，可當此任。

但說那士伍又是何職？原來，按漢律，凡軍吏有罪被奪爵者，便降為士卒，人稱「士伍」。開章既被奪爵，自然也是失意之人，故願為柴奇效命，一心盼望事成，也好封王封侯。

這日，開章得了柴奇授意，攜密信獨騎奔往壽春，告知劉長曰：「欲成事，淮南國尚嫌力薄。前有劉興居之鑑，望諸侯各國響應，勢必落空。須南連閩越，北通匈奴，向兩國借兵，共舉大計。」

劉長得密信大喜，心中有了數，與開章數次密晤，飲宴甚歡。劉長見開章乖巧，可堪重用，便要留開章在身邊，允諾為他娶妻成家，厚賜財物，加爵祿二千石。開章不意得此寵信，甚是高興，便轉投了淮南王麾下。

開章既不能返回，劉長便遣了一名使者，回報在長安的柴奇，知會他開章已留淮南。

豈料這使者行事不慎，過函谷關時，與關吏一語不合，竟破口大罵。那關吏常年迎送文武諸臣過關，其中不乏位至公卿者，豈能忍一個諸侯使者辱罵，便喝令戍卒，將這使者綁了。待搜出使者身上密信，方知淮南王要謀反，關吏大感驚恐，忙將使者押送京師。

這日朝會方散，文帝忽聞張釋之急報此事，便命將那使者押上殿來。文帝看過密信，亦是大驚，嚴詞追問淮南使者，方知柴奇已為內應，在谷口藏好了兵器。

張釋之聞之色變，急請道：「陛下，事急矣！請捕淮南王入都。」

文帝也知事不宜遲，提筆正要擬詔令，卻又擲下筆，嘆息一聲道：「呂氏一朝，骨肉兄弟盡歿，僅存淮南王這一枝，實不忍加罪。」便與張釋之商議，僅遣都中緝盜的長安尉，前往壽春，將開章捕回治罪，以儆效尤，其餘人皆可不問。

數日之後，長安尉史步昌便率差役數人，飛騎入壽春見劉長，出示了文帝詔令，要捉拿開章。

劉長見此，猜疑是事已洩漏，只得強作鎮定，對史步昌道：「前幾日，確有此人來投，然孤王未便接納，已不知去向。足下且在驛館歇息，待本王遣人搜尋。」

安頓好長安尉一行，劉長便急召原中尉簡忌，商議如何應付。那簡忌乃是劉長心腹，此前因處置藩事犯禁，廷尉府曾發文，令解送長安問罪。劉長不肯交人，只罷去了簡忌中尉職，謊稱簡忌已病重，將他保全了下來。

由此，簡忌更是忠心事主。聽主公說起開章事，便不無擔憂：「長安尉，掌長安縣緝盜，捕人無數。若將開章藏匿壽春，哪裡瞞得過他？」

劉長便問：「若以重金賜予開章，令其遠遁，何如？」

簡忌搖頭道：「長安尉既來之，便有眼線四布，開章在壽春已是逃不脫了。若捕入都中，大王又如何能鉗住他口？」

劉長便一驚：「君之意，莫非要我殺開章滅口？」

「為保無事，唯此一途耳。」

「孤王欲舉大事，卻先殺壯士，怕是名聲不好。」

「大王，那開章並非你舊屬，無所謂恩義，殺之亦不足惜。欲成大事者，豈可效婦人之仁？」

劉長嘆氣道：「也只得如此了！此事，便交給你去處置吧。」

簡忌拱手領命道：「臣今夜即帶人將他誘出，一索子勒斃，趁夜葬入八公山下，便是鬼也尋他不到。」

「只是……惜哉此人！」

「臣得手之後，以上等棺衾殮之，也算他不枉死一回。」

劉長只得頷首允之。可憐那開章，新居住了才幾日，便被簡忌騙出活活勒斃，運往八公山下肥陵邑，草草葬了。

次日，史步昌又上殿來見劉長，催問開章下落。

劉長已做好了手腳，心中不慌，便謊稱道：「昨夜淮南長史帶人，遍尋城邑，只是不見蹤跡。長安尉若是不信，可親自緝拿。」

那史步昌見多識廣，心知有詐，便故作不急道：「生不見人，死不見屍，若就此覆命，恐今上要責怪。容下臣在此多住幾日，順便尋訪。」

劉長見這長安尉實在難纏，便又與簡忌商議。簡忌獻計道：「可造個假墓，哄他說開章已病歿。人既歿，他也好覆命了。」

劉長想想，似也再無甚好計，便應允了。於是遣人在壽春城外，匆匆起了一個假墓，四周遍植柏木，墓前豎一木牌，詐書之：「開章死，葬此下。」

那史步昌尋人心切，正帶領隨從數人四處查問，忽有相府吏員報稱：「開章病亡，已葬於城外。」

一行人連忙隨那相府吏員，趕到城外，果然見到有一新墓矗起。史步昌立於墓前，初時驚愕，繼而面露冷笑，問那吏員道：「開章家人何在？」

吏員答道：「已各自走散。」

史步昌便不再理會，只顧圍著新墳打量，沉吟不語。那吏員試探問道：「需開棺驗否？」

史步昌回首道：「既不能復生，看又何益？」當日便入見劉長，稱開章已死，只得回去銷案。

劉長便哈哈大笑：「難為足下了，奔波了這數日，竟是只覓得一個死人！想那開章，不過一奪爵士伍，能惹下什麼禍？即便拿住他，又能何如？」

史步昌也不作回應，草草道了謝，便退下殿去，回長安覆命了。

此時，淮南國相嚴春也在側，見史步昌走時面色不善，便請道：「臣願入朝，為大王辯白。」

劉長立時橫了嚴春一眼，大怒道：「有何區區事，須入朝辯白？你不是欲離我，去附那漢家朝廷吧？」

嚴春未料劉長因此發怒，連忙謝罪，再不敢提起此事。

再說史步昌還都後，入見丞相張蒼，稱淮南王藏匿開章不交，或已滅口。其技甚拙，不問也可知。

張蒼詳詢了捕人始末，只覺隱隱不安，唯恐淮南國生變，便匆忙去見文帝。

文帝聽了稟報，沉吟片刻道：「如此看來，淮南王確有謀逆之嫌；然其反跡並未露，如何能下詔問罪？」

張蒼便回道：「臣料他部署尚未備，否則長安尉赴壽春，他受驚嚇，必反無疑。不如趁他未動，及早召他入都，下獄拘訊。」

「這當口，他還敢入都嗎？」

「陛下這就宣召，他必措手不及，只能前來，想著敷衍一番，再返回淮南尋機起事。若今日不召，待他萬事俱備，便召他不動了。」

文帝深以為然，當日便手書一道識令，遣人飛遞壽春。

那劉長接了詔令，果不出張蒼所料，頓覺進退兩難。與嚴春、簡忌等商議了一整夜，也議不出一條好計來，只得硬著頭皮入都。

入朝當日，劉長率一眾親隨，往赴北闕，請謁者通報入見。謁者見是劉長來，也未多話，返身便進了司馬門去。不多時，忽有典客馮敬、廷尉張釋之，自闕門之內闊步而來，身後緊隨數十名彪悍差役。

劉長一行人望見，正在驚愕，只聽馮敬喝令：「左右，淮南王謀逆，有詔拿下！」劉長不禁大怒，喝了一聲：「大膽！」拔劍便要拒捕。

淮南王隨從數人，也都一齊湊攏，欲拔劍廝殺。

眾差役哪容得此輩放肆，登時如狼似虎般撲來，掄起一張漁網，劈面撒開，將那劉長死死纏住。幾人圍攏將他撲倒，奪下了手中佩劍。

劉長哪裡肯罷休，高聲呼道：「左右救我！」隨行近侍數人，立時拔劍亂砍，與執棍差役廝殺成一團。北門甲士見了，也執戟一擁而上，上前助陣。

淮南王一行苦鬥多時，奈何寡不敵眾，皆被亂棍打翻在地，一併遭擒獲。

劉長還想呼叫，早有差役拿了一團麻絮，猛塞入他口中。馮敬冷冷一笑，吩咐將人犯綁好，押上檻車，送往詔獄去。眾差役便七手八腳，將劉長及隨從都綁起，丟上車，擁著檻車走了。

此後旬日之間，由廷尉府左監親率公差，飛騎四出，將淮南王案中要犯，如柴奇、簡忌、謝但及淮南國相以下屬官、徒黨三百餘人，全數捕獲。

此次劉長入獄，因事涉謀反，便無王侯入獄的優待，直如尋常人犯一般，囚衣襤褸、飲食粗劣。自幼金枝玉葉的劉長，哪裡受得住，只覺每日生不如死。

待到提審之日，文帝命丞相張蒼、典客馮敬、廷尉張釋之、宗正劉逸、中尉盧福五人，同堂會審。此時御史大夫仍空缺，馮敬參與審案，便是代行其職。

會審之初，諸臣先將柴奇、簡忌、謝但、嚴春等人拷問一通。諸犯見事敗露，抵賴亦無用，嚴刑之下，便先後都招了。所錄證供，各個相契，坐實了劉長謀反。

這日輪到劉長提堂，眾皁隸將他械繫，挾至大堂跪下。只見那大堂北牆，乃是一幅〈獬豸望日圖〉，氣勢甚壯。五張書案後，端坐著主審五大臣，其餘官佐分坐兩側，極威嚴。

劉長見這排場，竟比那三堂會審還要威風，知是要問成大罪，便昂首質問道：「諸君一向食漢祿，如此待先帝骨血，可忍心乎？」

馮敬見劉長倡狂，便一拍驚堂木，喝道：「劉長，此處為詔獄大堂。我等五人，為主審，眼中並無王侯，唯有人犯！」

劉長不顧手足皆繫桎梏，掙扎欲起，大罵道：「你個微末裨將，何出此大言？我之入獄，不過兄弟反目。若不是你這等奸佞讒讒，何至於此？食人祿者，當知報恩，似你等這般豺狗，謀害天子骨肉以圖官爵，必為天所不容也！」

馮敬面色如鐵，一字一頓道：「我等按法問案，若有謀私，天亦不能容，不必你多費心。倒是有一事疏忽了，《周禮》曾有言：凡囚者，王之同族僅枷手即可。來人，去掉人犯足梏！」

眾皁隸應聲上前，取下了劉長足上枷鎖。

劉長鬆了鬆雙腳，正要開口，馮敬卻手指一旁道：「對簿之前，本官教你看幾個人。」說罷便一揮手，命皁隸將柴奇、簡忌、謝但三犯拖曳上來，委棄於地。

三人此前曾抵賴不招，皆用了大刑，鞭打杖笞之外，又上了夾棍，將足脛擊碎。十指亦刺入竹籤，雙手皆血肉模糊，慘不忍睹。

劉長抬眼看去，見往日部屬遍體鱗傷，狀如鬼魅，全無人形，足斷已不能站起，不由就大驚，瞠目不能出言。

馮敬揮了揮手，命皁隸將幾人押下，又轉頭向張釋之，拱手一拜：「張公請——」

張釋之便整整冠服，高聲道：「人犯劉長，本官問案，關乎你生死，不得妄言。先問你，開章下落何在？」

劉長低頭想想，忽就將頭一仰：「開章是生是死，乃是部屬擅自所為，與我有何干？」

張釋之略一笑，瞥了一眼書佐。那書佐會意，當即打開一卷供詞，將簡忌等人口供，逐一讀出。幾人口供，相互吻合，皆招認：係奉淮南王之命，勒斃開章，起造假墓。

劉長立時大呼道：「嚴刑之下，豈有實情？那簡忌必是誣我！」張釋之便冷笑：「正是簡忌首供，他人佐證。」

劉長愕然，遂低頭默然無語。張釋之又問了幾句，劉長只是堅不吐口。張釋之便命皁隸道：「將淮南國相押上堂來！」

兩名皁隸，便挾了嚴春上來。看那嚴春，衣衫尚整齊，似未受過大刑，上堂來望了劉長一眼，連忙低頭。

張釋之望住嚴春，問道：「嚴犯，可有實情還未供出？」嚴春一悚，囁嚅道：「下臣已全招了。」

張釋之便猛拍驚堂木：「誑語！淮南王僭越，那車輿黃蓋，是何人置備？僭越左纛，係何人豎起？」

嚴春驚望張釋之一眼，又掉頭瞥了劉長一眼，戰戰兢兢道：「下臣奉淮南王之命，權領此事。」

張釋之立時怒道：「逆天之事尚未供出，如何便說已全招？來人，抬出夾棍來，將此兩人大刑伺候！」

眾皁隸齊喝一聲，立時將兩副夾棍抬上，各夾住劉長、嚴春兩人腳踝，綁緊繩索。

劉長掙扎道：「詔命尚未廢我王位，你等酷吏，豈可加刑於諸侯？」

張釋之便冷笑：「你也知刑不上大夫？天潢貴胄，固可免刑，然謀逆者除外。且教你開開眼界，看嚴春如何受刑。左右，使錘！」

一名剽悍皁隸便虎步上前，掄起石錘，連連砸向嚴春左踝上木棍。只聽得嚴春慘呼數聲，左踝骨當即碎裂。

那皁隸還要再擊錘，嚴春只顧呼痛不止，幾不欲生。張釋之不為所動，只厲聲道：「一足既廢，再夾另一足！」

眾皁隸立時擁上，撤下夾棍，夾上另一足。嚴春忍痛不住，連連以頭搶地，淒聲大呼。

劉長在一旁看得汗如雨下。待皁隸用刑完畢，嚴春雙足皆斷，人亦奄奄一息。

張釋之此時一使眼色，那彪悍皁隸便略一轉身，又掄圓了石錘，照準劉長足踝猛然一擊。此一擊，那皁隸心中有數，並未用足十分力氣，尚不至斷足。劉長卻是吃不住痛，待第二錘剛剛落下，便雙目一閉，高聲呼道：「罷手，罷手！孤王招了！」

張釋之便微微一笑：「早該如此！進得詔獄來，豈有僥倖？左右，取下刑具來。」又回頭吩咐書佐，「所有口供，一字不漏，皆如實錄下。」

那宗正劉逸，素好儒學，不忍見劉長慘苦之狀，便開口勸道：「淮南王，你身為宗室，卻與那雞狗之徒勾搭，圖謀不軌，何其不智也！先帝若有知，諒也不會饒過。今日會審，便不要抵賴了，或可求得活命。」

劉長情知罪責難逃，便俯首允諾，不再心懷僥倖。

問過一堂，張釋之令劉長畫押完畢，遂將供詞收起，向張蒼等人拱手拜過，便不再言語。

張蒼見狀，與馮敬耳語了一番。馮敬便起身，環視左右皁隸，吩咐道：「今日到此，明日再審，且押去獄倉看管。」

此後多日，五大臣連日提審，將謀逆前後事逐一審明。凡有牽連者，皆緝捕到案，半月之內，竟有千餘徒眾鋃鐺入獄。

如此連審一月餘，才將淮南王謀反案審結。除謀反罪外，又坐實劉長擅立法令、不用漢法、建黃屋擬天子等僭越罪。查出劉長為糾合徒眾，廣納天下亡命徒，共赦免死罪者十八人、應服徒刑者五十八人，並擅自賜爵九十四人。

此外還有各人供出，劉長有不敬之罪數件。張釋之看過口供，也不禁微微蹙了蹙眉，便與劉長逐一對簿：「人犯劉長，本官問你，此前你曾患病，今上心憂，專遣使者赴淮南探望，賜予你棗脯，你卻負氣不見使者，可有此事？」

「……有。」

「年前廬江郡內，曾有南海遊民造反，朝廷發淮南士卒征討。待事平，今上遣使者攜絹帛五十匹，令你分賜勞苦士卒。你是如何作答的？」

「孤王不肯受賜，卻推說：『軍士無勞苦者。』當時說此話，原為無心，以今日來看，實為大不敬。」

「有南海王織，上書皇帝並進獻璧帛，你手下親信簡忌，竟敢將上書焚燒，不予上奏。朝廷得知，召簡忌問罪，你卻拒絕遣送，謊稱簡忌已病，此事可是實？」

「孤王偏袒私屬，確屬妄為。」

「上述若無誤，便是你供認不諱，可想好了？」

「在下願畫押。」

隨後，書佐起身，遞過呈堂證供，備好筆硯。劉長接過證供，略一瀏覽，便在末尾畫下了十字花押。

問出如此之多不法情事，五大臣都極感震怒。審結後，諸臣議了半日，都以為應坐死罪。於是聯銜會奏，將劉長罪狀逐一列舉，稱：「劉長當棄市，臣等請按法論處。」

文帝接了這奏章，卻是大費躊躇，便命張武知會北闕謁者，今日概不見朝臣。一人在宣室殿內室獨坐，垂下簾幕，憑幾沉思。

那劉長不羈之事，歷來便有，文帝原並不疑他有反心，今日看了奏報，方知其謀已露端倪，或不出三年，便是劉興居第二。然則，若依了五大臣所請，處斬首棄市，則劉長畢竟未樹反幟，猝然誅之，免不了要擔上「兄弟不相容」的惡名，恐有非議。

如此一想，文帝便覺不安。想自己登位以來，夙興夜寐，只為在史上留個好名，若背負了同室操戈的惡名，豈非前功盡棄？然五大臣會奏，又不好斷然駁回，駁回則必遭群臣哂笑。

輾轉思之，正在進退兩難之際，忽聞涓人來報：「皇后前來問安。」

文帝連忙起身，迎進竇后。竇后目力不濟，由兩個宮女攙扶，摸索著坐下，開口便道：「聽宣室殿宦者說起，陛下摒退左右，整日未出，臣妾甚感不安，前來問候。」

文帝輕嘆一聲，答道：「無他，為劉長事耳。」

竇后這才鬆口氣：「哦—— 也聽啟兒說過，這個皇弟，甚是不成器。」文帝便道：「豈止是不成器？竟是私藏兵器，要學那蚩尤造反了。」

竇后便是一驚：「淮南王居然反了？」

「尚不至即刻發動，然於日前會審，已牽出與謀者有千餘人。」遂將會奏所述罪狀，說給了竇后聽。

竇后面色便漸沉，喃喃道：「啟兒來日，怕是要多事。」

文帝執起竇后之手，安慰道：「莫急。五大臣會審已畢，有聯名會奏，請斬劉長。」

竇后便一喜：「那允了便是。」

「不可不可！我不欲負殺弟之名，只教他曉得利害便好。」

「那五大臣會奏，陛下將如何駁回？」

「我正是糾結此事，覺左右都甚為難。擬交給列侯、吏二千石以上者申議，留他一條活路。」

「只恐來日，終究是個孽。」

「皇后多慮了。廢其王位，便可保無事。」

竇后半信半疑，只得聽任文帝處置，嘆口氣道：「那劉長自幼性剛，昔年在長樂宮，哪個敢惹他！便是廢了他王位，也不知可安寧否？」

竇后離去後，文帝立即援筆，在會奏上批道：「朕不忍按法處置，此案請交列侯、二千石吏申議。」

五大臣接到駁回詔旨，皆大驚。心想此次拷問，是用了大刑的，若不將劉長追死，來日若他復起，自家性命又怎可保全？

於是張蒼便授意各人，先去遊說列侯及百官，切勿寬縱劉長。眾人都稱善，當即分頭拜訪去了。

隔日，列侯、百官計有四十餘人，齊聚丞相府，一時冠蓋如雲。就連德高望重的太僕夏侯嬰，也以安車請來。張蒼遂將聯銜會奏拿出，當眾唸了一遍。果然，眾臣立時大譁，誓要除去此逆，皆稱應按法處置。

夏侯嬰雖已白髮滿頭，卻是雄風猶存，怒氣沖沖道：「豎子！若非當年朝臣厭呂氏、憐趙姬，豈能有他生路？他僥倖活過來，便是今日這等模樣！」

老將王恬啟，亦手按劍柄，朗聲叱道：「當年吾輩隨先帝，大小百餘戰，人死了不知多少，才換得這天下。今海內無事，才不過幾日，卻又出了這等孽子，焉能不殺？」

兩老將言畢，滿堂更是群情洶洶，難以平息。張蒼與馮敬互望一眼，皆微露笑意。

待眾臣議畢，張蒼等五人便又領銜，聯名上奏曰：「臣張蒼、馮敬等五人，謹與列侯、二千石吏夏侯嬰等四十三人共議，皆曰：『劉長不遵法度，不聽天子詔令，暗聚徒黨及謀反者，厚養亡命之人，欲行不軌。』臣等議論，應按法處置。」

接到複議奏書，文帝又是一驚，心中疑惑：如何列侯、百官都不解上意？徘徊無計間，只得去與薄太后商議。

薄太后聽了文帝講述始末，不由笑了：「恆兒如今也乖覺了，不願負惡名。然張蒼等人主審，嚴刑捶楚，先已做了惡人，自然不願劉長活。

那張蒼執掌中樞、統領群臣，百官焉能不看他眼色？夏侯嬰、王恬啟等，乃百戰老將，只知疾惡如仇，哪裡能知你的苦衷？」

「母后所言，我亦知。然孝悌與否，百世後亦有議論。若將劉長論罪棄市，我實不能為！」

「劉長終究魯莽無謀，留下一命，諒也無妨。你便照實下詔好了，勿再含糊。」

文帝知此事延宕不得，若激起朝野議論，便不好收拾。於是連夜批迴道：「朕不忍誅殺諸侯，赦劉長無罪，廢其王。」

五大臣得此御批，都知事不可挽，相顧嘆息了一回。張蒼即對眾人道：「既如此，我輩當上奏，要將劉長遠放，不可在京為庶民。否則，日久生變，他或緣勢復起，我輩則死無葬身之地矣！」

那四人便都附和，張蒼當即寫下奏疏一道，曰：「臣張蒼等冒死進言，劉長有大死罪，陛下不願以法處之，恩旨赦免，僅廢王位。臣請將劉長遠放蜀郡嚴道（今四川省滎經縣），置於郵驛看管，其子、其子之母可隨同。由縣衙為其築居室，供以食糧、薪柴、菜蔬、鹽豉、炊具、席褥等，請陛下准予布告天下。」

文帝看過，知是五大臣心內不安，恐劉長再起，故而欲置劉長於絕境。原來，那蜀郡本就偏遠，所謂「道」，略等於郡，更是蠻夷所居之地。彼處之郵傳驛，可謂山窮水盡處了。將劉長置於此，不獨起居不便，欲探聽天下事，也是萬難。日久天長，終將白首於荒野。

想到此，文帝心中暗讚，五大臣倒還曉事。然則，若就此准允，外間仍難免有議論，於是提筆批道：「飲食為常例，日供給肉五斤、酒二斗，令其原所寵美人、才人十名隨行。其餘皆准。」

此詔一下，全案告結。五大臣又請旨，將與謀者近千人盡皆誅殺。其中柴奇、簡忌及死士七十人等，既已涉入，倒是不冤；唯那充作屬官的門客，即是曹掾、縣吏、軍士者流，也都受盡拷掠，一併斬首，確是過於酷烈了。

此案布告天下，四方轟動，朝野議論不休。不數日，由張蒼授意，以黑幕蒙於車上，名曰「輜車」，遣送淮南王赴蜀。路上不遣專使護送，只責令沿路各縣差役，依次遞解。

劉長離京當日，袁盎看不過去，入朝諫言道：「陛下素來驕縱淮南王，不為他置嚴師良相，以至於此。淮南王為人性剛，遣送路上，如何禁得起百般摧折？若途中遇風寒，恐將暴病而死，陛下則枉負殺弟之名。若是，將如之奈何？」

文帝被袁盎說中心事，不由就尷尬，忙辯白道：「這般處置，就為令他嘗些苦頭，不日便可召回。」

袁盎見文帝不聽，亦是無奈，只能嘆息而退。

且說那袁盎所憂，並非無因。劉長自離京之日起，獨自一人囚於輜車中，終日顛簸，不見天光。車上有封條，沿途無人敢打開。其餘眷屬皆囚於別車，不得見面。路上館驛所供飲食，皆由侍者自小窗遞入。押送者僅差役十數人，不獨照顧不周，且多有言語喝斥。

隨行家眷只是啼哭，差役聽得不耐煩，口出惡言道：「既有今日，何必當初。不要惹得差爺惱恨，拋你們在這荒郊野外！」侍者照看劉長稍有殷勤，便遭差役叱罵：「沒眼目的，還當是昨日光景，想討賞嗎？」

劉長自幼至長，從未遭過如此淩虐，自是羞憤異常。想到大兄驟然反目，原來並非縱容不問，只不過暫時忍下了而已，往時己之所為，也未免太過張狂。便心有悔意，對侍者嘆道：「誰謂爾等主公是勇者？我安能勇！往日為王，我因驕橫之故，不知己過，終至厄運臨頭。我來這人間，方及廿五載，餘生尚有大半。人生一世間，安能鬱鬱如此！」

車出長安旬日，劉長便萬念俱灰，決意絕食。沿途所奉飲食，一概拒之，侍者苦勸亦無用。差役見了，非但不勸，反倒上前責罵：「豬狗嗎？需用人餵！飢渴他自會料理。」便將兩三侍者都驅至隊尾。

一連多日，凡館驛供食，無人敢遞入，劉長也不索要。如此不飲不食，再無聲響。那遞解差役，數十里一換，哪個想到要啟封去看。又因人情炎涼，只想那廢王何須關照，於是任由他去。

車馬行至雍縣（今陝西省鳳翔縣），縣令聞淮南王過境，心存憐憫，便親赴館驛察看。聞說劉長已多日未進食，聲息全無，便知不好，急令差役啟封，登車去看。見劉長不知何時已活活餓斃，早沒了氣息！縣令不由大驚，忙遣人飛報京師。

文帝聞報，一時也是呆了：「如何尚未出三秦，人便已薨了！」當下哀痛大哭，整日不食，涓人都驚慌不知所措。

其時，袁盎正值守宮中，聞訊亦大驚，忙趨至宣室殿，頓首請罪：「陛下輟食，微臣知曉得遲了，特來請罪。」

文帝便泣道：「公有何罪？我悔不聽公言，竟致淮南王中途暴亡。」

袁盎早有所料，然此時亦是無奈，只得勸道：「陛下請自寬心。淮南王自棄，非他人之過。既成往事，豈可悔哉！」

文帝又嘆道：「骨肉兄弟，我不能保全，天下必有議論，如之奈何？」

袁盎知文帝心結，便勸慰道：「非也，陛下有高行者三。此一事，不足以毀名。」

「哦？吾有高行者三，是為何事？」

「陛下在代國，太后患病，前後逾三年。陛下目不交睫、衣不解帶以侍奉，湯藥必親嘗而後進奉。此等孝行，即是孔門高徒曾參，以布衣之身猶難為，況乎陛下以王者為之？陛下之行，遠過曾參矣！此乃其一。往昔諸呂肆虐，大臣被黜，陛下率近侍六乘，馳入險地。雖戰國力士孟賁、夏育之勇，尚不及陛下，此為其二。陛下入都，至代邸休憩，西向讓天子位者三，南向讓天子位者二。上古高人許由，不受堯帝傳位，僅為一讓；陛下則五讓天下，過許由者四，不亦高乎？此乃其三。」

文帝聞言，雖知這話不免近諛，然聽起來終究順耳，忙擺手道：「吾豈敢與許由並論？」

袁盎又道：「陛下遷淮南王於蜀郡，不過欲苦其心志。然放逐途中，有司守護不謹，竟致他亡故，錯不在陛下，而在大臣。如此放逐，飢寒交併，布衣百姓尚不能忍，

況淮南王乎？唯有斬丞相、御史以謝天下，或可服人。」

文帝聞言，心中有愧，漲紅臉道：「是我大意了，與彼輩無干。」於是不再哀戚，稍進飲食。

袁盎一番巧語，竟說得文帝釋顏，涓人在一旁見了，無不稱奇。消息傳出，朝臣亦生感嘆，袁盎由此名重朝廷，天下人亦盡知其善言事。

未及兩日，文帝便有詔下，令廷尉將沿途解送役吏擒來，究其不啟封供食、餓斃淮南王之罪，皆處以棄市。

張釋之聞詔，心中一驚，知此舉是為平息朝野之議，欲殺小吏而自清，也只得遵命。便派了曹掾數人，率公差一路西行，大張聲勢拿人，逮回處置。可憐那各縣數十名役吏，雖眼見淮南王不食，又怎敢擅自啟封？兼之世態炎涼下，皆不以廢王死活為意，如此，竟都枉送了性命。

隨後文帝又有詔下，命以列侯之禮，將劉長在雍縣安葬，置民三十戶守墓。原淮南國故地，盡數收歸朝廷，復置郡縣，由朝廷派遣官吏。

這一番處置，公卿百官看在眼裡，無不知其中利害，雖有異議，亦無人敢言。各諸侯王聞聽，也都心懷怵惕，輕易不敢再犯法。

後過了三年，文帝想起劉長，心生憐憫。知劉長尚有四子，皆不滿十歲，流落於民間，便封了其長子劉安為阜陵侯，次子劉勃為安陽侯，三子劉賜為周陽侯，四子劉良為東成侯。待一一封畢，方才心安，料想天下當不致再有非議。

如此又過了四年，忽一日，文帝聞涓人說起，民間竟有歌謠傳唱，哀淮南王之死。歌謠云：

一尺布，尚可縫；一斗粟，尚可舂；兄弟二人不能相容。

文帝聽了，怔住半晌，繼而嘆息道：「古之時，堯舜放逐骨肉，周公殺管蔡，天下皆稱聖人。為何？不以私害公。天下之議，莫非怪我滅親，是為奪淮南王之地耶？」

由是方知，天下仍有人耿耿於懷。因又想到，劉長既已亡故多年，還是優恤眷屬為好，可以塞天下之口。於是下詔，令城陽王劉喜（劉章之子），徙至淮南故地為王，以撇清奪地嫌疑。又追謚劉長為淮南厲王，在壽春新置墓園，歸葬於此，尊以諸侯禮儀。這些，皆為後話了。

待淮南王善後處置完畢，時已深冬。這日，文帝覺天寒，便披上狐裘，擁爐烤火。思前想後，心事終不能平，只覺沒個人可做商量處，不由就想起賈誼來。

想那賈誼南遷，不覺已有三年。於今想起來，此人確為絕世之才，貶在江南僻遠處，實是過苛了。那長沙卑溼地，長此以往，將如何熬過？莫如召回另行任用。於是次日，文帝便下了徵書一道，徵召賈誼入都，待詔另用。

徵書傳至臨湘，賈誼心頭就一亮，料是出頭之日已至。便匆促收拾好行裝，別了長沙王，攜家眷僕從，欣然北歸。

歸路上寒意侵人，賈誼便打開箱籠，尋出文帝所賜白狐裘，披在小兒身上。一路沅湘景色，都顧不得看了，只想著召見時如何應對。過武關之北，天漸大寒，也只顧著冒雪趕路，不覺其苦。旬日之間，便馳入長安了。

召見當日，正值冬至，文帝祭天歸來，在宣室殿靜坐養神。忽聞賈誼求見，心中就一喜，急忙下令宣進。

落座之後，文帝見賈誼英氣依舊，便寒暄道：「君在長沙，神色似更清雅。」賈誼答道：「拜山水之賜也。」

時隔三年，君臣面對，都似有千言萬語要說，卻又不知從何談起。恰好文帝祭祀歸來，正想著鬼神之事，便順口問起：「祭天方畢，朕恰在想：世上鬼神可有形乎？彼輩如何言語，如何起居，又居於何處？看世間之人，密如星斗，若都往生為鬼神，則天地間有何處可容下？如此等等，不知君有何見教？」

賈誼不意文帝問起這些，倒也觸動興致，便答道：「人之所歸，終是鬼神之地。然我輩凡人，豈能知鬼神所居？當是全然不同於凡間，或是至大無朋，或為飄渺無極，以常人揣度之，不可思議，不如存而信之。」

「哦？儒家便是如此看的嗎？」

「正是。季路曾問孔子，如何事鬼神。孔子答：『未能事人，焉能事鬼？』便是此意。想那鬼神，有形或無形，凡人不可辨；然鬼神行事，當不至於逆人倫而行。天上人間，應為一理；人事既洽，鬼神亦當喜之。」

一番話，聽得文帝入神，不由向前移席，讚嘆道：「君之所論，我聞所未聞，不妨盡興說來。儒家看鬼神，似看作人間事，那麼其餘諸家，又做何論？」

賈誼一時興起，侃侃而談道：「道家所言：鬼者，歸也。人生天地之間，不過是寄生於此。死，便是歸，這是灑脫一路。墨家則以為：鬼神之明智勝於聖人。因那鬼神所秉，乃為天志；聖人或有違天志之時，鬼神則不會，此為敬鬼神一路。法家雖未論及鬼神，然法家崇道，道乃鬼神之魂魄，即如小民所言：神明在上。總之，諸家論鬼神，其說不一，講起來，怕要講上半日。」

文帝一笑：「今日也無事，且從容講來。」

賈誼便又侃侃而談。豈料這一講，便從午後日斜，直講到夜半。一個滔滔不絕，一個屏息凝聽，涓人將燈油添了又添，兩人只是毫無倦意。

此情此景，即是史上極有名的一幕。後世唐代詩人李商隱有〈賈生〉詩一首，說的便是此事：

宣室求賢訪逐臣，賈生才調更無倫。可憐夜半虛前席，不問蒼生問鬼神。

那夜，賈生講到口乾舌燥，不意間抬眼望望窗外。文帝這才想起，忙欠身去看蓮花漏壺，方知時辰已近午夜，不覺就一笑。

賈誼會意，連忙起身告辭，行至殿門，卻欲言又止。

文帝窺破他心思，便囑道：「先生今日累了，講了這許多鬼神事。至於凡間事，來日方長，你我尚有共話時。」

賈誼便施了大禮，由涓人引領，往北闕出宮。行至御路，仰頭望見北斗橫斜，就有些恍惚。想到貶謫三年，積了滿腹的經世之策，這半夜晤談，竟連一句也未說出，只得嘆道：「鬼神事，果然高於人間！」

送走賈誼，文帝方覺疲憊，便返回寢宮歇息，宦者忙侍奉入寢。盥洗時，想起這一夕傾談，不禁自語道：「我久不見賈生，自認學問已過之。殊不料，今日仍不及他！」

後又多日，文帝只命賈誼待召，心中卻翻覆不定，不知該如何任用他才好。想著賈誼氣盛，未曾稍減，若留於朝中，仍將咄咄逼人，免不了又要惹出是非來。此等奇才放在身邊，終究難以駕馭，不如仍從陰賓上之議，僅用其計，不用其人，以外放為宜。只是無須太遠，不教他委屈就是。

恰在此時，文帝幼子劉揖那裡，有個空缺。劉揖封梁王已多年，自幼喜讀書，與其餘皇子殊不同，素為文帝所愛。數年間，只苦於尋不到好師傅。

文帝想好，便召了賈誼來，面命道：「小子劉揖為梁王，今方七歲，嗜書如命，日夜手不釋卷。如此書痴，朕所未曾見也，甚喜之。我不欲他成大業，能安心讀書便好。遍觀天下，可為其師者，非君莫屬。朕擬拜先生為師，不知意下如何？」

賈誼未料此次又是外放，心中就大不悅，只得強打起精神，領命道：「陛下所託，乃有厚望於梁王，臣當盡職。」

「少子終究年幼，或有頑皮，有勞先生操心了。」

賈誼便苦笑道：「陛下仁心，恐微臣勞累，然臣亦喜讀書，不以王太傅之職為苦。」

文帝聽出賈誼之意，便笑道：「到了睢陽，仍可上書言事。」

此次二度外放，雖非僻遠，賈誼心中仍覺鬱鬱，只嘆當年獨步朝堂之盛景，將不復再見。當夜回到館驛，對妻說明緣由，賈妻亦大感失望，勉強笑道：「他人做官，都知見機行事；獨你入朝，則不辨利害，言人所不敢言，又豈能久留長安乎？」

賈誼聞此言，傷感不已，打發妻兒睡了，獨坐寒室，拿起昔年賜物白狐裘，摩挲片刻，便折起放入箱籠中了。

如是，寒荒歲初時，賈誼又攜家眷離京，心情與月前相比，恰有雲泥之別。

好在抵梁都睢陽後，見劉揖果然聰明好學，心中方感寬解，便放下了許多愁緒，一心輔佐。稍有閒暇時，仍是浮想聯翩、遐思萬里。時不久，便寫出一道萬言書來。

這日，文帝正在宣室殿批閱文牘，忽見有賈誼自睢陽上書，竟有十餘冊之多，當即就一驚。檢點字數，竟幾近萬字，便嘆息一聲道：「賈生不悔，仍是執拗如故！」

瀏覽那疏文，見開篇即是危言警告：臣竊觀天下大勢，可為痛哭者一，可為流涕者二，可為長嘆息者六，而其餘背理而傷道者，則難以遍舉。今之群臣進言者，皆曰天下已安已治，臣獨以為不可出此言。所謂安且治者，非愚則諛，皆非事實。猶如抱火積薪之下而寢其上，火未及燃，即謂之安。方今之勢，何異於此？本末顛倒，首尾不接，國制紛亂，非甚有紀，豈可謂治！

此節文字，如當頭棒喝，震人心魄。文帝頓覺坐立不安，立即喚來謁者，令關閉司馬門，不見朝臣。又命涓人燃起博山爐，焚香細讀疏文。

此文所論天子與諸侯、漢與匈奴，以及禮教崩壞之世象，無不透闢。其文意，環環相扣，首尾相銜。文筆忽峻忽緩，如當面娓娓陳情，理既深邃，文采亦佳，書生意氣不減當年。文帝讀之，拍案再三，連涓人在旁也看得瞠目。

其文要旨，在於說破諸侯國弊端。賈誼寫道：先帝建眾多諸侯國，本為固天下之本，然而天下卻少安，是何故也？皆因諸侯王幼弱時，漢家所置國相，尚能掌其國事；數年之後，諸侯王皆年至弱冠，血氣方剛，封國之中屬官，將遍置私人。如此，與淮南王、濟北王又有何不同？此時欲為治安，雖堯舜亦不能矣。

疏文又云：高皇帝割膏腴之地，封諸臣為王，多者百餘城，少者三四十縣，恩德無比。然其後十年之間，反者九起。以高皇帝當初手段，尚不能保一歲之平安，陛下今日亦必不能也。

當今同姓諸王，雖名為臣，實皆似布衣兄弟，無不仿帝制而以天子自居，擅加爵於私人，赦逃亡者死罪，甚或建黃蓋，不行漢法令。朝廷有令不肯聽，陛下召之又怎能來？即便來朝，法又怎能加罪？責罰一皇親，天下諸王即洶洶而起。陛下身邊，雖有強悍如馮敬、張釋之者，恐還未等張口，匕首已刺入其胸矣！

故疏者必危，親者必亂。異姓王恃強而動，以往高帝在時，朝廷僥倖勝之，卻又不改制。此後同姓王效仿而動，此伏彼起，禍亂之變未可預料。陛下為明君，處之尚不能安，後世又將如之何？

為此，賈誼獻計云：欲使天下治安，莫如多建諸侯國，而削其國力，國小則無邪心。如此，可令海內之勢暢通，如身之使臂，臂之使指，無不服從。諸侯王不敢有異心，八方來朝，心服天子，彼國小民亦知安分守己。當今之勢，應分割諸侯封地，令齊、趙、楚各為若干國，使悼惠王、幽王、元王諸子孫，無論長幼，各分其祖地，地盡而止。

看到此處，文帝立時徹悟，心中豁然貫通，不由連連擊掌。將這幾冊揀出，置於一旁。接著撥亮火燭，又埋頭看下去。

賈誼在文中，引了管子之語：「禮義廉恥，是謂四維；四維不張，國乃滅亡。」由此而論道：秦滅四維，故而君臣乖張紊亂，奸人並起，萬民離叛。天下僅十三年，而社稷覆亡。看今之漢家，四維猶未備也，故而奸人僥倖，眾心疑惑。宜早定規制，務使君君臣臣，上下有序；奸人無所僥倖，而群臣有信，心無疑惑。此業一定，世世常安，而後代亦有所遵循。若規制不定，則如渡江河而失槳楫，中流而遇風波，船必覆矣。

賈誼此論，可謂目光如炬；千古帝王業的要訣，皆在他的指畫中。文末，更是披肝瀝膽，直言道：「安者非一日而安也，危者非一日而危也，皆以累積而漸然。君主所累積，無非禮、法兩端，以禮義治臣民者，積禮義；以刑罰治臣民者，積刑罰。刑罰積而民怨恨，禮義積而民和善。百代以來，君主欲使民向善，其心皆同；而如何使民向善，則手段相異，或導之以德教，或驅之以法令。導之以德教者，德教洽而民氣樂；驅之以法令者，法令苛而民風哀。哀樂之異，便是禍福報應也。」

通篇讀罷，文帝如雷霆擊頂，百竅皆通，拍案道：「賈生大儒也，惜哉，惜哉！」便急遣涓人，去喚來太子劉啟，將抽出的幾冊疏文交給他，囑咐道：「限你於今夜秉燭，徹夜讀畢。明早，我要問你功課。」

太子劉啟見父皇所授，乃是賈誼上書，心中就一凜，不敢怠慢，忙以雙手捧好，諾諾而退。

次日朝食畢，劉啟來見，文帝便問：「閱此文，有何所思？」

劉啟當即答道：「昨夜讀之再三，所論深邃，兒臣尚不能盡然領會，唯讀到『疏者必危，親者必亂』一語，則深感悚然。」

「正是。賈誼此疏，可為萬世治安之策。今日，你將其餘各冊也拿去，抄錄一遍，務求詳解。」

「父皇，賈先生之論，既是切中要害，何不這便分割諸王之地，不使其漸成強幹？」

文帝便嘆息：「不可。比如百年古槐，枝幹虯結，匆促間不可盡除，否則必生變故，致天下動搖。」

劉啟頓了頓，似有遲疑，接著又道：「兒臣讀此文，忽有奇想：秦時一統，天下皆為郡縣，只因苛法而亡，故天下人都以郡縣為非。陳勝起事之時，秦吏離心，郡縣不能禦敵，故又以分封諸侯為上，以為可成拱衛。然諸侯王無論同姓異姓，自春秋時起，至韓、彭、濟北、淮南等王，無不為亂源，又談何拱衛？以賈先生之意，要將那諸侯封地，分割至鄉邑大小，方可稱漢承秦制。如此，才得永絕禍患。」

文帝眼中便精光一閃，喜道：「啟兒是讀懂了。只是……凡改制，務必漸行；猝然加之，亂必起自肘腋。你我父子，都不可操切。」

劉啟不由略顯失望：「待此事安妥，莫非需百年之功？」

文帝摩挲案頭簡冊，心不能平，慨嘆道：「以高帝之威，尚不能望天下盡歸郡縣；後世子孫，若百年能竟全功，便可稱聖明了。」

「兒臣明白了。此策抄畢，兒當置於書架，時常翻檢。」

「不然。其中平匈奴、建禮制兩事，應屬當務之急。尤以官民奢侈無度、尊卑無序、禮義不興、廉恥不行等弊，雖暫無傾覆之危，亦屬憂患，萬不可放過了，你且去領會。」

劉啟懷抱簡冊退下，文帝仍端坐案前，凝思良久，方輕嘆了一聲：「百年後人，當謝賈生也！」隨後，便喚來宦者，將案頭拂拭乾淨，不留一絲痕跡。

薄昭失勢，含恨飲毒終其命

文帝前元六年初，關中初雪時，沉寂已久的匈奴，忽有大事發生。這日，自漠北來一使者，馳入長安，報稱冒頓單于病亡，已由其子稽粥嗣位，號為老上單于。北使還攜來老上單于親筆信一封，求與漢家和親。

那冒頓單于，乃匈奴一代雄主，為此前數百年間所未有。漢初時，曾於白登山圍困高帝，後又以書信羞辱呂太后，倡狂不可一世。漢家勢弱，用兵不成，唯有用婁敬所獻之計，以和親為羈縻，算是暫息了刀兵之禍。

然和親亦不過權宜之計，匈奴強橫依舊。此前高帝、呂后時，先後兩次和親，雖阻住了匈奴傾巢來犯，卻阻不住胡騎常來犯邊，驚擾塞上。

文帝看罷老上單于來信，暗自鬆了口氣，卻也忍不住略有傷感，遂好言安撫了北使一番，允諾和親。滿朝文武聞說冒頓薨了，則無不喜形於色，額手稱慶。

不數日，宗正便在宗室中尋得一女子，由文帝下詔，許嫁與老上單于。古時皇帝之女稱公主，諸侯王之女則稱「翁主」。可憐這位翁主，年方及笄[37]，便要遠嫁漠北，終生不得歸寧。

說起那匈奴風俗，不獨飲食起居與漢地不同，婚娶亦與漢俗相異。翁主嫁與單于，若其後於單于死，則須下嫁其子；子死，又須下嫁其孫。

[37] 及笄（ㄐㄧ），古代女子年滿十五歲，可婚配，稱「及笄」。出自《禮記‧內則》。

漢人聞此風俗，只覺匪夷所思。想那小女子遠嫁萬里，舉目異俗，日夕思親，不知該有何等淒涼！漢匈之爭，漢家處下風，本是時勢使然，無人能一舉改觀。此等重負，也只得由一弱女子來擔起。

待選定了和親女，內廷又選遣了一名宦者，名喚中行說，護送翁主前往，並命他留在北地為陪臣。中行說本為燕人，熟知北地荒涼之狀，聞此消息大駭，哪裡願去？便藉故家有老母，向典客馮敬求情，不肯就遣。

馮敬聞之，連忙稟告文帝。文帝略作沉吟，吩咐馮敬道：「中行說生於朔方，為人還算老成，命他為陪臣，並無不妥。你去與他講，此去漠北，事關天下安危，不得免行。」

馮敬便向中行說轉述諭旨，中行說不敢違命，陰著臉，諾諾而退。

回到住處，中行說難以安睡，一整夜長吁短嘆。待天明，即與同僚訴苦，恨恨道：「朝中文武，個個都似有不世之才，如何臨事卻只遣我去？我雖是閹宦，亦有親眷在，此去便終生不得歸，悲乎哉！朝廷無義至此，便休怪我無情。待到了匈奴，我便助胡害漢，以抒此恨，左不過是個永不歸漢。」

同僚聽了，不禁咋舌，當即就有人密報馮敬。馮敬聞報不以為意，以為並非大事，只輕描淡寫向文帝提起。文帝也僅只一笑：「他一個閹人，能有何大害？逞口舌之快而已。北行艱難，選人不易，就隨他去吧。」

且說老上單于繼位不久，漢家情勢究竟如何，心中尚不踏實，此次求和親，無非是想試探。見文帝慨然應允，漢家翁主旋即嫁來北庭，便覺臉上有光。及至見了翁主，更是驚為天人，當即將翁主封為正室。又在王庭龍城（今蒙古國鄂爾渾河西側）擺下宴席，召來各部番王飲宴，大事慶賀了一番。

再看那中行說，既存了投靠之念，入匈奴後，自是八面玲瓏，果然討得老上單于喜歡。單于閒來無事，便喚他一同宴飲，聽他說些漢家事情。日久，中行說索性剖白心跡，表明了投胡效命之意。老上單于喜出望外，當即應允，收他做了身邊謀臣。

中行說驟登大貴，心中更恨漢家君臣無情，便傾盡心思為單于獻計，一心要強胡弱漢。

老上單于聽他說得多了，不禁有些心疑，笑道：「愛卿嘴巧，將漢家說得如此不堪。吾之臣民，卻是以漢家為貴，南來一絲一縷，皆視為寶物呢！」

中行說連忙叩首道：「匈奴距漢地千里，唯聞其好，不知其弊。小臣為漢人，漢地習俗，自幼熟之，方知其弊在骨。」

「哦？漢匈兩家，雖是各有短長，然漢家衣食器皿等，凡日常所用，確是遠勝我匈奴，此乃有目共睹也。」

「不然。小臣以為，若以基業而論，匈奴所成，倒是遠勝漢家許多。」

「這又從何說起？」

「匈奴人口寡少，不及漢家一郡之眾，卻能獨霸一方，與漢家相抗。此等雄才大略，可是漢天子能及的嗎？」

「哈哈！說得不錯，然漢家物產到底是豐盛，匈奴哪裡能及？」

「臣卻以為：匈奴人少，衣食易足，不必仰給於漢家，此即為匈奴之長。小臣來此，聞聽單于得漢物則喜，願變俗而隨之，倒是大出意料了，此恐非吉兆。」

老上單于聞言便一驚，斂衽坐直道：「這有何不吉？且為我說來。」

中行說此時已換了匈奴衣冠，便整了整胡服答道：「上有所好，下必甚焉。單于喜漢物，臣民則無不私心慕漢。那漢家物產，確是豐盛，略施與匈奴一二，匈奴之民便感激不盡。歲久，民心必然向漢。若遇兩家交兵，恐將相率降漢，背主求榮，則大王又將何以存身？小臣實為大王擔憂。」

單于聽得渾身一震，仰頭想想，覺此言甚有道理。

中行說見單于面露猶疑，便趁機進言道：「小臣斗膽進諫，大王可棄漢物不用，諸事以匈奴為本，以媚漢為卑，則臣民必定效法，傲然自信，無可搖撼。匈奴基業，方可穩立於北庭。」

老上單于自幼便慕漢物，所穿衣袍，皆為漢家繒帛製成。聞聽中行說之言，不由摩挲身上袍服良久，不能決斷，便勸勉了幾句，命中行說暫且退下，另召左右大都尉、大當戶、骨都侯、大且渠等文武諸臣前來商議。

那匈奴諸大臣，年紀閱歷各不相同，對中行說之言或讚或貶，一時爭執不下。老上單于見此，也不勉強，便將此事擱置一旁。此後，仍是貪戀漢物華美，不肯棄之。

中行說見匈奴君臣不聽進言，便心生一計。一日，趁單于與諸臣在穹廬氈帳議事，中行說特地穿上繒帛之衣，騎馬躍入荊叢，狂奔了一回。身上繒帛，旋即為荊棘所裂，成一身襤褸狀。而後，下馬返回氈帳，手指破衣道：「此即漢物，實無用也！」言畢，又換了氈裘穿上，復往荊棘叢中疾馳一回，返回帳內，謂諸臣道：「漢家繒帛華而不實，遠不及匈奴氈裘耐用，高下優劣，為諸君今日所親見。諸君本應自信，緣何要棄己之長，用人之短？」

單于帳中大臣見此，皆驚異不止。老上單于也有所心動，笑對諸臣道：「中行說原為漢人，深知其弊，眾愛卿今日可看清了？」

於此之後，匈奴一眾達官貴人，果然都換回了本國衣服，不再以漢家繒帛為貴。

中行說又對匈奴諸臣道：「漢家食物，寡淡無味，遠不如畜肉酪漿味美。」每與諸臣飲宴，見有漢家酒菜端上，則令侍者撤下，換上匈奴食物，方肯用飯。

匈奴諸臣見了，皆曰：「中行說身為漢人，猶厭漢習，可見漢家之物實在平常，不足取也。」

見匈奴君臣已漸棄漢俗，中行說心中暗喜，更教單于近臣如何計算數目，將那各部人口、牲畜等造冊理清。那匈奴施政，原本粗陋，自他這一番調教後，漸也有序起來。

老上單于得了這個降臣，大喜過望，將他視為至寶。此後凡有漢使來，便命中行說亦參與應對。

當時一般漢使，自恃從上國來，往往託大，見匈奴風俗鄙陋、物產貧瘠，不免都要譏笑一番。匈奴諸臣寡聞少見，不知該如何應對，唯中行說勇於出頭辯駁，振振有詞。

一日，有漢使攜禮物前來拜問單于，匈奴諸臣與之飲宴。席間，漢使飲酒多了，談及匈奴習俗輕老，譏笑道：「吾中國，皆知孝悌之義。下臣今至龍城，驚見胡俗輕老，民間以老為賤、以少為貴，不知所本為何？」

中行說聞言大為不忿，立即辯駁道：「漢人年年出官差，戍邊築城。出行者，皆為少年；哪次不是父老節衣縮食，以供子弟？這便不是輕老了嗎？」

那漢使未料遭此駁難，一時語塞，少頃才答道：「戍邊者，係苦差也，豈能令老弱前往？這便是漢俗尊老之故。」

那中行說不依不饒，當即反駁道：「聽君所言，原來也不糊塗！匈奴立國，與漢家大不相同，素以攻戰為上，從未有一言求和。想那耆老之輩，如何能戰？須以少壯出戰，衣食從優，方能無往而不勝。漢使若不信，可記否：當年冒頓單于，還曾險些擒住了高皇帝。下臣以為，無論何地之俗，皆須順勢。漢使少見多怪，豈能誣言匈奴輕老？」

匈奴諸臣聞此言，皆大笑不止。那漢使臉面上難堪，不由怒氣陡生，離席而起，戟指中行說面孔，叱道：「你知悉胡俗，才得幾日？我問你，匈奴父子親眷，竟同臥一穹廬中，不避長幼，已是駭人至極。且父死，子居然可娶後母為妻；兄弟死，則可娶兄弟之妻。逆倫至此，還敢說不足為奇嗎？」

中行說也憤然立起道：「貴邦孔子曰，『以道事君，不可則止』。此言足下可聞知否？足下為漢天子使臣，出使王庭，只知以漢俗為正道。然今日所論，為匈奴風俗，當以匈奴之道為上。按胡俗，父子兄弟死後，妻若他嫁，便成絕種；不如自娶之，以保全一家一姓。故而胡俗雖不同於漢家，卻可保種姓不衰。」

漢使仰頭笑道：「荒唐甚矣！倫常者，天地之綱紀也。聞足下之言，亂倫竟也有道理，無怪足下有如此面皮，要棄祖宗衣冠於不顧了！」

中行說輕蔑一笑，回駁道：「看足下面貌，似曾讀過書，可知那祖宗衣冠，也須名實相副？爾等漢家君臣，歷來侈談倫理，然自上而下，哪一家不是宗族疏離，各懷私心？至於骨肉相殘者，屢見不鮮，數次聳動天下，我便不指名道姓了，免得你面皮上不好看。如此有名無實，便等同欺世盜名。料你見得多了，也是心知肚明，只不敢說一句實話。偽善若此，譬如小人，還有何膽氣，敢來匈奴地面自誇呢！」

「咄！無禮無義，便是樹木無皮。漢家雖兵弱，卻是地廣人稠；匈奴兵強，反倒屈居一隅。何也？禮義不興焉！某愚鈍不才，看不懂足下行事。只不知，你滿腹心機，卻為何要棄禮義而圖小利，認他人作父？如此苟且，恐只為偷生，還談何保全種姓？」

「足下口不離禮義，貌似明理，然則何為禮義，可否簡明以示之？吾聞君臣之禮，簡明而後可行；看你那漢家禮儀，繁文縟節，有何益處？究其實，君不知如何為君，臣亦不知如何為臣，唯知上下相害，內外相殺。高皇帝以來相殺事，還看得少嗎？」

漢使不由氣極，斥責道：「妄言！中國為足下父母之邦，即便降了外藩，亦應知恩。如此詆毀家邦，無乃禽獸乎？」

聞漢使此話，中行說被登時激怒，抽出佩劍來，直指漢使道：「足下來王庭，不過是一弱國使者，屈膝來朝，休得在此指手畫腳。且將你所攜禮物，檢點清楚，博得單于歡心就好。若不合單于之意，便要小心，待秋高馬肥，或將有胡騎數萬越境，踏破你那關中老巢！」

漢使見中行說變了臉，心中到底是膽怯，只得住了口。旁觀的匈奴諸臣，見漢使辯不過中行說，都笑顏逐開，端起酒先敬中行說，後又敬漢使，轉圜了幾句，將場面圓了下來。

事後，有大臣將論辯始末，稟報了老上單于。單于亦是滿心高興，待漢使也益發傲慢起來。

且說自高帝和親以來，漢家皇帝寫給匈奴單于的書信，歷來竹簡長一尺一寸，抬頭寫「皇帝敬問匈奴大單于無恙」。當時單于回書，並無一定之規。此次中行說舌戰漢使，挫了漢家銳氣，便趁機向單于建言，回書亦應有規制，務必揚匈奴之威。

老上單于欣然採納，此次回漢皇帝書，便是簡長一尺二寸，故意壓漢家一頭；抬頭則寫「天地所生、日月所置匈奴大單于，敬問漢皇帝無恙」，一派居高臨下口吻。信末所用印鑑，也比漢皇帝玉璽略大。

那漢使攜書信回朝，文帝看見書信制式，心中一驚，急問使者緣由。使者便將中行說狡辯之言，複述了一遍。

文帝細細聽了，愁雲便上了眉頭，悔不該遣中行說北上。心知是老上單于新立，有意立威，既謀得和親，便沒了顧忌。如今受了中行說慫恿，立顯出霸道來，或將興兵犯邊也未可知。

此後數日，文帝召來張蒼、馮敬等人，數度商議，卻也沒個主張。張蒼便道：「臣聞賈誼近日上書，曾論及匈奴事，不知可否有高明之計？」

文帝搖頭苦笑道：「書生之見，從來恢宏，所論雖有遠慮，卻難以救急。事既至此，只得諭令邊關各郡守，要小心防備才好。」

諸臣退下後，文帝又取出賈誼的奏疏來，重讀論及匈奴之語，只覺得句句錐心——奏疏曰：「陛下何忍以帝皇之名號，而為戎人諸侯？勢既屈辱，且禍患不息，長此以往，何時方為盡頭？為陛下出謀者，皆自以為是，不通謀略，無才無能甚矣！臣看那匈奴之眾，不過漢地一大縣；以我天下之大，困於一縣之眾，下臣甚為執事大臣羞之。

陛下何不試以微臣掌外藩之事，以主宰匈奴？行臣之『三表』、『五餌』計謀，必繩繫單于之頸而扼其喉，降伏中行說而笞其背，令匈奴之眾唯天子是從。今日漢君臣，不獵敵騎而獵豬羊，不搏賊寇而搏狐兔，貪小樂而不思大患，天下又何以能安？君王若有威德，德可遠施，威可遠加，而今數百里外威德便不行，漢家可為流涕者此也。」

放下簡冊，文帝想想心傷，果真就落下淚來，喃喃道：「豈是執事大臣之羞？乃吾無能之羞也。然則，欲繫單于之頸、笞中行說之背，又談何容易⋯⋯」

既是無計可施，此事便只好擱下。自此邊地各郡，都嚴命官民謹慎行事，不敢輕易觸怒匈奴。

且說文帝這邊小心翼翼，匈奴老上單于那邊，湊巧也無暇旁顧。於是，兩下裡好歹無事。

白衣蒼狗，歲月更替，堪堪已至前元十年（西元前 170 年）。這一年，海內清平，邊地亦無大事發生。漢家君臣，這才放下心來。

這年入冬，文帝率文武諸臣及禁軍，再次巡幸甘泉宮，以慰勉軍民，威懾匈奴。臨行前，命國舅、車騎將軍薄昭留守京師。

北巡一路，照例是郡縣迎送，百姓夾道觀望，倒也平順。卻不料文帝在外時，朝中卻出了一件非常之事。

事情緣起，乃是文帝入住甘泉宮後，遣一使者返京，通報薄昭。不巧那使者與薄昭素有嫌隙，言語之間，觸怒了薄昭。薄昭本就對此人懷恨，見他頂撞，更怒不可遏，當場拔出劍來，竟將那使者一劍砍死。

薄昭身為外戚，又立過大功，拜為車騎將軍後，位高權重，深得寵信，日久便跋扈起來。拔劍殺使者之時，只道是殺了一個僕從，全不顧使者乃是天子所遣。

那使者被殺後，薄昭遣人知會了新任中尉周舍，就算了事，其餘則全然不顧。中尉負有京師治安之責，聞報大驚，一邊急赴薄邸處置，一邊遣人急報文帝。

消息傳開，長安城內議論紛起，官民都大感不平，覺薄昭目無法紀過甚。雖是國舅，此罪亦不容赦，故而都想看天子如何處置。

文帝在甘泉宮得了消息，果然震怒，想到近年用張蒼為相，便是欲使天下人都知守法。薄昭既為外戚，本應格外謹慎，豈料他竟敢擅殺帝使，令天子顏面掃地。若殺的是自家奴僕，倒也罷了，可敷衍過去；然擅殺朝使卻是聞所未聞，天下人無不矚目，想要袒護也難。若一旦赦免，則皇親國戚都沒了禁忌，哪個還肯聽駕馭？

文帝默默無語三日，晨起又讀〈治安策〉，忽想到諸呂作亂事，心中就一凜，便欲下令誅殺薄昭，以絕後患。然轉念一想：若按法處死薄昭，母后那裡，又該如何交代？若母后不允，此事便成大尷尬，倒要教天下人看笑話了。

如此延宕多日，文帝與張蒼等人商議再三，仍是覺薄昭專擅，已不可忍，不殺不足以服人心。

文帝對諸臣道：「諸君之意既如此，便可逮薄昭入獄，按法處置。天子之尊，在於法令暢行，朕登位已逾十年，尚有如此公然犯法者，是可忍，孰不可忍！」

張蒼卻略有擔心：「按法加罪，於理不謬，然太后顏面亦須顧及。可在問罪之後，請太后恩旨赦免。」

文帝便低頭沉思，片刻後，昂首斷然道：「不可，此罪不可縱容。環顧海內，各處已無半個梟雄，唯薄昭一人跋扈異常。誅薄昭，乃是昭示天下，外戚犯法亦不可免，要教那諸王、列侯看了，都心存畏懼。如此，朕即使百年之後，也無須擔憂太子安危了。」

馮敬想到薄昭功勞，心有不忍，便猶豫道：「殺與不殺，利弊倒也分明，只是其中緣由，萬不能公之於世。薄將軍當初有大功，世人皆知，今日斷然誅殺，須得有個說法。」

文帝猛一拂袖道：「諸君不必過慮，既決意誅之，朕自有辦法，諸君聽命便是。」

當下君臣議畢，文帝便立即遣使返長安，命中尉周舍將薄昭軟禁在家，不許外出一步。

再說那薄昭，平日裡跋扈慣了，殺個使者，本不以為意。忽一日清晨，司閽奔入驚道：「中尉帶了兵卒來，將府邸團團圍住！」

薄昭這才知大事不好，欲出門去看，卻被兵卒橫戟阻住：「侯爺止步！奉詔令，無論貴府何人，皆不得出。」

薄昭瞠目大怒：「詔令？我犯了何罪，竟不得出家門！今上乃我甥兒，我還怕他不成？且把詔令與我看。」

話音未落，便有大隊兵卒一擁而上，挺戟逼住府門。一校尉跨步揖禮道：「軹侯且息怒，詔令昨夜送至中尉衙署，令侯爺在家待罪。我等奉命來此，未有中尉口諭，不敢放行。」

「中尉？好，你教那周舍來說話！」

「中尉周舍有令，不見軹侯，恕下官不能從命。」

「什麼？……我府中僕從，可否出入？」

「亦不可。」

「笑話！莫非有詔，欲令我全家餓死？」

「貴府所用食蔬，皆由我等代買。」

薄昭與兵卒起了爭執，巷中有人聞聲，都跑了出來，遠遠圍住了看。那校尉便勸薄昭道：「以侯爺之尊，天下無雙。詔令無非是禁出入，並無其他。待天子返回，侯爺便可知分曉。若一味為難下官，倒教那閒人看笑話了。」

薄昭想想也有道理，便哼了一聲，拂袖而退。心中也知，定是擅殺觸怒了甥兒。回到內室，忙喚了家老來，令他翻牆出去，往長樂宮薄太后處告急。

家老領命，便搬了梯子登牆窺看，但見牆外各處，均有軍卒把守，四面圍得水洩不通，哪裡還能出得去？

聽了家老回報，薄昭這才知事情鬧大，登時汗流浹背，揮退了家老，獨自癱倚於幾上。

想想這個使者，不過是內廷一個郎官，而非功臣貴戚，即便失手殺了，甥兒又何必動怒？看來劉恆這小兒，早不似當初了，近來尤重文法吏，區區小事，就如此作勢，莫非有意給天下人看？若是如此，則奪爵削邑恐是難免了。

想到此，薄昭就嘆氣，心中暗道：「不承想逞一時之快，卻惹了如此大禍。只得待甥兒返歸，請阿姐來裁斷。好在我有擁立之功，小子也不至無情過甚，到時辯白數語，或許就可解脫了。」

如此一想，薄昭心中漸漸釋然，便不再煩惱了。既不能出入，且隨他去，轉而命僕人將窖藏的好酒取出，終日狂飲，不再過問門外事。

如此捱過旬日，闔府老少都望眼欲穿，忽一日見兵卒加多，臉上煞氣更重，便猜想天子或已還都。未料，不見有諭旨下來，卻有蹊蹺事發生。

這日清晨，薄邸門前忽然人聲喧嚷，車馬輻輳，有二十餘位公卿聯翩而來，上門拜訪。為首者乃是丞相張蒼，其餘為九卿及次卿等。

薄昭被軟禁數日，卻好似過了幾年，如今見了眾公卿，心中略一鬆，忙將諸人迎入正堂，依主賓坐下。

張蒼略整整衣冠，環顧座中，特意掃了一眼馮敬。馮敬便會意，向薄昭拜道：「多日不見將軍，諸人皆想念。今日來，只為敘舊，要與將軍暢飲一回。」

薄昭心中疑惑，不知公卿造訪是何用意，然冠蓋滿門，臉面上終究有光，便欲吩咐下人去備酒菜。

馮敬卻伸臂攔住，笑道：「將軍少安勿躁，貴府近日有所不便，我等也都盡知，自帶了酒菜來，吩咐庖廚分好便是。」

薄昭聞此言，不覺一怔，望望諸人神色，覺各個虛實莫測，心下就更茫然。

少頃，薄邸僕人將酒菜端上，眾人便舉杯祝酒，互敘舊誼。薄昭終究是聰明，知眾公卿此來，絕非無意，定是與擅殺一事有關，便故意將話頭引至誅呂往事上，也好擺擺功勞。

當年謀劃誅呂，張蒼曾參與其事，親見許多細事，不為外人所知，此時在酒席上講出來，眾人都聽得仔細。講到北軍當年入宮，眾人便想到劉興居下場，都唏噓不止。

馮敬此時忽然道：「城陽王、濟北王兩兄弟，當日固然神勇；然薄將軍冒險入都，勸今上登位，亦是功不可沒。我等諸人，當敬一杯。」

眾人便紛紛祝酒，滿座一派喧譁。

薄昭不由面露得意之色，嘴上卻只是謙讓：「諸公是我前輩，迎今上登位，皆有大功。下官區區之勞，何足道哉！」

如此酒過三巡，張蒼放下酒杯，忽然語氣蒼涼道：「當年諸呂猖獗，外戚干政，我等捨命誅盡鼠輩，乃是為延漢祚。幸而事成，迎來今上入主大統，漢家方得重生。殷鑑不遠，不容輕忽。我等既為股肱之臣，當力護法統，不可壞了綱紀。若綱紀崩解，即使朝中遍布文法吏，亦禁制不住，難挽頹局。」

這一番話，說得眾人感慨，都紛紛附和。

薄昭卻聽得心驚，面露尷尬，連忙敷衍道：「張丞相自秦入漢，聲名遠播，為當今漢家之棟梁。有丞相在，漢綱紀便在，我等都省去了許多心思。」

「也不盡然。設若上無明君，則雖有能臣萬千，也難以治天下。韓非子曰：『人主者，以刑、德制臣也。』今上用老臣為相，無他，就是看重老臣這用刑之才。」

廷尉張釋之在座中，此前一直未語，此時忽地站起，向張蒼一揖，贊同道：「丞相說得是。為臣之道，德不能薄；為政之道，刑不能弱。善用刑者，不在嚴苛，而在持平；若刑不上大夫，則何以指望治平天下？」眾人聞此言，都紛紛拊掌叫好。

薄昭聞此言不善，氣血便湧上頭來，正要開口，忽見張釋之掉轉頭來，略施一揖，雙目炯炯道：「薄公身為皇親，又有迎立之功，在下唯有欽敬。然刑法昭然，功罪不能相抵。吾聞薄公近日擅殺帝使，觸犯漢法，此事不可敷衍，公當自裁以謝天下！」

薄昭大驚失色，未及對答，張蒼、馮敬等人便一齊起身，向薄昭揖禮。張蒼更是語聲鏗然道：「張廷尉所言，乃是我等欲諫薄公之言。足下擅殺帝使，失盡朝廷顏面，天下四方，無不議論洶洶。今上顧及骨肉之情，不便處置，薄公卻不應置若罔聞。老臣也以為，漢家異於暴秦，全在於律法持平。若薄公惜命，以外戚之身僥倖脫罪，則天下臣民怎能心服？法既不平，國祚又談何萬代？恐在我輩手中，便要煙消雲散了。」

馮敬也緊追了一句：「薄公，事已至此，神人也不可挽回。還請公儘早了斷，萬勿隨濟北、淮南之後，為宗室之恥。」

薄昭心下這才明白，原來眾公卿上門，是來催命的。當下臉色大變，環指座中人，憤然道：「我道諸公清閒，前來小敘，卻不料是各懷心機。我薄某當不當死，諸公恐是說了不算，只看今上之意裁斷。以往天子曾殺姪殺弟，今又欲殺母舅，自是不怪，然也須他親下詔令。我薄氏一門，與劉氏根脈相繫，不可謂兩姓。今上素有孝悌之名，今日事，就看他敢不敢再次殺親了！」言畢便一甩袖坐下，閉目不語。

張蒼等人聞言無不駭然，見事成僵局，只好復又坐下，在一旁婉言相勸。薄昭心中惱恨，任憑眾人千言萬語，只是紋絲不動。

眾公卿面面相覷，自覺沒趣，只得紛紛起身，向薄昭道別，相率出了薄邸。

且說文帝在未央宮坐等回音，見諸臣沮喪而歸，知是薄昭並未就範，便請眾人坐下，慢慢道來。聽了諸臣稟報，略一沉思，便道：「不急。諸君且去歇息。」當下揮退眾人，唯留下張蒼，吩咐道，「有勞丞相赴長樂宮，將薄昭事始末，說與太后聽。其餘諸事，朕自有主張。」

張蒼領命，便轉赴長樂宮，求見薄太后。

薄太后此時，正在長信殿閉目養神，聞聽張蒼求見，心中就一驚。待得張蒼進來，劈面便發問道：「丞相，今日如何是你來？」

張蒼不由得怔住，不知該如何作答。原來，自薄太后患了目疾，文帝每日必來問安，親奉羹飯。然此次自甘泉宮返回，卻是一連數日不來。薄太后不知出了何事，正在揣測，忽聞張蒼前來，自然有此一問。

察覺張蒼神色惶然，薄太后便一笑：「吾兒每日問安，多年不輟。這幾日倒是蹊蹺，竟是不來了。」

張蒼這才猛省，立即悟到文帝用意，便將薄昭擅殺朝使事始末，對薄太后細述了一遍。

薄太后聽罷，亦是大驚：「前者聽到涓人偶語，知薄昭干犯法紀，卻不料竟是此等大事！」

「薄昭擅殺朝使，史上所無。如今朝野盡知，諸臣也無力為他掩蓋。」

「按漢法，薄昭該當何罪？」

「此乃『故殺』之罪，按律當斬。」

「啊！可否減死論罪？」

「不可。此非失手誤殺，亦不涉姦情、無關親仇，故不可減罪。」

「皇帝又是何意？」

「今上並未下詔，只令微臣稟告太后。」

「可要討哀家旨意嗎？」

「今上並未明言。」

「唔——」薄太后心中立時雪亮，知文帝已有了決斷，要拿薄昭來祭刀。

數年來，文帝重用文法吏，重振綱紀，內外都有讚聲。薄太后雖身居深宮，亦常有耳聞，人前人後多有誇讚。如今自家親弟犯了死罪，於情法之間，倒是難住了薄太后，不知該如何發話才好。

思忖片刻，只得嘆口氣道：「事涉薄昭，哀家也難做人，便不說什麼了。事情我已知，他分明是自尋死！」

張蒼便道：「薄公不慎，竟至罪無可綰。臣體察今上之意，似是欲勸薄公自盡，以免入獄問罪，辱沒門楣。」

薄太后立時滿眼含淚：「原來吾兒不來，是懷有此意！這⋯⋯也好。皇親犯法，前者已有劉長之鑑；皇弟尚不能免，況裙帶之親乎？幸而薄昭之罪，僅止於此，倒還不至似那諸呂⋯⋯」說到此，便止不住哽咽，隨即淚落如雨。

張蒼也忍不住淚下，連忙伏地叩首，勸慰了幾句，便返回未央宮覆命。

文帝聽了張蒼講述，知太后沒有言語，心頭便一鬆，招手道：「張公，你且附耳過來。」便向張蒼耳語了幾句。

張蒼聽罷，略露驚愕之色，旋即神色凜然，拱手道：「微臣領命。明日一早，即率眾公卿再往。」

待到次日清晨，薄昭尚未起，便有司閽來報：「今日公卿又來，倒比昨日還要多些。連那太僕夏侯嬰，也手持竹杖來了。」

薄昭被擾醒，滿心不耐煩，揮手嗤笑道：「皆是無用之輩！若真有本事，能請來太后便罷。」當即吩咐家老，「請諸公入正堂，只說我隨後便至。」

待薄昭梳洗畢，穿上見客袍服，邁入正堂，不由就呆了 —— 只見那正堂上，公卿、列侯坐了滿堂，人人一身縞素，有如弔喪。那夏侯嬰白髮皤然，亦是一襲素服，端坐於正中。

見薄昭步入，夏侯嬰立時起身，眾人也跟著起來，紛紛揖禮。

薄昭滿面驚愕，竟忘了回禮，結結巴巴道：「滕公⋯⋯諸位這是何意？」

張蒼跨出一步，朗聲道：「下官張蒼等五十三人，不忍見薄公被刑，棄市於街衢，特意前來送行。」

話音剛落，便有一天子使者，從眾人身後轉出，手托一個紅漆酒壺，內盛毒酒。薄昭霎時心明，面如死灰，驚道：「這，這是⋯⋯」

張蒼便道：「薄公若飲此鴆酒，便是求仁，可留個剛烈之名；若不飲此酒，則棄身於西市，為萬人所唾。事已至此，容不得遲疑了！」

薄昭眼睛一熱，仰天嘆道：「甥兒逼我，竟至於此嗎？我只求太后有一語。」

「老臣昨日已見過太后，太后確有話說。」

「說的甚？」

「太后曰：劉長為皇弟，尚不能免，況裙帶之親乎？」

薄昭聞言，雙目一閉，嘆了聲：「今番休了！」隨即，向滿堂公卿揖了揖，便又道，「容我與家眷告別。」

不料，張釋之卻搶上前來，從使者手上拿過酒壺，斟滿一杯遞上，高聲勸道：「薄公，大丈夫行事，何須效小兒女狀？」

薄昭便怒目圓睜，直視眾人道：「堂上諸公，半數曾請託於我，或為謀官，或為攫財。當日諂笑，至今我未能忘，莫非此刻，全都盼我早死嗎？」

諸臣聞聽此言，果然多半埋下頭去，不敢與薄昭對視。唯有夏侯嬰豪氣滿身，跨出一步道：「老夫便不曾求過國舅，所有功名，皆於劍鋒上奪來。大丈夫，當坦蕩行事，豈可貪生怕死？你雖功高，終究是未歷戰陣，既有膽殺無辜，為何卻無膽償罪？」

薄昭望望夏侯嬰，不由氣沮，哀鳴一聲道：「罷了！滕公既如此說，我也無話，便遂了諸公之願吧！」言畢，接過張釋之手上酒杯，一飲而盡。

滿堂公卿見了，不由臉也變色，都紛紛伏地，不忍抬頭。

薄昭擲了酒杯，撩衣坐下，對眾人笑道：「此酒甘洌，惜乎今生只此一回。來日黃泉下，再與諸君飲……」言未畢，毒性已發作，身子便歪倒了下去，當場氣絕。

後堂裡家眷聞知，立時哀聲大作，爭相搶入正堂，撫屍慟哭。眾家眷也知公卿是奉了上命，前來賜死的，因此不敢怨怒，只是不住聲地哀哭。

眾公卿甚覺尷尬，也陪著灑了些淚，幫忙布好靈堂，將屍身入殮，拜了三拜，方才陸續離去。

當日，公卿入朝，向文帝稟明薄昭已死。文帝聽了，臉上無喜無怒，只頷首道：「朕已知，遣人將棺槨送歸故里，好生厚葬。薄昭之子，則可襲侯。」

且說那竇后在椒房殿，聞此驟變，滿心不安，輾轉一夜未能眠。天明，即往長樂宮去，向薄太后問安。

一見太后，竇后即伏地俯首，淚如雨下。薄太后見了，也不勸阻，只淡淡問道：「妳又何須前來？坐起說話吧。」

竇后這才起身，拭淚答道：「昨日聞國舅事，妾終夜不安，甚為太后擔憂。」

「皇后有所不知：薄昭獲罪事，唯有如此，上下才得安寧。前幾日，老身也曾輾轉反側，卻於事無補。此事所涉，乃朝堂綱紀，與我輩女流無干，皇后也不必多慮。」

「國舅情義甚篤，一向善待諸皇子。如今猝亡，妾身焉能不悲？」

薄太后望望竇后，長嘆了一聲：「老身亦頗悔，當初便不該教他封侯。看妳那兩兄弟，布衣隱於市，倒最為安妥。」

竇后當即領悟，心中也覺僥倖，嘴上卻道：「妾那兩兄弟，實不成器，不提也罷。」言畢，便只顧默默流淚。

薄太后也忍不住，落下兩行淚來。俄頃，忽吩咐涓人道：「去喚太子來。」未幾，太子劉啟應召前來，見過太后、母后，便伏地聽命。

薄太后問道：「孫兒，舅公之事，可知其詳？」

劉啟滿懷忐忑，只小心答道：「昨日滿長安已傳遍，孫兒亦有耳聞。」

「此事，孫兒有何所悟？」

「即是皇親，亦不可犯法。」

「膚淺之見！你舅公，實是為你而死。」

劉啟便感驚愕：「啊？這……與孫兒有何干係？」

薄太后揮了揮袖，只道：「待冬至日，你勿忘前往薄邸，好好祭拜就是。」

竇后心中明白，忙拉了劉啟一把，催促道：「愚兒，還不謝太后指點？」

薄太后擺擺手止住，望住竇后，殷切囑道：「妳我都有目疾，看得不遠。孫兒將來是要坐天下的，萬勿短視。妳們且回吧，老身已多日未歇好，今日要好好睡下。」

竇后、劉啟聞言，忙叩首問安，又勸慰了幾句，才起身離去。

如是，薄昭之死便如一陣飆風，旋起旋落。又似池中微瀾，過了便無人說起。唯有四方諸王各自心驚，都記在了心中，不敢再有所造次。

此前許多年，文帝曾日夜苦思，勤謹自律，一心要治平天下。於這之後，可謂大功已告成。夜深人靜時，偶爾也想起賈誼來 —— 歲月蹉跎，當初那翩翩少年，如今也是人到中年了。文帝心中，便常有嘆息。

如此轉過年來，是前元十一年（西元前 169 年），賈誼那邊，偏偏就出了事。

這年仲夏，梁王劉揖自睢陽入朝，按例向文帝問安，賈誼為梁國重臣，亦隨之。那梁王方逾十齡，年少任性，見一路景緻美妙，不由意興飛揚，策馬跑得甚急。賈誼看在眼裡，心中也喜。豈料，半途梁王馬失前蹄，竟墜下馬來，頭觸地，血流如注。

賈誼與隨從急忙趕上，下馬扶起梁王。只見這一跤，卻是跌得狠了。梁王面色慘白，口鼻流血，呼吸已不暢，囁嚅道：「太傅，怕是不行了，浮生且了……」

賈誼不由大急，忙喚隨行醫官來看。眾人七手八腳，將傷處包紮好，送至驛館，那梁王已是一口口喘氣，說不出話了。

賈誼驚出一身汗來，又令醫官熬藥。可惜未等藥成，再看梁王，已然面如白堊，兩眼上翻，眼見是活不成了。

「這如何得了！」賈誼慌了，抱起梁王來急呼。怎奈未熬過一時三刻，那少年梁王，竟是一命嗚呼了。

梁王自幼聰慧，一向敬重賈誼，兩人相契，竟似知音。來梁國四年多，賈誼盡心輔佐梁王，眼見他一日日成才，心中頗為自得。今日忽遭此禍，不啻是晴天霹靂，當下就抱著梁王，放聲大哭起來。

直哭到夜半淚盡，賈誼才勉強打起精神，一面遣人急報朝廷，一面率眾人料理好後事，扶柩返歸梁都睢陽。

此時梁國相為老將王恬啟，聞訊亦是愕然，不禁與賈誼相對垂淚。然後，兩人一道張羅修了墳墓，將梁王安葬。待諸事辦妥後，賈誼深為自責，想到梁王年少無後，按例封國將要撤去，身後不免淒涼，便欲上書建言，為梁王立後嗣。

賈誼遂伏案，鋪開筆墨正要書寫，忽想到天下大勢，處處有危象，不由就為文帝擔起心來。此時海內已多年無事，上下都以為從此太平，賈誼卻不為浮言所惑，獨具慧眼，看事看到了骨子裡去。於是提筆寫了一道奏疏，縱論大勢。

賈誼奏疏曰：如今諸侯王之勢，不過傳了兩三世，便各個逞強，漢法不得行。陛下所能依恃者，唯有代國、淮陽兩處。代國尚無事，尷尬就在淮陽國（今河南省淮陽縣、扶溝縣一帶），此國區區封地，與各大諸侯比，不過是人臉上的一顆痣，不足以禁制諸侯，一旦有事，必成大國餌食。

賈誼何以會出此論？原來，在劉氏諸王之中，原本有文帝嫡子劉武，及庶子劉參、劉揖三人。其餘各王，皆為旁枝。如今幼子劉揖亡故，唯餘劉武、劉參兩人，皇子勢力就不免孤單。

皇次子劉武原為代王，數年前徙為淮陽王。劉武赴淮陽後，原太原王劉參徙為代王；太原國之地，亦隨之併入代國。如此一來，代國封地固然有所增益，有利邊防；然劉武所在的淮陽國，封地就略嫌狹小，不足以震懾其餘諸王。

賈誼也知，文帝徙劉武為淮陽王，是為避嫌。因劉武素為竇后所溺愛，朝野盡知，文帝不願天下人指他偏私，便封給了劉武一個小國。賈誼因此諫道：

今制天下之權在陛下，陛下封諸國，為何令親子作旁人餌食？天子之行，應異於布衣。布衣之人，最喜粉飾小行、炫耀小廉，以此取悅於鄉黨。天子所慮，則唯有天下安固與否。想那昔日，高皇帝瓜分天下，大封功臣，造反者卻多如蝟毛。其後以為不可，遂削去不義諸侯，立諸子為王，而天下大安。故而大人者，當不計小行，以成大功。

一番勸諫後，賈誼便為文帝獻計，指點迷津，說道：當下，應將原淮南之地，盡數併入淮陽國，以壯大劉武之勢。另將淮陽國北邊二三列城，併入梁國，使梁國封地亦有所增益。眼下若為梁王立後嗣，可徙代王劉參為梁王，以其子過繼給梁王承祀。

如此一來，梁國北至河邊，淮陽國南至江邊，堪為關中屏障。兩國為皇子劉參、劉武所轄，其餘各諸侯即便有異心，亦無膽量謀之。改劃封疆之後，梁國足以制齊趙，淮陽國足以制吳楚，陛下便可高枕無憂了。

賈誼唯恐文帝不信，不惜以危言警示：當今天下，恬然無事，皆因諸侯尚年少，數年之後，天下之患，陛下便可見也。當年秦始皇，日夜勞心以除六國之禍；今陛下權傾天下，卻拱手以成六國之禍，是為不智。若身前留下禍根，百年之後，禍亂必將及於幼子，釀成大患。

文帝接了奏疏閱之，見賈誼仍是一如既往，語帶鋒芒，不禁笑了笑。細思之，卻是甚覺有理，便又嘆了一回：「賈生之才，確乎曠代罕有！」當即全盤採納，稍作變通，下令撤去淮陽國，將其地併入淮南，重置淮南國；又將劉章之子劉喜，從城陽王徙為淮南王。如此，既可安撫劉章一枝，亦可鎮撫南邊。

原淮陽王劉武，則徙為梁王，並按賈誼之計，增加封地，使梁國北接泰山、西至高陽（今河南省杞縣），成為長安以東最大屏障。此次挪動，看似閒棋，日後朝廷卻因此受益，算是賈誼留給後世的一大功勞，此處且按下不表。

其時，已故淮南王劉長的四子，皆已封侯。賈誼知文帝心思，定是要為這四人封王，於是又上疏諫道：「竊以為，陛下將封淮南王諸子為王，不知是何人出此計也？淮南王悖逆無道，天下誰人不知其罪？陛下赦而遷之。於途中，淮南王自盡而死，天下又有誰謂其不當死？今若尊罪人之子，則必負天下謗名。四子少壯，豈能忘其父？臣以為：與仇人之便，用以危漢，實為不當之策。即便將其分割為四，四子亦一心也。使其廣有人財，無異於豢養伍子胥、荊軻之輩，即所謂借虎翼與賊兵是也。願陛下稍作留意。」

賈誼在此處的眼光，竟是看到了身後許多年。疏中所預見之事，後來果然都言中。然文帝當其時，思之再三，終覺對不起劉長，遂擱置一旁，善待劉長四子如故。後又過了數年，在追謚劉長為淮南厲王之際，立其三子為淮南王、衡山王、廬江王，將原淮南國一分為三。也算是依照賈誼之計，令旁枝諸侯盡數成了小國。

卻說梁王劉揖死後，賈誼倍覺內疚，以為自己做太傅未能盡職，竟眼睜睜看著主上殞命，為此常暗自哭泣。其間，又聞舊友宋忠出使匈奴，未至王庭便擅自返歸，因而獲罪，就更加傷感，身體日漸虛弱，過了年餘，竟也病故了。

臨終之際，賈誼臥於榻上，回想起平生遭際，正如高人司馬季主所言，盛極而衰，不覺就傷情。忽又想起，在長沙時那隻飛進屋內的鵩鳥，口中便喃喃道：「其生兮若浮，其死兮若休。吾今休矣，不致再苦了！」

其妻兒圍於榻邊，哀泣不止。賈誼便囑其子賈璠道：「孫兒輩勿求成大器，若喜讀書，甚好；若不喜讀書，亦甚好……」言未畢，竟溘然長逝，宛如鵩鳥化作精靈而去。

賈誼死時，年僅三十三歲。消息傳到長安，文帝默然許久。至中夜想起，枕上又嘆息了數聲。

後賈誼之孫二人，皆官至郡守，其中賈嘉最為好學，頗有世家之風。

賈誼死後，後世士人多為之惋惜。多年後，有楚元王四世孫、經學泰斗劉向，力讚賈誼之才，可直追伊尹、管仲。倘使當時見用，則功業必盛，惜乎為庸臣所害，甚可悼痛。司馬遷卻以為：文帝施政謹慎，足見賈誼之論已付施行。縱觀其生平，雖英年早逝，位不及公卿，卻不能說是不遇。

賈誼畢生著述，計有五十八篇，其中有補於世事者，皆傳於後世。一代華章，流韻千載，至今仍有人讚不絕口。

賈誼病歿，文帝甚悵然，以為賈誼之才，海內無人能及，今後不知良策何出？為此鬱鬱多日。偏巧這一年夏，北地又起邊警，鬧得千里不安。

原來，新即位的老上單于，得了中行說這個謀臣，探知漢地虛實，對漢家便不再忌憚。那中行說又屢屢獻計，力促興兵南犯，老上單于亦深以為然。是年秋，單于探知周勃已死，以為漢家再無良將，便拋卻和親之約，發兵數萬騎，入寇狄道（今甘肅省臨洮縣），斬了當地守尉首級，大掠人畜。

文帝氣惱，便寫信去責備，指老上單于背信棄義，老上單于卻只是不理。文帝別無良策，只得一面下詔激勵官吏禦敵，一面調兵徵餉，往援北地。一時間，邊境日夕戒備，數十萬兵民惶惶不安。

時不久，隴西有一小吏，奉詔而起，率兵民與來犯胡騎廝殺，斬殺了一個番王。胡騎受驚，不敢戀戰，旋即紛紛退走。消息傳回，朝野士氣略為一振。

恰在此時，文帝忽接到太子家令[38]晁錯的一道奏疏，對兵事所言甚詳。文帝細細閱之，竟是擊節讚嘆不止。只見那晁錯寫道：「臣聞戰勝之威，民氣百倍；敗軍之卒，沒世不復。自高后以來，隴西三困於匈奴，民氣大傷，無有勝意。今有隴西之吏，奉陛下明詔，集合士卒，砥礪其

[38] 太子家令，掌太子家事務的總管。

志，率敗傷之民，當乘勝之匈奴，以少擊眾，殺其一王。此役得勝，非隴西之民有勇怯不同，乃是將吏用兵有巧拙之別也。兵法日：『有必勝之將，無必勝之民。』以此觀之，安邊境，立功名，全在於良將，不可不擇也。」

文帝看到此，不禁拍案嘆道：「果真是如此！若有一廉頗，百世無憂；若得一李牧，則萬世安寧矣。可惜朝中良將，類此者甚少。」

嘆罷，又埋頭看去，見晁錯論及漢匈兩家，各有地形、戰技、兵器之長；其中匈奴長技有三，漢家長技有五。且漢家可興數十萬之眾，以應對數萬匈奴。以此觀之，眾寡之勢分明，漢家可以十擊一，穩操勝券。

奏疏末節，晁錯又獻計道：今有義渠胡人數千來降，其長技與匈奴相同，可賜給堅甲利矢，派遣良將統領。此等義渠，與漢軍可互為表裡，各用其長。以漢家之眾，擊匈奴之寡。如此，大勝匈奴，只在俯仰之間矣。

最末一句，晁錯寫道：「古書日，『狂夫之言，而明主擇焉』。臣晁錯愚陋，冒死上狂言，唯請陛下採擇。」

文帝讀罷，不禁大笑：「才失一狂夫，又來一狂夫，此恰為漢家之大幸也！」當下親筆賜書，予以嘉勉。

文帝賜書日：「皇帝致太子家令晁錯：上書言兵事三章，閱之。書中言『狂夫之言，而明主擇焉』，我意不然。言者不狂，擇者不明，國之大患，即在於此。」其激賞之情，溢於言表。

卻說這晁錯，又是何人？原來，他也是漢初大名鼎鼎的一個文士，為潁川（今河南省登封市）人。早年從師為學，研習法家申不害、商鞅之術，後以精通典章舊事之故，被選為太常掌故[39]。

晁錯料事精明，見識深刻，平素樂與勛臣子弟相交，甚得平陽侯曹窋、汝陰侯夏侯灶、潁陰侯灌何等人推重，互引為知己。

晁錯得以脫穎而出，頗有一段傳奇。當時文帝為重教化，下詔廣搜經書，百姓聞之爭相繳獻。那上古經典，幾近蒐羅齊全，唯有《尚書》一書無由尋訪。又過了數年，文帝偶聞濟南有一大儒伏生，在家以《尚書》教授齊魯諸生，不禁大喜過望。惜乎伏生年已九十，不可徵召了，文帝便下詔，令太常遣人去濟南討教。

這位老翁，本名伏勝，乃是秦末一個博士。秦始皇時，逢焚書令下，他不敢違抗，取出家中書來，上繳焚毀。唯有一部《尚書》捨不得燒，便不肯繳出，偷偷藏於家中夾壁內。至秦末大亂，伏生棄了官，四處遊走避亂。至漢初，惠帝廢了《挾書律》，伏生才敢鑿壁，取出書來。惜乎時日太久，書簡受潮朽爛，僅存下二十九篇。

太常受文帝之命，在屬官中千挑萬選，最終選了晁錯去見伏生。豈料那伏生已年老體衰，口齒不清，方言又難懂，晁錯不能解其意，甚是著急。所幸伏生有一女，名喚羲娥，常隨其父學《尚書》，頗通大義。晁錯來求教時，便有羲娥立於旁側，代為傳譯。如此，好歹尚能聽懂。有那二三不明之處，也只得自己揣摩，曲意領會。

伏生手中這部《尚書》，多是斷爛竹簡，有一半不可辨認，為伏生憑記憶背出。晁錯在濟南數月，得伏生耳提面命，粗通了《尚書》要義，便辭別伏生返回，上疏陳說求教始末。文帝看了，大為稱意，為表彰晁錯之功，下詔擢他為太子舍人，不久後又擢為博士。

晁錯深諳法家刑名之術，識得太子之後，便上書諫言道：「皇太子雖

[39] 太常掌故，掌搜集國家舊事典籍的官員，為漢朝九卿之首太常的屬官。

才智奇高，精通射藝，卻不通術數，不知何以制臣下。陛下應擇聖人治世之術，用以教誨太子。」

文帝甚覺有理，詔令嘉獎，又拜晁錯為太子家令，以為太子輔佐。晁錯聰明過人，不單擅長撰文，且極有辯才，談古論今，無不頭頭是道。不多時，便深得太子劉啟寵信。太子家中，上下都稱他為「智囊」。

自得了皇帝嘉獎，晁錯更是志得意滿，又接連上了兩道奏疏，計有萬言，陳說強邊備、薄賦斂二事。

其奏曰：凡民不畏戰者，皆因有利可圖。若戰勝即拜爵，破城即得財富，則民眾皆能冒矢殺敵，赴湯蹈火，視死如生。秦時戍卒則不然，遠戍有萬死之害，卻無錙銖回報。故而秦民視戍邊為「謫戍」，如同赴刑場棄市，心懷深怨。這才有陳勝戍邊，行至大澤鄉倡亂，天下跟從者如流水。

於此，晁錯建言道：遠方戍卒赴塞下，一歲一更換，全不知胡人虛實。不如募罪人、奴婢及百姓，長居塞下，予以衣食，賜給高爵，令其建家室，務農田。塞下之民利祿既厚，擊胡便不避死；並非其民有高德，而是為保全身家，有利可圖也。如是，漢家將無遠戍之苦，塞下之民逢敵，邑里相助、父子相保，再無被擄之患。此舉若可行，與秦時戍邊相比，則高明不止萬里。

晁錯又舉古制，獻上一道邊地防敵之策，即：以五家為伍，十伍為一里，四里為一連，十連為一邑；擇邑中有賢才者，各為其長，教民射藝以應敵。如此，百姓在城內，軍士在城外，彼此關照，遇敵則可相救。

文帝看罷，不禁又擊節讚道：「賈誼之後，大才者，唯此一人矣！」便採用晁錯之計，下詔募百姓徙至塞下，以充實邊地。此舉，可謂開屯墾守邊之先河。

後文帝又下詔，舉賢良文學士。晁錯得曹窋等人推舉，入選其中。其時，各地人才齊集長安，由文帝親自策問，令所選文學士，就「朕之不德，吏之不平，政之不通，民之不寧」四者直言極諫，毋庸忌諱。眾文學士所作對策，皆密封閉卷，由文帝拆封親覽，以察朝政得失。

此次晁錯所寫對策，又是洋洋灑灑，萬言有餘。其中斥秦始皇施政之失，最是精采：「秦最富強，故能兼併六國。彼之時，上古三王之功，亦未過秦始皇。然數年間便至窮途末路，國勢日衰，皆因用不肖之徒，信讒言之賊。始皇大造宮殿，奢欲無極；民力疲盡，賦稅不節；妄自尊大，群臣擅諛；驕橫恣縱，不顧禍患；喜則濫賞，怒則妄殺；法令煩苛，刑罰暴酷。至秦二世，更是草菅人命，殺人取樂；天下寒心，無以自安。奸邪之吏，乘機亂法，以成其威；獄官獨斷，生殺恣意，遂致上下瓦解，各自為政。秦末始亂時，官吏之所先侵害者，貧人賤民也；至中期，所侵害者為富人、吏家也；至末途，所侵害者則為宗室大臣也。緣此，親疏皆危，內外懷怨，離散奔逃，人有逃心。陳勝先倡亂，頃刻間天下大潰，祀絕國亡。此即『吏不平、政不通、民不寧』之禍也。」

此段文字，將秦末敗亡之象描摹入骨，字字如利刃，剖解其弊。文末，晁錯說得興起，又痛陳當今之世，亂象亦多，皇帝亦不能辭其咎：「今陛下有厚德之名，資財不下於五帝，君臨天下，已有十六年；然民不增富，盜賊不衰，邊境未安。其所以如此，乃因朝堂之事陛下未能躬親，而倚賴群臣也。陛下不自躬親，而交付昏盲之臣，日損一日，歲亡一歲，日月將暮，盛德終未能施於天下，臣竊為陛下惜之。」

文帝直看得汗出如雨，不忍釋卷。當其時，對策者共有百餘人，唯晁錯一人見識超絕，高居前列。文帝大為讚賞，當即擢升他為中大夫，掌諫議之職。

晁錯蒙文帝器重，愈發振作，又連連上書，言及削諸侯、更改法令等事，攏共有三十篇。文帝雖不盡採納，卻認定晁錯是奇才，多有嘉許。那時，太子劉啟年已二十四歲，英俊有為。文帝想到身後事，便有意令劉啟多些見識，凡有晁錯上書，必囑劉啟細讀。

劉啟見父皇如此看重晁錯，甚是不解，疑惑道：「兒臣有一事要問：賈誼、晁錯二人同為奇才，狂傲不畏人言；然晁錯之才，終遜於賈誼，父皇何以遠賈誼而近晁錯？」

文帝便一笑，囑道：「治平天下，並非考究學問，總不以才氣橫溢為上。賈誼之才，固是千載難逢，然略遜法家之術，未達沉穩，故不得不遠之。今晁錯之才，不輸於賈誼，卻深諳術數，洞察人心入微，最宜為近臣。賈誼之計，或可用於千年；而晁錯之策，則甚合於當世也。啟兒萬不可輕看。」

劉啟這才大悟，於是遵囑，細讀晁錯之論，亦頗有心得，尤以削諸侯之議為良策，讚嘆不止。

晁錯自此脫穎而出，名震朝野。他素喜進取，不掩鋒芒，每上書必洋洋萬言。公卿士人爭相傳閱，引為談資，一時風頭甚勁，倒把那袁盎等人都比下去了。緣此之故，袁盎及諸功臣都不喜晁錯。

此時朝中新人甚多，老臣們大半凋零，文帝便也略作安撫，不欲令其生怨。時逢老臣周勃在封邑病歿，其長子周勝之襲爵。文帝想起周勃的功勞，不禁又有些傷感，又聞聽眾口稱讚，說周勃次子周亞夫才兼文武，便拜了周亞夫為河內郡守，以白丁擢為二千石吏，優容有加，算是對老臣們有了交代。

這一年，文帝納晁錯之諫，又降了田租，頒下定制，永為「三十稅一」。四海農夫，無不額手稱慶。

至前元十二年（西元前 168 年）三月，正值春耕時分。文帝聞知，天下之吏仍有人勸農不力，便憤而下詔，予以痛責：「朕親率天下人務農，於今已有十年，然天下田仍未增。一遇歉收，則民有飢色。所以如此，皆因各地官吏未曾用心。吾詔書數下，每歲勸農種樹，卻功效甚微，亦是官吏奉詔而不勤，勸農而不力也。吾農民甚苦，而官吏不知，又將何以勸農？鑑於此，免農民今年田租一半。」

一年後，於前元十三年（西元前 167 年）夏六月，文帝見天下農民仍是辛苦，實不忍心，又下詔免農民田租，並賜天下孤寡以布帛。

此時天下，既富且安。各處農桑興旺，連年大熟，穀價竟低至每石十餘錢，萬民無不感激。

文帝仍不敢大意，內外施政，都小心翼翼，如履薄冰。這年夏，朝堂上又有一事，轟動內外，為文帝留下了千古美名。

事起於原齊國太倉令[40]淳于意。這位淳于意乃臨淄人，自少時便好醫術，曾拜同郡人公孫光為師，潛心學醫。公孫光見他聰穎好學，甚是喜愛，便將自家學問傾囊相授，又引薦他去見高人，師從同郡名醫公乘陽慶。

名醫姓氏中這「公乘」二字，為複姓，本是個爵位名。秦漢爵位分二十級，自一級公士，至二十級通侯，公乘為其中第八級。其後人，便有以公乘為姓氏的。當其時，公乘陽慶已有八十餘歲，老耄不再行醫，雖醫術高明，卻不肯傳與子孫，唯見淳于意心誠，竟破例收為門徒。

淳于意入門為弟子後，勤謹奉師，長進極快。公乘陽慶便令他棄舊日所學，而授之以祖傳祕方，將黃帝、扁鵲之《脈書》、《五色診》等書，一併傳授。如此受教三年，淳于意學有所成，便辭師返歸故里。為人看

[40] 太倉令，漢代朝廷及封國治粟內史屬官，掌糧倉事務。

病，能預知生死，一經投藥，無不立愈。無多時，即聲名遠播，四方病人紛紛來求醫，竟至門庭若市。左近有吳王劉濞、趙王劉遂、濟川王劉太、膠西王劉卬等，都曾遣人前來延請。

淳于意為人散淡，不以阿附權貴為榮，常遊走四方，避不奉詔。與人看病，也是隨意取資，不問多寡。曾做過齊國太倉令，然未及年餘，便辭官而去。

淳于意如此藐視權貴，有人上門求醫而不得，便心懷怨恨。至文帝前元十三年，有一權貴上書，告淳于意在臨淄行醫，敷衍欺人，致病患者身亡。

案子發下臨淄縣，那縣令是個粗人，不問青紅皂白，便將淳于意拿獲問罪。在公堂之上，嚴刑逼供，將淳于意問成大罪，擬處以「肉刑」。

此處的所謂肉刑，專指刺面、削鼻、斷趾、閹割等四刑，皆是在人身上動刀，算是死刑大辟以下的重刑。用過肉刑之後，身體殘損，雖未死，卻處處受人鄙棄，幾成廢才。

因淳于意曾為官吏，地方上不能擅自加刑，縣令便上奏朝廷，請示定奪。文帝見了，擔心縣令草率，便詔命將犯人解來京師，交廷尉處置。

淳于意養有五女，聞老父將解京受刑，都傷心欲絕。啟程那日，眾女隨檻車送行，一路啼哭。淳于意聽得惱火，忍不住罵道：「生女不生男，遇急事，便無可用者！」

淳于氏最小女緹縈，聞聽父言，極是感傷，一股熱血上湧，便決意隨父西行。回家拿了行李衣物，追上檻車，於一路上小心照顧。至長安，淳于意被收入詔獄，緹縈則壯起膽來，隻身赴北闕，上書為父籲請寬刑。

當日，謁者聞有小女子上書，不勝驚訝，忙奔出司馬門來看。見是一個荳蔻女子，十三四歲，素面布裙，十分尋常。交了書簡之後也不走，只顧坐在地上，悽然唱起古詩《齊風．雞鳴》來。

聞其悲聲，謁者心中不忍，忙問明緹縈住處，囑其暫回，明日再來打探。緹縈不聽，仍是悲歌不已。謁者無奈，只得拿了緹縈上書，入奏文帝。文帝聽了，也覺新奇，忙拆開來看。但見緹縈寫道：「妾父為吏，齊人皆稱其廉明公平，今犯法當受刑。妾哀於死者不能復生，受刑者斷肢不能復續，雖欲改過自新，終不可得。妾願身入衙署為官婢，以贖父罪，使其能改過自新也。」

文帝讀了不禁動容，頓起惻隱之心，便命謁者引路，赴北闕來看。遠遠便望見，緹縈正抱膝坐於地上，口中吟唱不止。其歌曰：

雞既鳴矣，朝既盈矣。匪雞則鳴，蒼蠅之聲……

其聲哀切，令人心摧。北門眾執戟甲士，聞之也都面帶愁容。文帝忙掉頭返回，心中酸楚，至入夜亦難眠。次日清晨，文帝喚來謁者，問道：「那小女，還在北闕下嗎？」

謁者答仍在，文帝便起身，與謁者同往北闕，見緹縈竟坐了一夜，還在哀歌。晨風拂過，其聲愈發激揚，融入那啾啾蟬鳴之中。

謁者不禁神色黯然，搖頭道：「昨已曝晒半日，又兼一夜未眠，教人如何受得……」

文帝心中亦惻然，不覺長嘆了一聲：「此一女，堪比百男啊！」於是，命謁者赴詔獄，赦免淳于意，任其攜女兒歸家。

此事傳出，那緹縈之孝，以及文帝之仁，皆令官民讚不絕口。就此，留下了一段「緹縈救父」的佳話，流傳至今。

至次日，文帝便有詔下，命有司革除肉刑。詔曰：「今人有過，未施教而加刑，或欲改過自新，卻計無所出，朕甚憐之。肉刑斷肢體、刻肌膚，終身不治，何其不德也，豈是為民父母之意！今應革除肉刑，另行商議。」

丞相張蒼得了詔令，立即會同御史大夫馮敬、新任廷尉等人，改定刑律，將那刺面改為罰勞役，削鼻改為笞三百，斷趾改為笞五百等，皆大為減輕。

此時，有大臣多人上疏，極言不可廢肉刑，唯恐狡民從此不畏法。文帝未加理會，批答張蒼所擬，一律照准。新法改定後，百姓額手稱慶，皆感文帝施政之仁。從此服罪者中，再不見斷足削鼻之人。

再說那淳于意躲過大難，返回家中安居。文帝未能忘，不久，便召他入都，於偏殿召見，殷殷垂問道：「公擅醫技之長，能治何病，有醫書否？是否皆為名師所授，受教有幾年？用藥應驗者，為何縣何鄉人，所患何病？用藥畢，其病狀如何？請公細述與朕聽。」

見文帝如此謙和，淳于意心中感念，詳盡對答道：「臣下才疏，少時即喜醫藥，開藥方試之，多不靈驗。高后五年，有幸拜公乘陽慶為師，授我《脈書上下經》、《五色診》、《奇咳術》、《揆度》、《陰陽外變》、《藥論》、《石神》、《接陰陽禁書》等書，皆是上古高人遺傳。我苦讀一年後，開方即驗，可預知生死。前後學了三年，醫術漸精良，診病無不應驗。時年臣下三十九歲，今日思之，陽慶師竟已死去十年了……」

繼之，淳于意又列舉病案二十五例，皆疑難奇巧，以答文帝所問。病患者中，上至諸侯、王太后，下至侍者、閭里男女等，無分貴賤。所治癒病症亦多，有頭痛、小兒氣嗝、疝氣、熱病、腹痛、風邪、齲齒、懷子不乳等，五花八門。

文帝聽得入神，欲罷不能，便留淳于意在宮中進食，兩人竟談了一整日。所有醫藥事，文帝不厭其煩，只管逐一細問，屏息靜聽。

相談多時，文帝見窗外日已暮，卻意猶未盡，又問道：「尊師陽慶醫術，是從何處學得？其人在齊國可聞名乎？」

淳于意答道：「不知他師從何人。陽慶其人，家財富裕，雖擅為醫，卻不肯為人治病，故此未能聞名。他又囑臣，不得將所學藥方，授予他子孫。」

文帝撫膝嘆道：「如此神醫，卻是淡泊出世之人，可惜！」遂又問道，「朕聞齊地吏民，多有向先生求學的，可否盡得公之醫術？」

淳于意答道：「有臨淄人宋邑、濟北王太醫高期、淄川王馬政馮信、高永侯家丞杜信、臨淄人唐安等六人，先後來向我求教，雖不能盡得，卻都學了些醫術去。」

見淳于意面有疲色，文帝不忍，只好最後問道：「先生診病，預決生死，可萬無一失嗎？」

淳于意如實答道：「臣診病，必先切其脈，而後治之。病重不可治者，則順其勢而治之。然臣非神人，亦時時有失，不能全也。」

對答畢，時已暮色四合。文帝依依不捨，親送淳于意至階下，囑其好自珍重，歸鄉安養天年。

淳于意歸家後，安居閭里，行醫不輟，郡縣無不敬重。其壽七十餘歲，活到了漢武帝時，死後葬於臨淄山水之間。

後司馬遷作《史記》，載其醫案二十五例，堪為華夏最早可見的病例。因淳于意曾任齊太倉令，司馬遷在書中尊其為「倉公」，與扁鵲並列，作〈扁鵲倉公列傳〉。

司馬遷寫到淳于意生平，曾自感身世，嘆曰：女無分美醜，入宮見嫉；士無分賢與不肖，入朝見疑。故而扁鵲因其技而遭禍。倉公雖隱匿不出，亦未能免，險受肉刑。多虧緹縈孝義，以尺牘救父，故老子曰「美好者不祥之器」。此寥寥數語，實有銘心之痛，足以儆示後人。

且說文帝採納晁錯之計，徙中原之民往邊塞，編成什伍，亦耕亦戰，果然大有收效。北地就此消歇了三年，不見再有胡塵起。

不料至文帝前元十四年（西元前 166 年）冬，老上單于已坐穩王庭，見漢家日漸富強，心中不忿，要給漢文帝一些顏色看。這年入冬，竟親率胡騎十四萬，入寇隴西，攻陷蕭關（今寧夏固原市）。

時漢家有北地都尉孫卬，領郡兵迎敵，怎奈寡不敵眾，被胡騎圍困數重，力戰而死。

老上單于親征得勝，氣焰陡漲，分兵繼續進犯，沿回中古道，一路燒殺，直闖入關中來了。三秦雪野，一時間馬蹄翻飛，狼煙四起，百姓生靈塗炭。告急羽書一日三入都，京畿為之震動，大戶人家都人心浮動，紛紛收拾細軟，逃往了鄉間去。

文帝日覽軍書，夜不能眠，知此次匈奴來犯之勢，為白登之圍以來所未有，不可大意。於是與張蒼、馮敬等連夜商議，拜中尉周舍為衛將軍、郎中令張武為車騎將軍，發戰車千乘、騎卒十萬人，紮營渭水之北，以拱衛長安。又拜昌侯盧卿為上郡將軍、寧侯魏遬為北地將軍、老將隆慮侯周灶為隴西將軍，各領步騎，分路往援邊地三郡。

待三路援軍開拔後，文帝即率文武大臣，馳出長安，親赴渭北大營，大閱兵馬，申敕軍令。

這日清晨，渭北雪野之上，駐屯漢軍一部列陣受閱。但見眾軍列伍齊整，甲冑鮮明，長戟如林而立。

文帝頭戴瓊玉皮弁，身披精甲，立於戎輅車上，緩緩馳過陣前。見士氣可用，不禁大喜，振臂呼道：「今有匈奴老上單于，驕狂無度。欺我漢家無人，發兵十四萬，攻陷隴西，又入關中，前鋒已近甘泉。匈奴欺我如此，我豈可忍！」

軍士聞此言，皆血脈僨張，舉戟大呼道：「殺敵，殺敵！」

陣前原本一派寂靜，此時突發怒吼之聲，竟如排山倒海般，一時鼎沸。

文帝精神大振，拔劍在手，環視眾軍道：「朕已決意，即日將率爾等親征，誓要挫他單于銳氣，教他知我厲害。諸兒郎，可有此志乎？」

眾軍爭相騰躍，一齊答道：「有！」

文帝喜道：「好！社稷有難，大丈夫豈可袖手？眾兒郎既有心殺敵，稍後即有犒賞，待取勝歸來，還要另行封賞。今胡騎猖獗，長安可見烽火，恐容不得兒郎安睡了，二三日內，朕便與爾等同行。」

眾軍又是一片歡呼，劍戟相撞之聲，不絕於耳。

張蒼、馮敬等騎馬在後，聞文帝此言，互望了一眼，面色忽就變白。

文帝掉轉頭來，問文武諸臣道：「軍卒集齊，皆願用命，諸位可有滅敵之志？」

張蒼連忙一揖道：「親征乃大計，容臣等還都，朝會再議。」

文帝冷笑一聲，高聲道：「文法吏執事，精細有餘，霸氣終究不足！朕意已決，請毋庸多言。」

張蒼略一沉吟，忙回道：「與匈奴戰，漢家素少良將，今老將盡已凋零，唯餘滕公一人，臣等不可不慎之。且親征之事，牽扯甚廣，非二三日內即可成行，還望寬限半月，容臣等詳盡籌劃。」

文帝收起佩劍，瞟一眼身邊諸臣道：「朝中無老將，便不殺敵了嗎？那匈奴單于，正是以此欺我文弱。今敵已臨門，豈容你我輩退縮？」

「兵馬雖齊，然尚欠糧秣，出師萬不可倉促。」

「丞相想得太多了！既如此，便暫且回駕，五日內，務必發兵。」諸臣見文帝發怒，便不敢再諫，只得隨鑾駕匆匆還都。

當夜張蒼返回府邸，不及洗沐，便寫了一道密奏，遣人送往長樂宮，將文帝欲親征事告知薄太后。

次日晨，文帝早起，正在寢宮盥洗，忽聞涓人來報：「太后自長樂宮駕臨。」

文帝不由一驚，想到即位以來，太后從未移駕未央宮，今日不知出了何事，便連忙更衣出迎。

此時薄太后一身素服，已緩緩登上前殿。文帝趨步迎上，見母后如此裝扮，心中更是大駭，不由自主便跪於地上，連連叩首。

薄太后只淡淡道：「為母與你偏殿裡說話。」便令宮女攙扶自己至偏殿坐下。

文帝服侍母后坐好，小心問道：「兒臣在此問安！只不知，母后何以如此穿戴？」薄太后便揮退左右，僅留一宮女在側，向文帝招手道：「你近前來些。」

文帝忙向前移膝，來至薄太后座前。太后以手觸撫文帝面龐，喃喃道：「恆兒相貌未變，心卻變野了。」

文帝這才醒悟，母后是為親征事來責問，便辯解道：「匈奴狂妄，欺我仁厚少武。今胡騎已臨三秦之地，兒欲親征，乃不得已耳。」

薄太后隱隱一笑，頷首道：「正是如此。為娘今日素服，即是來為兒送別的。」

文帝心頭一沉，支吾道：「母后如何這般說？」

「為母要問你：恆兒之武功，可勝過先帝？」

「兒臣不可及。」

「恆兒之威勢，可遠過高后？」

「兒不能比。」

「這便是了。匈奴淩我，非止一日，直教先帝受困、高后忍辱。為母只不明白：以先帝、高后之威，尚不能勝匈奴，兒有何德何能，便要御駕親征？」

「乃勢所迫也。朝中老將多已凋零，兒今若不親征，將士焉肯用命？」

薄太后便收回手，斂容正坐道：「先帝白登被圍，險些不能脫身。而今恆兒你親征，為母料定是有去無回，因此素服來相送。」

文帝聞此言，面色便發白，沉吟片刻才道：「那老上單于，武略終不及冒頓。兒此去，未見得就是履險。」

薄太后便冷笑道：「吾兒之武略，恐也不及周勃、灌嬰，此去又焉知禍福？我今日來未央宮，便不想走；若恆兒此去不得歸，為母也好暫代朝政。」

文帝不禁心頭一震，知太后執意要攔阻親征，便猶豫不語。

薄太后催促道：「你自去點兵吧。朝中事，也不必託付太子了，為母當可決斷。」

文帝伏地良久，最後只得嘆口氣道：「母后之意，兒已知曉。兒遵旨不再親征，召大臣來議對策就是。」

薄太后這才釋顏，微微一笑：「你去召文武大臣吧，連滕公也一併請來。母后今日，權且在朝堂旁聽一回，也好長些見識。」

文帝無奈，只得將薄太后引至前殿，侍奉坐下，這才宣文武大臣上朝。

不多時，便有張蒼、馮敬、張相如、夏侯嬰等一干文武，先後上殿，見薄太后端坐於御座之後，都感大驚。

不等文帝開口，薄太后便對諸臣道：「諸公請勿疑！今日朝會，是為選將徵匈奴事。哀家偶得清閒，特來坐坐，你們自管議論。」

張蒼心中明白，昨夜密奏入宮，太后已有決斷，今日臨朝，便是斷了文帝親征之念，不覺就暗喜。其餘諸臣也都猜到幾分，心下頓感釋然。

文帝開口，果然申明不再親征，至於如何禦敵，請諸臣儘管獻計。諸臣議了半日，最終議定：拜東陽侯張相如為大將軍，建成侯董赫、內史欒布為將軍，率車騎大軍北上，並統領上郡、北地、隴西三處兵馬，進擊入寇之敵。

議罷，文帝皆照准，當場便擬了詔書，命近畿一帶徵發糧秣，集齊於長安。擇日於南門外築壇拜將，誓師出征。

諸臣見諸事已無遺漏，正欲罷朝，薄太后忽又開口問道：「哀家乃女流之輩，向不問兵事。只知自白登之役以來，各地武備漸盛，遠勝過當年。不知練兵至今日，可堪一戰否？」

文帝忙回道：「自白登之役後，軍士皆有雪恥之心，演兵習陣，無一日廢之。年前有中大夫晁錯上書，論兵事甚詳，兒臣閱後更重武備。每年初，必親臨長安南郊，行大閱之儀，以五營士卒列陣，按兵法操演，開闔進退，皆中規矩。逢九月，各郡國亦演兵，由守尉親督，考定部卒優劣。今漢軍已非昔日，軍將悍勇，戰法嫻熟，勝過那胡騎不知有幾許！」

「漢兵有勇力，哀家自是不疑。然胡騎亦悍勇異常，且長於野戰，漢軍將如何應付？」

「自先帝設立考工室以來，兵器日新，武庫充盈。我軍之勁弩長戟、堅甲利刃，皆為匈奴所不能及。近年用晁錯之計，已頒下『馬復令』，民家養馬一匹，可免三人賦役。御馬苑內，馬匹充足，胡騎已不足懼也。」

薄太后這才釋然，頷首微笑道：「如此，哀家便放心了。然匈奴之患，綿延千年，豈是一日間即可除去的？今大軍北上，敵若膽怯退走，便是漢家得勝，萬不可貪功。」

諸大臣聞太后之言，皆心懷敬服，一齊伏地，叩首然諾。

不數日，各地糧草到齊。文帝便率百官，於長安南門外登壇，拜張相如為大將軍。是日，由張蒼代文帝宣讀策書，馮敬代授金印紫綬，張武代授彤弓符節。張相如伏於地，接過印信等物，三呼萬歲，叩拜如儀。

文帝此時忍不住，又叮囑張相如道：「先帝興兵以來，拜大將軍者，唯韓信、灌嬰等三五人。今拜你為大將軍，天下安危繫於一身，須小心出戰，切勿失機。」

張相如挺身答道：「臣隨先帝起兵，歷數十戰而僥倖未死。今日得拜大將軍，臣定要捨死迎敵，不負陛下。」

文帝便招手道：「公請近前，朕還有數語，要囑咐你。」

張相如跨步向前，只聞文帝附耳輕聲道：「漢匈之間，強弱不同，你我皆知底細。此去，只需盡力驅走便罷。」

張相如聞言一凜，立即有所領悟：「臣已知，定不負上命。」

誓師畢，三將軍便率大軍出長安，大張旗鼓，兵鋒直指甘泉。又會同上郡、北地、隴西三郡漢軍，專揀胡騎弱處進擊，漢軍一時聲威大震。

再說那老上單于，在漢地騷擾已數月，軍心漸疲。忽聞漢大軍自長安出，其勢浩大，心中便不安。此時是戰是退，拿不定主意，便召中行說來問計。

中行說當即諫道：「今我軍入漢境，趁彼虛弱，所獲已甚多。臣聞漢軍今番出動，前有周灶等三將分赴塞下，又有張相如等率馬軍北來，其勢不可小覷。那張相如拜了大將軍，位同三公，為武人至尊也。漢家自沛縣起兵以來，唯有韓信等人曾得此封號。漢皇帝此舉，志在滅我，已是無疑了⋯⋯」

老上單于聞言，不禁倒抽一口冷氣：「愛卿之意，我當退兵乎？」

「臣以為：漢匈之爭，百年內未必分出高下，故而得失成敗，不在此一役。此次南下，擄獲甚多，已足數年之用，不如便退回，勿使漢軍得逞。」

「我不戰而退，倘若漢軍趁勢出塞，兵犯漠南，我又將何如？」

中行說便搖頭笑道：「必不能如此！漢人唯喜顏面。我軍若退，他君臣上下便有了顏面，自然班師，豈能越境來犯我？」

見老上單于仍在猶疑，中行說又諫道：「我軍南下，原不為久戰，兵馬糧秣皆不足。且入漢地以來，兵已分三路，各處不過僅數萬。漢軍若聚兵至一地，滅我一部，則我士氣必大損，恐將得不償失。」

老上單于聞言，心中暗暗吃驚，便拍膝道：「便聽愛卿之言，今日即退兵，不再與他纏鬥了！」

退兵號令傳下，不過旬日，入寇漢地之所有胡騎，便都攜了擄得的財物，出塞遠遁了。

張相如率大軍追至邊境，各處仔細搜尋，竟不見一人一騎，唯有遍地廢墟，狼藉一片。諸將便一齊跳下馬來，遠眺塞外。只見絕地千里，荒煙無際，僅有三五穹廬散布其間。

張相如凝望良久，神色黯然道：「北虜之患，百代未解，吾輩何日才能馬踏漠北？」

將軍欒布在旁，連忙勸解道：「張公不必哀傷。漢家勢弱，唯有隱忍韜晦，以待時日。」

張相如不由仰天嘆道：「滅匈奴日，恐要留待子孫了！」隨後，便擬了一道軍書，遣人飛遞入都。

如此，大軍留駐邊境月餘，仍不見胡騎蹤跡。張相如料定單于已遠走漠北，一時不復犯境了。此時又接到文帝諭令，命班師回朝，便下令拔寨南還。

當年開春之日，大軍還都，渭北屯軍也奉命撤回，一時內外解嚴，天下皆喜悅。長安百姓無不歡踴，都相偕出門，爭看得勝之師。滿街滿巷，盡是稱賀之聲。

匈奴聞聲退去，文帝數月以來的焦躁，也一掃而空。當時朝中百官，五日得一休沐，文帝知臣下也辛苦，便恩准百官休沐三日，略作喘息。

初休沐這日，文帝起得早，心情甚好，便帶了近侍，乘軟輦巡行宮內。見各處官署，皆寂寥無人，僅有宦奴二三人在當值。

行至郎署門前，忽見有一年老侍臣，孤零零立於道旁迎駕。文帝不禁好奇，忙下了輦，施禮問道：「請問父老，今日如何不歇息？」

那老者答道：「小臣勞碌慣了，不忍荒廢時日，故而未歇。」

文帝心中陡生敬意，又恭謹問道：「不知你家在何處？看父老裝束，是為郎官。郎官無俸祿，老人家為何要來做郎官？」

那老郎官答道：「回陛下，臣名喚馮唐，祖父為趙人，祖籍中丘（今河北省內丘縣），自臣父時起，則徙至代地。漢興，又自代地徙至安陵（今河南省鄢陵縣）。臣本駑鈍，僅在鄉中略有孝名。老來為公卿所推舉，選為中郎署長，得以侍奉陛下。」

文帝聞聽「代地」兩字，頓感親切，忽想起一事，便道：「馮公說起代地，真有不勝今昔之慨。朕昔年為代王，長居代地。當時吾之尚食監[41]，曾數度說起趙將李齊，稱其為賢臣，曾出戰鉅鹿，驍勇異常。惜乎今已故去，無由任用。至今吾每飯仍不忘，父老可知其人乎？」

馮唐答道：「臣僅略知其人。若論為將，李齊不如廉頗、李牧。」

「哦！如何說呢？」

「臣祖父在趙時為將，曾與李齊友好；臣父先前曾為代相，亦與李齊為友，故而知其為人。」

文帝不住頷首，一面就嘆道：「可惜！吾生也晚，未能與廉頗、李牧同時，不得用二人為將。否則，吾豈懼匈奴哉！」

馮唐瞄一眼文帝，忽就拱手道：「不然。臣以為，陛下即便得了廉頗、李牧二人，也未必能重用。」

---

[41] 尚食監，原載《史記·張釋之馮唐列傳》，應為宮中掌膳食的太官令之屬官，職名為尚食丞或食監丞。

文帝聞聽此言，心中就大不悅，面色一沉，望了望馮唐，便上了軟輦，命隨從起駕回殿。

馮唐卻面色不改，徐徐向輦駕施了一禮，目送文帝遠去。

回到宣室殿，文帝氣仍未消，對左右涓人道：「馮唐以我為昏君乎？」左右涓人連忙勸道：「馮唐老邁，說話不知輕重，他豈敢詆毀陛下？」

文帝面色這才稍緩，沉吟道：「或許如此，不知他究竟有何怨念？朕這便召他來問。」

少頃，馮唐應召而至，仍是不徐不疾，行至御前立定。文帝便摒退左右，起身一揖，心平氣和問道：「馮公何故要當眾辱我？何不尋個無人處，與我私語耶？」

馮唐聞文帝如此問，亦有所動容，連忙謝罪道：「鄙人不知忌諱，並無其他。」

文帝想想，便笑道：「公如此耿直，也無怪年過花甲，仍在郎署。」於是便不再責備，囑馮唐速回家去休沐。

馮唐聞命，也無感激涕零之態，僅淡淡謝了恩，便退下了。

在旁涓人見了，議論紛紛，都笑馮唐古怪。文帝卻擺手制止道：「此翁必有過人之處，你輩休得小覷。」

數日後，北地都尉孫卬遺體歸葬故里，家眷扶柩過長安。文帝特予召見，封孫卬之子孫單為缾（ㄆㄧㄥˊ）侯，以揄揚忠烈。

送走孫卬家眷，文帝猶自傷感，戚戚於心，覺邊地之患尚未消除，遠未到高枕無憂之日。於是又召馮唐來問計。

甫一見面，文帝先是寒暄道：「日前與公偶語，朕知你非尋常之輩，想必壯年時亦有大志，何以老來甘居於郎署？」

一句話，說得馮唐心中酸楚，不由嘆道：「陛下春秋正盛，不知歲月如流矢，倏忽即逝。臣少壯時並非無為，然恍惚之間，人便老矣！」

文帝一笑，這才將話鋒一轉，問起前事來：「公何以知我不能用廉頗、李牧？」

馮唐這才知文帝心思，便放開了膽量，侃侃而談道：「臣聞上古王者用將，必屈膝推其車輦，以示尊崇。將軍征伐，必囑其曰：『宮禁以內，寡人決之；宮禁以外，將軍決之。』軍功賞爵等事，皆由將軍決於外，歸來再奏。此絕非虛言！臣祖父曾言：李牧為趙將，據守北疆，營外軍市[42]所收租稅，皆留作軍中自用，以犒賞將士。所有賞賜，皆由李牧決於外，趙悼襄王從不問。悼襄王既委李牧以重任，便只問戰功如何，不問其他。故而李牧能盡其才，北逐單于，東破東胡、澹林[43]，西抑強秦，南拒魏韓。當時，趙之強盛，幾可稱霸天下。」

文帝聽得入神，拊掌連連讚道：「那趙悼襄王，果然開明！」

「惜乎悼襄王薨，趙王遷繼位，聽信近臣郭開讒言，誅殺李牧，令齊人顏聚代之，以致秦軍大破趙軍，東下邯鄲。趙王遷、顏聚二人，亦為秦將王翦所擒。」

「朕少年時，太傅教我讀書，也曾講過李牧事。今日聞公之言，更覺痛惜。」

「臣方才所言，皆為古人事；然今人之事，亦可令人扼腕矣！」

「哦？」文帝不由驚詫，連忙正襟危坐道，「你儘管說來。」

馮唐便諫道：「臣聞雲中郡守魏尚，所收軍市之租，盡給士卒，又出

[42] 軍市，軍旅在軍營旁側設軍市，收取租稅，用以養軍。戰國時始置。
[43] 東胡、澹林，皆為殷商以來東北方民族。

私錢，五日殺一牛，分賞賓客、軍吏及舍人。由是，將士用命，皆願效死。匈奴聞聲遠避，不敢近雲中之塞。胡騎也曾貿然入寇，魏尚率軍擊之，所殺甚眾，胡虜屍橫遍野。」

「此事朕也有所耳聞，令人氣壯！」

「然朝堂上事，偏有匪夷所思之處。魏尚功高若此，不賞也就罷了，卻因此得咎，令眾邊軍心寒！」

「嗯？當初御史大夫曾有上奏，只說他冒功請賞，朕並不知其根由。」

「所謂冒功請賞，苛責而已！想那軍中士卒，盡是農家子，起於田舍而倉促從軍，豈能精於尺牘？終日力戰，氣竭而歸，上報所斬胡虜首級，未能精當。於是一數不合，文吏便以法繩之。緣此之故，魏尚有功而不能賞，豈不荒唐？」

「哦？原來如此！」

馮唐說到此，忽就伏地叩首，高聲道：「臣也愚鈍，以為陛下法太苛、賞太輕、罰太重。魏尚請功，斬首僅差六級，陛下便有詔，令文吏削魏尚之爵，罰做勞役。以此觀之，陛下即是得了廉頗、李牧，亦不能用。臣素來愚不可教，今日犯顏諫之，更觸及忌諱，死罪死罪！」

文帝滿面羞愧，連忙扶起馮唐，勸慰道：「公請平身！此乃朕之過。幸有你直諫，方不致貽誤更深。朕未料近臣之中，竟有馮公這般大才。只可惜你年逾花甲，方得脫穎而出，確是太委屈了。」

馮唐淡然一笑，揖謝道：「陛下納臣之言，臣即不勝感激。過往之事如流水耳，歲月易老，臣亦易老，而非君上之過也。」

文帝聞此言，不禁執起馮唐之手，大笑不止。當日便下詔，令馮唐持節往雲中郡（今內蒙古托克托縣東北），赦免魏尚，復其官爵仍為郡守。

待馮唐歸來覆命後，又拜馮唐為車騎都尉，統領中尉署及各郡國車騎，參與征伐事。花甲郎官，忽一日得此重用，朝野都以為是奇事，讚嘆不已。

後又數十年，馮唐免官歸鄉已久，被地方再次薦為賢良之士，上報朝廷。惜馮唐其時年已逾九十，不堪奔走，只得徵召其子馮遂為郎官。就此留下一段「馮唐易老」的掌故，為後人所津津樂道。

再說那魏尚復任雲中郡守，邊軍果然士氣大振，匈奴不敢再犯。此後文帝便留了心，所用邊將，皆親自酌選，務求精幹。如此又是數年過去，邊境上塵埃不起，人民始得心安。

這年春來，恰是風日晴好。文帝心甚安泰，欲登高遠眺，卻苦於宮中無露臺，便欲建造，命少府召工匠來問。

古時之露臺，須堆土高數丈，上建亭閣，仰之若丘山。那一干工匠應召而來，先算了算，報稱需花費百金，方能造成。

文帝聞報便一驚，不禁脫口道：「百金，乃中等人家十戶之資也，這如何使得！我承先帝之祀，得以入主未央宮，已羞愧至極，豈能再起露臺？」

少府在側勸道：「陛下曾兩免田租，天下之民無不感恩。此等小事，不過靡費百金，應無傷大雅。」

文帝斷然道：「昔讀周公所作〈七月〉詩，見『無衣無褐，何以卒歲』句，頓思農民之苦，於心有愧，幾欲泣下。為人君者，民之父母也；造露臺事雖小，所費亦是民之膏血，吾實不忍為。」旋令少府作罷。

此事在列侯、百官中傳開，亦獲眾人大讚。後世宋代詩人陸游有詩云：「古者養民如養兒，勸相農事憂其飢。露臺百金止不為，尚愧七月周公詩。」即是詠此事。

至此，文帝已安坐天下十四年，承薄太后之旨，奉行黃老，凡事以恭儉為上，不敢生事，終得海內晏然，外患不起。萬家生民由凋敝而復甦，漸入太平治世之境。

饒是如此，文帝亦不敢大意，以為匈奴之擾，或就是上天示警。於是下詔責己，詔曰：「自我即大統，主祀上帝宗廟，於今已有十四年。歷日綿長，以吾不明不敏之資，而久撫天下，朕甚自愧。朕之意，今起將廣增祭祀壇場，以報祖宗。朕聞昔年先王，廣施仁德而不求其報，祭祀而不求其福，尊賢而遠親，先民而後己，可謂賢明之極也。朕又聞，今之祠官祝禱，皆歸福於我，而不歸於百姓，朕甚愧之！以朕之不德，豈能獨享其福，而不與百姓焉？著令祠官於祭祀之時，唯敬祖宗，而無須為朕祈福，欽此。」

天下人見了此詔，無不心折，都稱頌文帝為聖明之君。百姓街談巷議，各個慨嘆：生於當世，實為前生攢下的福氣。

隱忍圖強，穩固山河守天下

話說史上歷代君主，於鼎盛之時，最易轉為昏聵，拒勸諫，信寵佞，好大喜功。皆因平日裡，滿耳頌聲聽得多了，便生出驕矜之意，致使阿諛之徒有機可乘。此類前車之鑑，不知曾有過多少，即是賢明如漢文帝，亦不例外。

就在前元十五年（西元前 165 年）春上，隴西成紀縣（今甘肅省秦安縣）有人報稱，曾有黃龍見於野，一時哄傳，群情聳動。地方官吏雖不曾親見，卻風聞上奏，稱祥瑞忽見於郊野，當是大吉之兆。

世間無能小吏，阿諛之術一貫如此，無不是揣摩上意，不吝頌聖。即便未獲賞識，亦不至於遭罰，故而各類諛辭，都是不假思索，援筆即來。

此前，凡有關祥瑞奏報，文帝皆交由張蒼處置，今日看見，忽就動了心思。想自己勤謹十數年，一心施恩於民，或是上天有所感，方降下這祥瑞來。由此想起，魯人公孫臣從前曾有奏章，稱黃龍將見。於是，便命涓人去尋出來看。

待找出那奏章後，再讀公孫臣當時所奏「漢正當土德之時，必有黃龍現」等語，便覺不同了。當初看時，頗似諛辭；今日再來看，則無疑是先見之明。文帝想自己登位至今，擔了十二分的小心，終得天下大治。今觀四海之內，吏守常法，民安百業，安穩遠勝於高帝時，正合了老子所言「為無為，則無不治」之道。即便身處深宮，亦常能聽到外間稱頌，想來那「黃龍見」也是有所本，並非郡縣小吏阿諛。

文帝由此想道：人事所為，不可以逆天。既有黃龍示祥瑞，若不加理睬，那便是固執了。於是擬了一道徵書，徵召公孫臣為博士，以備顧問，也好當面與之商議。

再說那位公孫臣，雖與孔子同邑，卻並非儒生，而是個江湖術士，行走於鄉邑，以測符運為生。年前曾上書請改正朔，希圖藉此得官，卻被張蒼駁回，滿心沮喪。不料才過了一年，一道徵書自朝中發下，轉眼竟成了當朝博士。

公孫臣謁見那日，文帝和顏悅色道：「公乃異人，曾言天下將出黃龍，漢當改正朔，惜乎丞相張蒼不肯納公之言，故而朕也未信。今隴西果有黃龍見，正應了公當初所言，此乃朕之過也。」

公孫臣強按住心中歡喜，恭謹回道：「陛下言重了，小人實無大才。臣與張丞相所習術數不同，故所見亦不同。臣習於占候[44]，丞相則精通律算，各有所長。然天道之事，人算豈可盡知乎？」

「恰是如此！朕不欲偏聽，故而召你為博士。今黃龍既見，我君臣皆不可無視。公可與朝中諸博士商議，當如何奉天命。」

公孫臣聽文帝如此說，卻面露遲疑之色：「臣下願從命，然不知張丞相之意如何？」

文帝便笑道：「張蒼老邁了，不免迂腐，公無須理會。」

公孫臣這才放下心來。他原為布衣遊民，如今得了個博士榮銜，俸祿四百石，食宿皆有朝廷供給，端的是今非昔比，於是滿心感激，與諸生日夜聚議。

是時，文帝終究心存顧忌，不敢貿然改正朔，任由公孫臣幾次催

[44] 占候，指古之術士視天象變化以附會人事，預言吉凶。

促，都無回話。公孫臣猜不透文帝心思，只覺無奈，料不到文帝卻是另有主張。

這年初春時，文帝忽有詔下，曰：「有異物之神見於成紀，無害於民，兆在豐年。朕將郊祀上帝諸神。然秦焚書之後，典籍散失。何為郊祀，其典儀如何，今已失之不傳。凡此種種，皆由禮官議定，奏報上來。」

此詔所謂的「上帝」，乃是指「上天之帝」。祭祀上帝，為舊時周秦禮儀，漢家並無成例，奉常昌閭主掌天子祭祀，得了這詔令，一時也摸不著頭緒，連忙率屬官查閱典籍。忙碌了多日，才大略查明。

原來，秦之都城曾在雍城（今陝西省鳳翔縣），秦時祭天處所，即在雍城之郊，人稱「雍郊」。雍郊離雍城有三十餘里，山下築有高壇五處，分祭「五帝」，即黃帝軒轅、青帝太昊、赤帝魁隗、白帝少昊、玄帝顓頊。這五位，皆是華夏上古首領，統稱「五方上帝」。

據此，昌閭又忙碌了半月，擬定了郊祀典儀，而後上奏文帝。

文帝問清了細節，當即照准。因不欲勞民傷財，便不再另外築壇，只用秦時舊址。擇定於夏四月朔日，在雍郊祭祀五帝。

此次祭天大典，備極隆重，文帝親臨雍郊致祭，隨行公卿百官等，竟有千人之多。車馬過處，煙塵蔽天，鹵簿望不見頭尾。其典儀之盛，為立朝以來所未有。公孫臣因此名震天下，人人都知他擅神仙之術，得天子寵眷，風頭竟將那張蒼都比了下去。

張蒼最見不得這類裝神弄鬼事，原想阻諫，見文帝日益冷淡自己，知恩寵已衰，便賭氣託病不朝。如此一來，朝中風氣便不同了，阿諛之風隨之漸起。

其時，有趙人新垣平，粗通文墨，混跡於閭里，在邯鄲城內略有薄名。他見公孫臣憑一張巧嘴，即驟登高位，不由也動起了心思。當下跑去長安，拜了陰賓上為師。討教數月，學得了些術數皮毛，便斗膽赴闕，妄稱精通望氣之術，求謁見天子。

當時文帝祀罷五帝，正躊躇滿志。想到自盤古開天地以來，功業如己者，算來恐是無多。當此時，忽聞謁者來報，闕外有方士求見，便料定又是天意，連忙宣進。

那新垣平隨謁者走上殿來，心中就暗喜 —— 原來見天子竟是如此容易，便放開了膽量。叩拜完畢，即大言道：「方士新垣平，本為邯鄲人，今至長安，乃為望氣而來。」

文帝見新垣平相貌不俗，口齒伶俐，先就喜歡了幾分，忙擺手道：「且慢！近聞民間方術士甚多，自立名號，雜蕪不堪。請問新垣公所學，可有師從？」

新垣平赴闕之前，早已探得底細，知文帝素好黃老，此時便大言不慚道：「小民與陰賓上，為同一師門，皆師從前朝方士侯生，熟讀《黃帝雜子氣》，因而最擅望氣之術。」

文帝不覺就一驚：「公與陰賓上同門？為何從未聽他說起？」

「賓上兄為人淡泊，無意彰顯，此乃我所不及。然小民為陛下計，不忍錯失良機，故而赴闕求見。」

「原來如此。那麼依你看，此地有何氣？」

「小民近觀天象，見長安東北有神氣，成五彩之色，如人之冠纓。以《黃帝雜子氣》所言，東北之角，乃神明所居；西方之域，為神明之墓。今東北有神氣，即是天生瑞氣，為國之吉兆。小民以為，陛下當順天意，就地立祠廟，禮祀上帝，以合祥瑞之意。」

此時文帝最喜聽的，便是這「祥瑞」二字，不覺就精神一振，忙問道：「不知《黃帝雜子氣》是何典籍？」

新垣平道：「此乃吾師所藏黃帝書，惜乎經秦時焚書，所存僅餘殘篇。」

文帝頷首笑道：「公所言望氣之術，朕幼年時也有耳聞。先帝早年藏身芒碭山，外人不知其所在，唯高后一人，可望氣而知蹤跡。公既有望氣之才，便不要在江湖上了，且入朝聽命，為朕在長安左近擇地，立五帝祠。」

新垣平大喜過望，連連謝恩，就此得以出入宮禁，結識了公孫臣。兩人心照不宣，都想瞞哄好文帝，混一口長久的富貴飯吃。

數日之後，奉文帝之命，新垣平與奉常昌閭一道，策馬出長安洛城門，渡過渭水，一路尋覓，來到渭陽地方。新垣平見此處地勢開闊，便用手一指，故作喜色道：「前面五彩之氣最盛，立祠之地，可擇於此！」

昌閭抬眼看去，見此處恰在長安東北，倚山面水，地勢果然不錯，便連聲喊好。如是，兩人擇定了地方，便返回長安，稟報於文帝。

文帝聽了二人細述，心中大喜，當即下詔，令長安縣徵集民夫，在渭陽修建祀祠。

此處祀祠，既然為五帝而建，便要分為五大殿。那五殿當如何分布，昌閭又不懂了，只能聽憑新垣平主張。然新垣平又哪裡懂得，情急之下，只得裝腔作勢，先將黃帝廟定於中央，又將那青赤白黑四帝，胡亂按東南西北分了。

昌閭聽了這番鋪排，仍存疑惑，又問道：「五帝各殿，又當如何區分？」

新垣平眼睛轉了兩轉，便答道：「只將那殿門塗漆，分作五色便罷。」

昌閭樂得有新垣平做主，便也不問究竟，照此吩咐了下去，令長安縣如期動工，不分晝夜。

待五帝祠建成，已是前元十六年（西元前 164 年）孟夏。文帝聞報大喜，擇了吉日，便起駕出城，親赴渭陽五帝祠祭天，又是一番熱鬧。

祭天當日，文帝親啟燔燎之儀，命昌閭率郎衛一隊，在壇頂堆好薪柴，將玉璧、玉圭、繒帛等祭品置於上。隨後文帝登上壇頂，接過昌閭手中火把，點燃積柴。霎時，只見火焰熊熊，一股煙雲騰空而起，狀若遊龍。

新垣平這時也隨侍在側，見煙霧裊裊，便指給文帝看：「此煙雲，恰似前日東北瑞氣，今日重見，恰是天人相合之象。」

那新垣平胡亂指點，專揀順耳的話說，又引文帝遠望黃帝殿，諂諛道：「漢當土德，為黃帝苗裔。今黃帝殿居五帝之中，正應了陛下之位——居中而控天下，東西南北，莫非王土。」

文帝此刻俯視山川城郭，只覺豪氣滿腹，彷彿自家功業，已上承五帝。又想到天下生民，碌碌如蟻，無不賴有明君護佑。自己即位以來，理政也就十餘年，天下即清平若此，便是秦始皇當年，也未見得能過之。

待祭天大典畢，文帝還都，便拜了新垣平為上大夫[45]，又賞給千金，寵信之隆無人可及。

新垣平感激涕零，逢人便講要報恩。當下集合了眾博士，日日翻書，尋章摘句，從六經中摘得些片段，輯成〈王制〉一篇，囊括封國、職

[45] 上大夫，此處見《史記》。本為先秦官名，在國君之下有卿、大夫、士三級，大夫亦有上、中、下三級。然漢初並無此職，僅有中大夫、太中大夫等，故而存疑。

官、爵祿、祀葬、刑罰等典章制度，供文帝參用。此文後收入《禮記》一書，於今仍可見到。

編書閒暇，新垣平又與公孫臣聚議，暗中共謀，勸文帝應仿堯舜古制，行巡狩、封禪之禮，以此上敬天意，下撫萬民。

文帝拘謹半生，眼見大業將成，從此可名垂千古，心中便也活動起來。聽了二人進言，欣然採納。然巡狩、封禪之禮該如何辦，卻又無人通曉，文帝便命諸生翻閱古籍，先將典儀弄清再說。

那巡狩、封禪二禮，浩繁盛大，不同於尋常禮儀。如何斟酌，倒是難煞了眾博士。所幸文帝並不著急，只令眾博士從容商議。

新垣平見妄語亦能邀寵，便將那文帝更加看低了，每日用盡心機，要弄出些花樣來。

這日，文帝出巡萬年縣，驅車出長安，往東南行至長門亭。忽見道北佇立五人，相貌奇異，服飾奢華，所著服色各個不同，且異於時俗。文帝正在疑惑間，又見那五人忽然掉轉身去，各朝一方，疾步而行，轉瞬就隱入了柳林叢中。

此處為郊野，田間除了兩三農夫外，並無他人。文帝不禁詫異：「何以有異人在此？」便急命御者停車，召新垣平來問道，「方才那五人，不似凡人，莫非是五帝現身？」

新垣平早有謀劃，當即躬身一揖道：「陛下所見不虛，小臣也已看見。那五人所服，為黃青赤黑白五色錦衣，頭頂有瑞氣繚繞，當是五帝幻化而成。」

「果然！五帝顯靈，朕將何如？」

「五帝候於道旁，必有深意，可在此地築壇以祀之，以祈陛下永壽。」

此時文帝已入魔道，凡新垣平所言，無不相信。於是下詔，於長門道北修築五帝壇。築成，文帝又親臨壇頂，乙太牢之禮致祭，亦是十分隆盛。

新垣平見文帝好哄，便又心生一計，隔了幾日又奏報：「臣昨夜望氣，闕門之下，有瑞氣升起，當有寶玉見。」

文帝聽了，按捺不住，急令謁者速往北闕去看。謁者領命，疾奔至北闕，見宮門外果有一布衣男子求見，稱在闕門下挖出一個玉杯，要獻與天子。

謁者滿心驚異，引來人上殿，呈上玉杯。文帝忙接過玉杯來看，見此物倒也平常，只是杯上刻有「人主延壽」四個字，熠熠生輝。

文帝自登位至今，諸事順遂，不免就私心盼望長壽，見了玉杯上刻字，不由大喜，只道是上天亦有此意，便厚賞了新垣平及獻杯之人，將玉杯藏於宮內。

如此，新垣平連連得手，便惱恨以往蹉跎太久，未能早些以騙術求富貴。後凡有謀劃，便不再知會公孫臣，只顧挖空心思說謊，以求獨寵。

未過幾日，新垣平果然又有奇思，攜了一部古曆《夏小正》，向文帝稟道：「臣揣摩曆書，今日正午，日可重返中天。」

文帝自是大驚，急命太史令，往北闕下去看日影。那太史令便去闕門外，豎起一根木桿，靜候細察。過午之後，忽疾奔入殿稱：「下官於日中時，守候多時，果然見日返當中。」

文帝大奇，忙問道：「所據何為？」

那太史令舉起手中木桿，言之鑿鑿道：「此為奉常署所用，豎立於地，以觀日影。日行中天時，若逢冬至，日影一丈三尺五寸；若逢夏至，則為一尺六寸。今恰為夏至，日過午時，小臣親見日影長至二尺，不多時又復回一尺六寸。考之上古盤銘[46]，此象為『日卻再中』。」

「日過正中，竟可逆行乎？」

「小臣守候在側，以尺量之，確是日返正中，而後復始。」文帝便覺疑惑：「此像是何意呢？」

新垣平連忙稟道：「此象自古便有，為開元之象。老子有言：『執古之道，以御今之有。』陛下不妨從之，改元以應天象。」

那新垣平與太史令一唱一和，直說得文帝心動，當即下詔：自明年起改元，以應天意。因漢朝當時尚無年號，故史家稱改元後為「文帝後元」。

此時，距後元元年（西元前 163 年）新年，僅有半月餘，新垣平在家中亂翻書，忽又生出一個奇思來，入朝向文帝進言道：「上古禹王收九州之金，鑄九鼎，以祭享上帝。後傳於商周，周顯王時水患成災，周鼎即沒於泗水[47]之下，前人曾百計搜尋，終是不獲。」

文帝便也想了起來：「此事太傅也曾說過，昔秦始皇過彭城，發千人打撈周鼎，終未果。莫非如今有了蹤跡？」

「正是。今秋大雨，河決金堤，河水已與泗水相通。近日臣望氣，見長安東北有異象，汾陰（今山西省萬榮縣）一帶寶氣沖天，當是周鼎將出。」

「詭！滔滔河水之力，真乃神力。周鼎重千斤，百年前沉於泗水，今日竟能移至汾陰。」

---

[46] 盤銘，盤為古代盛物之器，其上刻有銘文，即是盤銘。

[47] 泗水，發源於今山東省泗水縣，流經曲阜、兗州、濟寧等地，匯入微山湖。

「小臣以為：周鼎，神器也，天命所授。上古沒於東，今日又見於西，乃是上天獨鍾陛下。秦始皇昔日僅得傳國之璽，而未能得周鼎，故而社稷轉瞬即亡。今漢家欲傳萬代，則不可不尋周鼎，陛下當早做打算。」

「哦？吾欲得周鼎，當何如？」

「當立祠廟於汾陰，祝禱河神，以待天時。」

「此事真乃大奇，莫非是天助我也？」文帝遂不疑此事，又厚賞了新垣平，令少府撥給錢財，在汾陰縣修建祠廟，為求鼎之用。

那汾陰縣令接了詔旨，不敢怠慢，立即調發民夫，備齊工料，不顧天寒便開了工。

文帝想到，若九鼎即出，萬民必將稱頌，後世亦可留個好名聲，不禁喜上心頭。適逢新年將至，於是特准天下「大酺」，百姓可聚飲三日，以示同慶。

百姓聽聞九鼎將出，都稱漢家厲害，將上承三代，下啟千載。一時間父老相邀，家家聚飲，足足大醉了三日。

至此，新垣平接連受賞，累計已過千金，朝野四方，無不知其大名。有那民間貪利之徒，更是嘖嘖稱羨。

事若至此，倒也算圓滿；然則，正所謂水滿則溢，總有變數出乎人意料。就在普天同慶之時，忽有一日，有人赴北闕上書，劾奏新垣平欺君罔上，妖言惑主，實有不赦之罪。

劾書當日傳至宮內，文帝拆開來看，見竟是陰賓上所寫，不覺就吃了一驚，連忙命人去召陰賓上入宮。

未幾，陰賓上應召上殿，文帝見他一身布衣，兩鬢飛霜，竟全沒了當日的奢華氣，便又是一驚：「數年不見，如何先生便見蒼老？莫不是有了憂心事？」

「小民孤老一人，家資豐盈，還有何事可憂？實為天下人心憂而已。」

「此話怎講？」

「當今天下，之所以無事，乃有明君在上。若君主不明，則社稷定是堪憂。」文帝頓感驚詫：「先生是說……朕如何不明？還請指教。」

陰賓上臉上便有怒色，憤然道：「那新垣平，邯鄲一文氓也，欺世盜名，全無根柢，他哪裡能懂黃帝書？平素不過糾合幾個同類，臭味相投，彼此吹播，名不能出邯鄲城半步。前月來投我門下，學了些皮毛，就敢來欺瞞陛下，陛下卻為何待他若上賓？」

「那新垣平，不是你同門嗎，曾師從前朝侯生？」

「焉有此理！我自幼拜師，係從黃石公學《易》，苦讀二十載方有今日，與侯生有何干？論起來，臣與張良、司馬季主等，倒是可稱同門，豈是新垣平之流能攀附的？那前朝侯生，以鬼神之事欺罔秦始皇，事敗逃亡，不知所終，致使秦始皇怒而坑儒，留下惡名。吾豈能拜那偽人為師？」

文帝臉就一紅，辯解道：「新垣平此人，總還有些本事吧？他擅望氣之術，為朕親眼所見。」

陰賓上便冷笑：「鬼神之事，如何能親眼見到？凡親見鬼神者，便是作假。新垣平之詐術，臣亦有耳聞，諸如五色之氣、五帝現身、周鼎將出，等等，無不是從中做了手腳。想那五帝有先後，相隔不知有幾千年。若聚會，只該是聚於蓬萊仙山，凡人不可見，如何能聚到這長門亭來？」

文帝知陰賓上語含譏諷，臉上便一紅，又勉強道：「五帝現身事，雖屬玄虛，然周鼎恐不為假。」

「那更是假！周鼎重逾千斤，試問那柔弱之水，如何能載其漂移西東？若周鼎可自泗水移來，那河伯莫非大力士乎？」

「咳咳……那麼，何以分辨新垣平所言是真是假？」

「這個不難，以夾棍伺候，便可知他所言真偽。」

文帝便面露難色：「如此，恐有違仁義……」

陰賓上仰頭笑道：「豈用真的動刑？此等小人，全無節操，拉去詔獄問話，不消片刻即可招認。若他不招，小民甘當構陷之罪。」

文帝此刻也想起來，新垣平往日所言，破綻甚多，自己如何就輕信了？此刻若忽然問罪，世人得知，將如何議論？如此一想，竟不知所措。

陰賓上見文帝神色猶疑，便又諫道：「陛下自登大寶以來，勤謹施政，從無一句虛言。然近年卻漸入玄虛，民間已有議論。想那秦始皇，雖有千古之才，掃平六國，混一海內，然信了侯生那班人妄言，也不免倒行逆施，惹得天下怨怒，身死而社稷亡。今陛下度己之才，可勝於秦始皇乎？庶幾可免於此厄乎？」

文帝聞言，心頭便一顫，這才狠下心來，命謁者去廷尉府傳諭：新垣平欺君罔上，所言多虛妄，著令奪爵，交發廷尉問罪。

待謁者領命走後，文帝這才釋顏，對陰賓上溫言問道：「先生高致，然人情總還要講，如何一連數年都不來見我？」

陰賓上從容答道：「世間高士，貴在有靈性。心性通靈，方可感物，能知千年之後。若躋身朝堂，則易於追名逐利，壅蔽心智，致通靈之才全失，故此小民不敢打擾陛下。」

文帝便笑道：「如此說來，朕之身邊，皆是庸碌之徒了？」

「雖非庸碌，卻也不明大勢。那新垣平誤陛下甚深，絕非社稷之福，為何竟無一人敢諫？還不是為保俸祿。小民實為不解：朝堂上無聲，陛下耳根清淨，天下便可無禍嗎？」

文帝聞此言，心中一悚，語帶歉意道：「先生不來見我，乃朕之失！今後，還望先生多加指教。」

陰賓上便整了整衣冠，斂容道：「我本布衣，不通政事。文吏中袁盎、晁錯者流，皆是敢言之士。陛下若真心納諫，只聽逆耳之言便好，不然事將危矣。小民有幸，躲過秦末之亂，便不欲重見天下魚爛。此前，屢見新垣平得勢，竟無人阻諫，恐為不祥之兆。輾轉思之，無以為計，故而一夜間白了鬚髮。」

文帝愕然，望住陰賓上良久，方揖謝道：「先生用心良苦，吾當自省。從此，所有偽冒方術士，當斥退，永不任用。惜乎當年吾見賈誼，未問富民事，卻只問了些鬼神事……」

陰賓上淡然一笑：「那班庸才，容不得賈誼，卻容得下新垣平之流，賴此輩，何以能富民？如今賈誼雖歿，市上卻爭傳其言：『夫民者，至賤而不可簡也，至愚而不可欺也。故自古至於今，與民為仇者，有遲有速，而民必勝之。』如此良臣，卻不能久在朝中，小民甚為陛下惜之！」

文帝臉便一紅，嘆道：「賈誼其言，我讀亦如遭雷擊！他若在，吾必不為諂言所惑。」

如此，兩人又談了許久，文帝方送陰賓上至殿門，慨嘆道：「先生大隱隱於市，惜不能出山，為我股肱。」

陰賓上道：「古之聖人曰：『山下有險。』臣不願履險，恕不能入朝為官。近聞司馬季主亦倦於俗世，不日將西行，往邛崍天臺山，去尋那赤松子舊跡。吾決意與他同行，也不欲居留長安了。」

文帝不禁瞠目，連忙挽留道：「不可不可，竇氏兩兄弟，尚有賴先生教誨呢！」

陰賓上便笑：「竇氏兄弟好學，苦讀數年，皆已知書達理，尤以竇少君為優，今已改名竇廣國，與舊時判若兩人，可堪大用。陛下無須擔憂，臣就此別過。」

「先生且慢，待我吩咐少府，贈你五百金為心意。」

「陛下，萬不可如此！老子曰：『致虛極，守靜篤。』小民此去，立意要守靜篤，若受了這賞賜，便難以靜心。」

文帝望望陰賓上，頓感悵然，心知勸阻不住，只得與之依依作別。

陰賓上行至階陛，才走了兩步，忽又停住，回首道：「初見陛下至今，倏忽已二十年矣。小民此一別，恐再不能入闕；有一語，願冒死說出。」

「先生但說無妨。」

「初見陛下，覺陛下溫文爾雅，虛懷樂善；今見陛下，卻見眉宇間難掩虛驕氣，卻是為何？小民昔年讀《春秋》，最恨君王執兩端，既為善，又為惡。若有餘力，何不減一分為惡，增一分為善？民間尚有貧苦無告者，陛下何以就忍心耗巨資、飼鬼神？獨不見有人窘於衣食、有人困於老病乎？古來君王，皆稱慕堯舜；那堯舜之心，莫非不是肉所生成？」陰賓上說到此，一雙白目圓睜，炯炯有光，直逼人魂魄。

文帝不意陰賓上口無遮攔，出言如此尖刻，立時就僵住，羞愧不知如何作答。遲疑間，竟然幾欲淚下。

陰賓上也不理會，略一揖禮，轉身便下了階陛。

文帝立於殿門，悵然許久，方才回過神來，命涓人連夜傳諭廷尉：新垣平欺君一案，不得寬縱。

且說那新垣平被奪了爵，鋃鐺入獄，早已嚇得三魂出竅。前來問案的廷尉宜昌，素敬張蒼，本就恨新垣平所行不端，此次得了上諭，便不留情面，將各式刑具搬了出來，擺滿公堂。

新垣平心中有鬼，一見此等陣勢，不待上刑便汗流如注。一問之下，都如實招認了。原來那些神神鬼鬼，全係捏造。所謂「五帝現身」、「日卻再中」、「天降玉杯」等，都是重金買通了他人，暗中作假。

廷尉宜昌聽了招認，縱是曾問案無數，也不禁訝異：「新垣平，你這作假本領，可稱古來詐術鼻祖了！」

新垣平心知罪重，叩首流涕不止，唯求能保全性命。

宜昌豈能給他好臉色看，只冷冷道：「上大夫，哭有何用？且飽餐幾日吧。」新垣平便知大事不好，當場大叫一聲，暈厥了過去。

宜昌問案畢，擬了斬刑，將案情上奏文帝。文帝起先還心存僥倖，以為總有一二事為真，待從頭閱過案卷，見新垣平竟無一言是真，不禁勃然大怒，當即回批道：「新垣平妖言罔上，罪不容誅。著令重啟連坐法，處新垣平腰斬，並處夷三族。」

詔令一下，新垣平一門親族，便全數被捕入獄。至行刑之日，新垣平與其父母、兄弟、妻子等數十口，一齊被褫去上衣，押至西市，一路哭聲震天。西市中，但見刀斧手頭繫紅巾，一字排開。待午時三刻一通鼓響，便手起刀落，滿地人頭亂滾。只可憐那新垣平，得富貴才不過半年，便落得滿門抄斬，圍觀百姓見此，無不唏噓。

此時，連坐法已罷廢多年，因新垣平之故，竟又重啟。消息傳開，官民皆感震悚，知皇帝這次是動了怒。民間方術之士，無不驚恐萬狀，都不敢再執業，或改教蒙童，或遠遁深山，唯恐再遭一次坑儒。

那公孫臣雖無欺罔之事，文帝亦不再重用，命罷黜博士。公孫臣眼見新垣平被誅，早就慌了，不等罷黜令下，連夜便逃去了。

事過後，朝野議論紛紜，久不平息。文帝亦覺大失顏面，遂下令停建汾陰祠，連帶那渭陽五帝祠，也不再去親祭，只令祠官代祭了事。

薄太后在長樂宮中，也聽到新垣平伏誅之事。一日文帝前來問安，薄太后便笑道：「秦始皇信方士之言，遍尋長生藥而不得，落得身死沙丘。恆兒莫不是要學他，死後與鮑魚睡作一處？」

文帝羞愧難當，只得俯首答道：「母后責備得對！兒稍有驕矜意，便做錯了事。」

再說那丞相張蒼，自公孫臣得寵後，意氣難平，託病不上朝，一連數月不曾出門，在家校勘《九章算術》。聞新垣平事敗、公孫臣被黜，心中仍覺不平，埋怨文帝清濁不辨。此時，正值少府衙署有一中侯[48]，係由張蒼任用，因作奸犯科受人彈劾，張蒼便覺臉上無光，索性上奏，藉口自己年已九十，不堪任事，乞請病免歸鄉。

文帝見了張蒼奏章，心中略有愧意，然也並未挽留，准了他罷歸。

那張蒼自秦時起，為官六朝，家財甚厚，起居極是奢華。家中侍妾，竟有百人之多，凡生下一子者，張蒼便不再與之同床，朝野皆嘆為奇聞。

---

[48] 中侯，少府屬官。

罷歸後，張蒼安居陽武（今河南省原陽縣）故里，仍習經不止。因年事已高，牙齒落盡，家人便僱了民婦，餵他人乳，如此活到一百零五歲，方溘然長逝。迄今，其故里谷堆村，仍有其墳墓在。

且說張蒼去職後，何人可當丞相大任，文帝難以決斷，便召了馮敬來問：「張蒼免歸，丞相之任不可虛懸。朕之意，可否起用竇廣國？」

馮敬此時亦老邁免職，聞文帝垂詢，自是無異議，贊同道：「廣國君賢明知禮，朝臣多有讚譽，臣以為可。」

文帝默思片刻，忽又搖頭道：「不妥不妥！竇廣國雖有才具，然他為皇后之弟，用了他，天下人難免要說我偏私，還是從舊臣中選吧。」

如此，君臣兩人商議多時，才在關內侯中選了一人，名喚申屠嘉。

這位申屠嘉，乃梁國睢陽（今河南省商丘市）人，雖非名臣，卻也有些資歷。當初投漢時，僅為軍中一弓弩手，擅射硬弩。後隨劉邦平定英布，立有軍功，旋即拔為都尉。至惠帝時，又升為淮陽郡守；文帝元年，封關內侯；至文帝前元十六年，擢升御史大夫，接了馮敬之職。此人為丞相，確是個極好的人選。

馮敬低頭想想，忽又心生疑慮：「申屠嘉官聲甚好，當不負此任，然到底不是列侯。拜他為相，恐公卿及子弟不服。」

原來，漢時官民因功授爵，爵位有二十級。最高一等是二十級，其食邑即是封地，為列侯。次為十九級，有食邑而無封地，稱為關內侯。前元元年，文帝見隨高帝入關舊臣中，尚有人未封侯，便將其中二千石吏以上三十人，都封了關內侯，申屠嘉便是其一。

文帝不以為意，便笑笑：「此事不難。申屠嘉今有食邑五百戶，以此為封地，封他為列侯便罷。」

於是，隔日便有詔下，拜申屠嘉為丞相，以食邑五百戶實封，為故安侯。

那申屠嘉一向為官持重，秉正嫉惡，從不在家中受人私謁。文帝用他，也頗費了一番心思。料想此人終究資歷略淺，用他為相，不至像張蒼那般執拗。

豈料這番心思又落了空，申屠嘉雖無大名，剛直卻一如張蒼，亦是頗難駕馭。

任用之後不久，一日，申屠嘉入朝奏事，猛見文帝左側身後，有一侍臣站立，其神情怠慢，舉止乖錯，竟然與隨侍宮女嬉戲，心中便有些惱。待奏事完畢，便指著那人對文帝道：「陛下所寵侍臣，可使其富貴，卻不可使其驕狂。大殿之上，百官須守儀制，不可不整肅。此人卻怠慢不知禮，望陛下切勿寬縱！」

文帝猛聽得申屠嘉言語激憤，不禁愕然，忙掉頭去看，見身後原是太中大夫鄧通，心中便覺好笑，又恐申屠嘉更出惡語，連忙擺手道：「公請勿言。這等細事，我私下訓誡便是。」

申屠嘉狠盯了鄧通一眼，猶自憤恨，只道了聲：「願陛下勿食言。」便強忍住氣，退了下去。

鄧通見惹惱了丞相，不由神色惶恐，只呆呆望住文帝。不料文帝並未予叱責，只揮了揮袖，令鄧通退下便是，無須多話。

那麼，這位鄧通究竟是何人，竟敢如此無狀？說來也是一段傳奇。他本是蜀郡南安（今四川省樂山市）人。其父名喚鄧賢，家道殷實，在鄉中略有賢名。其妻為他連生三女，方得了這一子。

鄧賢得子這年，天下已安定，有官道修過南安。鄧賢平生從未出過縣，乍見驛馬飛馳，甚覺新奇，遂為幼子取名為「通」。

鄧通幼時，讀過幾年蒙學，閒時最喜戲水捕魚。久之，竟練就了一身水上功夫。待弱冠之後，憑藉此技，在鄉裡做了水手。老父見鄧通聰明，不忍見他就此埋沒，便置辦了馬匹衣裝，令他入都，好去謀個郎官做。

鄧通體魄健壯，性素敦謹，頗討人喜歡。入都不久，便在宮中謀得一職，做了一名御舟水手。

未央宮中的一班御舟水手，有百餘人之多，雖不是郎官，卻也算是近侍。平素在太液池操槳，皆頭戴黃帽，故而人稱「黃頭郎」。也是合該鄧通走紅運，做了黃頭郎才幾日，便陰差陽錯，得了文帝格外的恩寵。

當時文帝正痴迷於鬼神，忽有一夜得夢，夢見自己白日飛昇，騰空而起，眼見就要攀上天庭，卻不料腳下一軟，便再也無力攀上。正在此時，有一黃頭郎匆忙奔至，以手托起他雙足，用力一推，文帝這才躍上了天庭。

文帝在夢中歡喜，自雲端朝下看去，見那黃頭郎已轉身離去，只隱約可見背影，上身著短衫，後襟有一方補丁。正欲喚此人回來，卻不料窗外一聲雞啼，竟將這好夢驚醒了⋯⋯

文帝於榻上驚起，回味夢境，暗自稱奇。便想到，此夢必有吉兆，須在那班黃頭郎中，認出此人來才好。

可巧這日朝中無事，文帝便傳下旨去，要親往太液池巡閱御舟。待文帝來到池畔，那班黃頭郎早已集齊，在御舟旁恭候。

文帝望了望，便命黃頭郎都到近前來。眾黃頭郎不知何意，只得戰戰兢兢圍攏來。文帝便道：「毋庸驚惶！爾等排成列，魚貫從我前面走過。」

眾黃頭郎聞令，連忙排成一列，緩緩走過文帝駕前。一連走過幾十個，文帝都覺面生，無以辨認。正搖頭嘆氣間，忽見鄧通從眼前走過，看那衣衫後面，恰有一方補丁，便急令他止步，召他近前來問話。

鄧通不知是禍是福，忙趨前幾步，伏地聽命。文帝便問他姓名籍貫，鄧通都一一答了。

聽鄧通報過姓氏，文帝不禁拍膝大喜道：「鄧通？正是你，正是你！」

原來，在繁體字中，鄧寫作「鄧」，偏旁中有一「登」字，豈不正合登天之意？那夢中托足的黃頭郎，不是這鄧通又是誰？文帝喜不自禁，當即吩咐道：「你不必再做水手了，這便隨我去，充作侍臣。」

佇列中一眾黃頭郎，連帶文帝親隨，竟都看得呆了，不知這鄧通究竟有何門路。鄧通得了這意外恩寵，一時竟回不過神來。有涓人在旁提醒，他這才想起，連忙叩首謝恩。

鄧通敦厚內向，不善交際，故而隨侍文帝後，並不藉此張揚。文帝見他老實，甚是喜愛，數度准他休沐，任他隨性閒耍。雖則如此，鄧通亦是待在家中，並不出去閒逛。

文帝見他忠厚，也不嫌他庸碌無才，反倒倍加寵信，接連賞賜十餘次，前後累至鉅萬。不單如此，官職上也屢有拔擢，兩三年間，竟然升至太中大夫，所受恩寵，與當年賈誼一般了。

鄧通驟登大貴，滿心歡喜，唯恐有朝一日跌落，便用盡了心思來固寵。似這等庸碌之人，別無長技，唯知以巧言討主上歡心。未過多久，便窺破此中奧妙，事無大小，總能百計討好文帝。

文帝勤謹施政十餘年，頗覺疲累，自從收了這嬖臣，頓感輕鬆。偶爾出宮閒遊，也要順路去鄧通家中歇息。二人拋卻君臣之別，時常飲宴遊戲、鬥雞走狗，總要盡歡而散。

正是有此依恃，鄧通才敢在朝堂上簡慢失儀。那申屠嘉看在眼裡，豈肯善罷甘休。當日罷朝，回到相府坐下，便草擬一道公文，遣使送往鄧宅，召鄧通來丞相府議事，要給他些顏色看看。

聞聽申屠嘉召見，鄧通料定不是好事，徘徊再三，終不敢前往。豈料一使方離，一使又至，登門即口稱：「丞相召鄧通而不至，當請旨處斬！」

鄧通驚得魂飛魄散，求天告地，仍無計可施。只得飛奔至宮中，見了文帝，伏地泣訴道：「丞相方才召我赴相府，說是議事，恐是凶多吉少，請陛下救我！」

文帝聞聽此事，一時也哭笑不得，想了想便道：「丞相不過是惱你失儀，當無大事。你只管去，稍後我便遣使召你。」

鄧通聞文帝如此說，只得硬起頭皮，前往相府請罪。甫一登堂，只見申屠嘉衣冠整肅，端坐於堂上，滿臉都是陰霾。鄧通慌忙撩衣下拜，口稱參謁，請丞相示下。

申屠嘉略略瞄了鄧通一眼，既不回禮，也無言語，只是怒容依舊。

鄧通心中惶恐，只得又一拜，懇求道：「下臣鄧通不曉事，多有得罪，萬望丞相寬恕。」

話音剛落，只見申屠嘉霍然起身，猛一拍案道：「來人！送廷尉府，斬了！」丞相府眾曹掾一聲應諾，有幾個就作勢要上前拿人。

鄧通聞聽一個「斬」字，面如土色，立時叩頭如搗蒜，連呼「饒命」。申屠嘉這才冷笑一聲：「太中大夫，今日也知厲害了？」

「小臣有所冒犯，然並無大過。丞相大量，請勿與小人計較。」

「豎子，今日我便教你知罪！你究竟有何德何能，敢踞太中大夫之位，以媚語欺君？可知新垣平是如何死的？」

「下臣不敢學新垣平，從未有過一語欺瞞君上。」

「來來，我這裡有幾卷《老子》。你既是大夫，也不敢勞你講解，只一字一字給我念出半篇來。」說罷，申屠嘉便拋下幾冊書來。

那鄧通粗通文墨，大字倒是識得幾個，卻從未涉及典籍，如何就能念得通《老子》？急得只顧叩頭：「小的⋯⋯粗鄙少文，實是念不通《老子》。」

「我只知太中大夫一職，專掌諫議，如何連一冊書都念不出？我倒要問你：食君之祿，忠君之事，你到底諫的是什麼，議的又是何事？」

「小臣該死！小臣僅知行舟。」

申屠嘉便嗤笑道：「恐也是最善鬥雞走狗吧？你這等庸才，充作太中大夫，又如何為天子輔佐？堂堂漢家，出了這等走狗大夫，不是欺君，又是什麼？」

鄧通情知這一關難過，只得免冠跣足，做負荊請罪模樣，哀懇道：「小臣該死，幼時生於鄉鄙，不懂規矩，實不該與皇帝遊戲。萬望丞相寬恕，容小的改過。」

「哼！朝廷者，高皇帝之朝廷也。你鄧通一小臣，竟敢嬉戲於殿上，實屬大不敬。太平之世，出了你這等人，便是妖人。其罪當斬，還談何寬恕！」

堂上幾個曹掾，亦甚厭憎鄧通，此時便都一齊喝道：「斬了！斬了！」

鄧通臉色一白，幾欲癱倒，急得連聲大呼：「不能斬，不能斬呀！」便連連狠命叩首，竟至額頭破裂，血流滿面。

見鄧通狼狽至此，眾曹掾皆掩口失笑；更有人忙著尋覓繩索，要上前捆綁。申屠嘉只斜倚於座上，不睬鄧通，任由他苦苦哀求。

鄧通正自哀嘆命將絕時，忽聞堂下有人高呼：「刀下留人——」言未畢，其人已疾步跨上堂來。

眾人都轉眼望去，見是一宮中宦者，持節走上堂，向申屠嘉從容一揖。申屠嘉見來人是朝使，便知文帝有心相救，只得站起身來，回了一禮。

那宦者高聲道：「傳諭旨，召鄧通入朝議事。上曰：此為朕之弄臣，請申屠公寬釋。」

申屠嘉向朝使拱了拱手，口稱「遵旨」，便轉身對鄧通道：「大夫請起吧。既有諭旨，我也只得遵命，饒你不死。若他日再敢放肆，即便有諭旨至，老臣也絕不放過。」

鄧通這才緩過神來，叩首感泣道：「謝丞相不殺之恩！小臣今後，定不敢踰矩。」

申屠嘉便輕蔑一笑，揮揮袖道：「你做了大夫，也須令天下人服！且隨朝使去吧。」

鄧通抹了抹臉上血跡，慌忙謝過，連鞋也顧不及穿，便赤足隨了朝使，奔出相府。待入宮見了文帝，忍不住嚎啕大哭道：「臣幾被丞相所殺！」

文帝見鄧通蓬頭跣足，滿面血痕，不覺又笑又憐，忙喚太醫過來，為他敷藥。又叮囑鄧通道：「世間事，新進總不敵耆老，你只管發財，勿再去惹惱丞相。」

鄧通這才知道，皇帝也要看丞相面子，即是有奇恥大辱，也只得嚥下，便含淚道：「小臣入宮以來，唯知有陛下，不知有他人，何以竟如此命苦？」

聞聽鄧通此言，文帝不禁心生哀憐，忽然想起，便召馮敬來吩咐道：「公已免歸在家，朕卻要數次攪擾你。今又有一事，非公而不能成。且往橫門閭里之中，尋覓方士陰賓上行蹤，召來宮中，朕有事要問他。」

馮敬便感詫異：「那陰賓上，為一布衣也，遣使去召即可，何以如此鄭重？」

「他前日稱，將遠赴邛崍尋仙，不知是否已動身。倘若尚未起程，請延入宮中，與朕一晤。」

「臣聞自新垣平伏誅，各地方術之士，多已斂跡。此人怎敢如此託大？」文帝便一笑：「也不可一概而論。此間事，公無須多問。」

馮敬會意，便問明了陰賓上住處，乘車前往橫門內。那橫門內閭巷交錯，馮敬體弱眼花，尋了多時也尋不到。幸得有父老指點，方才找對，連忙整了整衣冠，上前去叩門。

見陰賓上開門出來，馮敬連忙上前一步，揖禮道：「在下馮敬，故御史大夫是也。今奉上命，請先生入宮晤談。」

陰賓上不覺一怔，望住馮敬片刻，方才緩緩道：「久仰，原是馮公光臨！小民日前已向天子陛辭，即將赴邛崍山中。這幾日，正檢束行裝，諸事繁雜，便不去宮中攪擾了吧。」

馮敬環視宅中，見果然已收拾好箱籠，唯餘四壁蕭然，便急忙拉住陰賓上道：「這如何使得？今上禮遇先生，人皆稱羨，先生為何欲棄功名，執意沉潛？」

陰賓上便淡然一笑：「小民豈不知功名好？然求功名，也須待時。黃石公所言『潛居抱道，以待其時』，便是我之本意。」

馮敬忙道：「先生談玄，老夫便不是對手，唯知上命難違……老夫已年邁，尋到先生殊不易，可否賞給薄面，隨我入宮去謁見？」

陰賓上見馮敬氣喘吁吁，心中頗覺不忍，於是嘆氣道：「也罷！馮公既如此說，小民若不從，倒有違忠恕之道了。」

馮敬這才鬆了口氣，命隨從將陰賓上扶上車，一同前往未央宮。

這邊廂，文帝正在前殿等候，見陰賓上一身白衣，由馮敬引上殿來，不由大喜道：「有馮公出面，朕料定先生必來。」遂又向馮敬囑咐道，「馮公勞累了，且去歇息，朕與陰先生有話說。」

待馮敬退下，文帝便請陰賓上入座，殷切問道：「不知先生何日起程？」陰賓上答道：「已收拾停當，只待稱心之時，便與司馬季主相偕出行。」

文帝笑道：「先生灑脫！與你二位高人相比，我輩君臣，倒似自困於籠中了。我也知先生心已馳遠，然有一事，不得已有所勞煩。」說罷，便命人召鄧通上殿。

鄧通聞聲走上殿來，向陰賓上恭謹一揖。文帝便對陰賓上道：「此是太中大夫鄧通，朕之近臣也，請先生看他面相如何？」

陰賓上在民間，早聞聽鄧通善諛，今見其人果然猥瑣，心中便益發厭惡，望了他一眼，久不言語。

文帝頗感詫異，忍不住問道：「何如？」

陰賓上推辭道：「相面之術，非臣之所長。當今最擅相面者，非鳴雌亭侯許負莫屬，陛下可召許負來問。」

「朕亦知許負擅相術，當年稱太后『可母儀天下』，後果然應驗，太后遂視其為姐妹，朕亦尊其為義母。然十數年來，許負隱於商洛（今陝西省商州市一帶）山中，出行多有不便。」

「原來如此！小民明白了，只能勉為試之。看這位鄧通大夫，有縱紋入口，為不吉之相。眼下雖得封賞無數，然財多亦有盡時，察其將來，恐命途不濟……」

鄧通臉色便陡然難看，腳下打了個趔趄。

陰賓上睬也未睬鄧通，只顧接著說道：「……或將餓斃，也未可知！」鄧通聞聽此言，不由驚呼了一聲：「啊！」

文帝面色便猛一沉，大不悅道：「先生或言重了，鄧通欲致富貴，有何難哉？僅憑朕一言，便可保他終身富貴，何至於餓斃？真真豈有此理！」

「小民無慾，若妄言，能有何益？恕我據許負《五官雜論》而相其面，並無半分欺瞞，萬不敢效新垣平妄言。」

文帝正要動怒，見陰賓上不卑不亢，毫無懼意，想想也只得忍下，僅是冷冷道：「先生高致，非常人所能及也。此去邛崍，願先生如願成仙。」

陰賓上聞此言，知皇帝是要送客，便起身道：「臣之言說，不悅耳，惹陛下不快了。小民於平素，亦喜聞善言。然悅耳之言，最難辨真偽，有求於我者，則其言多為假。陛下為萬民之主，何人敢對天子無所求？故而陛下所聞，當全是假言假語。」

文帝聞言，心中頓起震動，不由脫口道：「莫非為仁君者，便要喜聞惡言？」

「正是！唯有惡言，方出於真心。草民喜聞善言，可矣；君主喜聞善言，則不可。試問：新垣平者流，可曾有一言逆耳乎？」

文帝連忙起身，向陰賓上一揖道：「今聞先生諍言，當閉門思過。」

陰賓上又道：「上天造物，可謂公平之極。萬乘之君，固然尊崇，卻不能如高士雲遊四方，亦不能如平民僅聞善言，這即是黃老所本『恭儉謙約，所以自守』。仁德之君，須自困於籠中；一旦破籠，恣意而行，必將流弊遍地，無可收拾了。」

「哎呀！此言甚是……逆耳。先生不忙走，請與朕作徹夜長談。」

「小民不敢！平白蒙恩，絕非好事。小民已蒙陛下垂恩，安居都中十數載，當屬萬幸。近來重溫賈誼賦，見其曰：『遲速有命兮，焉識其時？』我深以為然。小民不識時，當歸深山；不懂察言觀色，當從此緘口。命該如此，又豈有他哉！」陰賓上說罷，向文帝一揖，轉身便要走。

文帝一把拉住陰賓上衣袖，急切道：「你我相交十數年，朕受益良多。先生不可如此便走，請留一言，為我治平天下計。」

陰賓上望望文帝，忽以手一指前殿匾額，高聲道：「天子之事，古來鏡鑑多矣，諸子亦其說不一。然以小民觀之，又有何玄奧？欲治平天下，所謀者無非有三。即：諸侯無異心，禦外有良將，百姓生計不苦，唯此而已。若令一少年為天子，理好這三事，閉目也能治天下，況乎聖明之君？小民讀史，常有一事不解：百姓自養，各有其技，並不賴他人。然自成湯周武以來，何用養這多吏，收這多賦？又何須興這多兵，死這麼多人？……」

此言一出，文帝頓覺百骸震動。正驚異時，陰賓上卻不待答話，即飄然走下殿去。階下甲士以為出了變故，各個惶恐，橫戟便要阻攔。

謁者亦滿面錯愕，正欲去追，文帝卻擺擺手道：「出世之人，多有異行，且隨他去吧。」

眾近侍皆感驚異，呆望那陰賓上如仙如魅，白衣飄拂，漸漸隱入薄暮中去了。

殿上鄧通仍在呆立，見文帝面色不豫，便下拜道：「陛下請寬心，小臣是禍是福，無足掛齒。陛下無恙，才是小臣至福。」

文帝似未聽見，低頭沉思片刻，忽仰頭一喜道：「朕有一計，可保你百世富貴。」鄧通忙又叩首道：「陛下賞賜已甚厚，小臣不敢有奢望。」

文帝便擺手道：「非賜金也，朕將賜你銅山一座，任你去鑄錢。」鄧通聞言，幾疑是聽錯，不由喜極而泣，連連叩頭如山響。

原來，當時漢家所用錢，大有文章可做。劉邦開國之時，漢承秦制，仍用「秦半兩」銅錢，重十二銖[49]。後秦半兩錢不敷使用，朝廷便允民間私鑄錢。漢初國窮民敝，因而無論官鑄私鑄，錢重皆不足，雖仍號「半兩」，實為輕錢。至呂后時已減至八銖，文帝時更減為四銖而已。

至於民間私鑄錢，則多摻有鉛鐵，成色不足。甚或有輕至二銖者，薄如榆莢，動輒碎裂不可用，人稱「莢錢」。

錢輕，物價便騰貴。最甚之時，一石米竟值萬錢，百姓都叫苦不迭。朝廷於此也甚感頭痛，曾下令禁民間私鑄錢，違者處斬。然厚利所在，人趨之若鶩，又如何能禁得住？文帝無奈，只得於前元五年復又開禁，任由權貴、富戶鑄錢，只是嚴禁摻入鉛鐵，違者處以黥刑。

---

[49] 銖，古代重量單位，二十四銖等於舊制一兩。

此時天下鑄錢大戶，乃是吳王劉濞。他在豫章郡（今江西省一帶）覓得銅山一座，便廣招天下亡命徒，鑄錢營利，數年間便富埒天子。

文帝正是想起了劉濞，便對鄧通道：「蜀郡嚴道有一銅山，所產甚豐，取之不竭。今賜予你，可令家人自去鑄錢。」

鄧通也知劉濞鑄錢致富事，當下連連謝恩。此後不久，鄧通之父鄧賢，便率了兩個女婿赴嚴道，僱用眾多工匠，挖銅山鑄錢。

那鄧賢，原是個本分鄉紳，做事精細，鑄錢時務求檢點，絕無摻假。又為炫富之故，所用鑄材皆為紅銅，不似官錢為銅錫合金。錢重也十足，竟比官錢分量還要重些。人稱此錢為「鄧通錢」，百姓皆喜用。

此後不過數年間，鄧氏之富，便可與吳王劉濞相比。其時東南多吳錢，西北多鄧錢，兩家資財究竟積了多少，恐是唯有天公方知。

至此，鄧通對文帝感激涕零，甘為犬馬。時逢文帝患病，身上生了個癰瘡，久而不癒，竟至潰爛流膿，日夕不得安。鄧通見了心急，竟用嘴去吮吸膿汙。如此，文帝方感舒暢，可以安臥片時。

一日，鄧通吸罷膿血，便侍立於旁。文帝回首見了，心中感慨，便問道：「依你看，天下何人最愛朕？」

鄧通未加思索，當即答道：「至親莫如父子。最愛陛下者，當屬太子。」文帝聽了，卻是默然不語。

至翌日，太子劉啟入宮問安。文帝癰處恰又流血，便望住劉啟，吩咐道：「你可為我吮去膿血。」

劉啟大駭，欲拒之，又恐有違禮教，不得已皺起眉頭，勉強吮了一口，便幾欲嘔吐。

文帝見此，遂嘆息了一聲：「生於深宮者，豈能為此賤役！你且回吧。」劉啟臉一紅，甚覺難堪，只得怏怏退下。

文帝又召鄧通前來，鄧通毫無難色，當即跪下，俯身吮去膿血。文帝低頭看去，不禁動容，感嘆道：「至親莫如父子，恐非如此呀！」

自此之後，文帝對鄧通恩寵更甚，朝野再無第二人可及。

且說那太子劉啟，此時已近而立之年，雖也謹慎知禮，卻頗有脾氣，不似其父那般溫良。回到太子宮，想想吮膿之事，甚覺弔詭，不知是何人做出這等噁心事，方致父皇有此亂命。於是密令身邊近臣，往未央宮涓人中去探聽。

無多時，即有近臣返回稟報：「有太中大夫鄧通，時常入宮，為今上吮癰。」

劉啟便在心中暗罵：「豎子！這等豬狗事，都做得出，世上還有何惡他不敢為！」由是，劉啟對鄧通心懷怨恨，發誓只待時日，定要施以報復不提。

且說文帝改元之後，依舊是政簡刑清，天下承平如故，可謂史上少有的祥和時日。文帝亦常思己過，不欲留下瑕疵，為後人所非議。不由就想道：當年即位之初，待齊悼惠王一枝，未免過苛。於此事，總覺心有戚戚焉。

此時，齊王劉則也已病薨，劉則無後，按例當除國。文帝追念齊悼惠王劉肥之功，不忍除之。此時劉肥諸子中，劉罷軍已薨，眼下健在的尚有六人。

文帝便依照賈誼所言，將齊國一分為六，將這六人盡封為王。即：劉將閭為齊王，劉志為濟北王，劉賢為淄川王，劉雄渠為膠東王，劉卬為膠西王，劉辟光為濟南王。此六人，同日受封，分赴就國，一時蔚為大觀。

當初漢承秦制，諸法依舊，唯郡縣制一事，未能施行於全天下。劉邦分封功臣、子弟為王，竟封去了半個天下。原是想豎屏自強，卻不料先有異姓王造反，後又有劉氏諸王不安分，反倒成了一大心病。

劉邦在世時，好歹平定了異姓諸王。餘下劉氏諸王，卻是貌合神離，頗令文帝不安。自賈誼獻上〈治安策〉，文帝心中才有了數。

此次將齊國分為數個小邦，諸王勢力，隨之大減，文帝這才稍感心安。再環視海內，便只有吳王劉濞一處，須多加提防了。

那吳王劉濞，封王時年僅弱冠，如今也已是中年了，坐擁封國五十三城，儼然為東南重鎮。此人坐大東南，乃是另有一番淵源。

前面曾提起過，劉濞為劉邦次兄劉喜之子。劉喜在漢初受封為代王，其封地為匈奴南犯要衝。劉邦如此安排，原是想倚重兄長。豈料這劉喜膽小如鼠，見匈奴來犯，非但不能堅守，反而棄國而逃。劉邦不忍加罪，只將他廢為合陽侯了事。

劉喜之子劉濞，卻與乃父大不相同，為人驍勇善戰，年方弱冠便已封了沛侯。英布倡亂時，他任漢軍騎將，曾隨劉邦大破英布軍，甚獲劉邦賞識。

其時，荊王劉賈被英布殺死，劉賈無後，須另立劉氏子弟坐鎮東南。劉邦擔心吳民彪悍，欲以強悍者制之，然環顧身邊，諸子皆弱小，便立了劉濞為吳王。

至惠帝、呂后之時，天下初定，各諸侯都盡心安撫其民。劉濞對此也頗用心。尋得豫章銅山後，便招集天下亡命徒，挖山起爐，大肆鑄錢。又煮東海水為鹽，壟斷厚利，以致國用富足，竟可免徵賦稅，吳民因此感激不盡。

國勢漸強後，劉濞不免就藐視朝廷，漸起了謀反之心。文帝在位十數年間，除元日朝賀外，劉濞從不入都。其間，因身體有恙，曾遣太子劉賢代行朝賀一次。豈料僅這一次，竟然惹出了一場意外。

當時文帝見吳太子劉賢來，便有心籠絡，令太子劉啟與之遊宴。劉啟與劉賢為堂兄弟，年紀相仿，見面便覺投合。此後多日，兩人同車出入，日夕飲宴，相交甚洽。那劉賢還帶了幾個師傅來，劉啟也待之以禮，邀來一同歡會。

如此熟不拘禮，歡洽無間，人都道是好事。何曾想到，到頭來，竟是樂極生悲！

原來，有一日飲宴散了，眾人尚有餘興，劉啟便與劉賢弈棋，以作消遣。兩人對坐，各執黑白，眾陪臣則圍攏一旁。太子侍臣立於左，吳太子師傅立於右，各為其主出謀劃策。

劉啟棋藝本不如劉賢，兩相較量，先就輸了兩盤。那劉賢嘴不饒人，順口就譏諷了幾句；一眾吳太子師傅在旁，也都哂笑不已。

劉啟心中懊惱，幾欲發作，又不便當面訓斥賓客，只得強自忍下。

劉賢卻是毫無眼力，不知見好就收，竟然叫板道：「何如？太子若不服，可敢一局定勝負？」

劉啟哪裡肯服，憤然應道：「也罷！前面不算，我便與你一決勝負！」

決勝這一局，兩人都謹小慎微，精心布子。下至中盤，恰在生死關頭處，太子劉啟偏又誤落一子。吳太子劉賢見了，忙用手按住，仰頭大笑道：「太子將死矣！」

劉啟低頭看去，見果然是一著不慎，牽動全域性，眼見就要滿盤皆輸。當下大急，便去搶那棋子，口中嚷道：「誤了誤了！且容悔一子。」

劉賢甚是得意，只按住那棋子不放，譏笑道：「太子視我東南無人焉？一言既出，如何悔得！」

劉啟爭辯道：「我偶然眼花而已。東南之人，心胸竟如此之狹嗎？」

那一眾吳太子師傅，皆是楚人，性素強悍。見太子欲悔棋，便都一齊叫起來，責備劉啟無禮。

劉賢索性起身，一臉輕蔑道：「出言無信，形同市井，將來如何做得皇帝？」一眾吳太子師傅聞言，也都高聲鬨笑。

劉啟生於帝王家，哪受過這等屈辱，不禁血湧頭頂，抓起那棋盤，便向劉賢頭上狠命擲去！

劉賢料不到太子會翻臉，毫無防備，竟被棋盤擊中額角，「哇呀」一聲，登時栽倒在地。

那棋盤，係由上等楸木製成，堅硬如鐵。當時擲下，竟將劉賢砸得腦漿迸裂，一命嗚呼了。

吳太子師傅見狀，都驚異不止，立時喧譁起來：「光天化日，如何公然殺人！」便都挽袖攘臂，上前要捉拿劉啟。

太子侍臣見勢不妙，連忙一擁而上，護住劉啟，帶去了別殿，一面遣人飛報文帝。

文帝聞報亦大驚，急命典客赴太子宮料理善後。又召太子近侍來詢問，聽罷侍臣述說，文帝不由怒道：「豎子，如此不曉事！」一時不知如何處置才好，便令眾人先退下。

事過一夜，文帝才召太子劉啟來，當面訓誡。劉啟生性倔強，雖口中認錯，卻只說是吳太子無禮在先，這才有失手殺人事。

文帝蹙額道：「我百年之後，你終將當國，何以總不改小兒氣？今日所欠，終要償還，不知你將來如何償之？」

劉啟無言以對，只得囁嚅道：「兒無城府，方有此變。奈何？」

文帝仰天嘆了一聲：「偏狹若此，夫復何言！待你有了城府，天下又不知怎樣了。」便嚴令劉啟閉門思過，又命典客備好棺木，厚殮劉賢。

忙碌了一番，文帝這才登殿，召見吳太子師傅一干人，好言安撫。囑彼輩切勿生事，好生扶吳太子之柩歸葬。

數日後，噩訊傳至吳國。劉濞聞之如雷轟頂，悲憤交併，一連幾日棄政不理，飲食不進。經屬臣苦勸，方才勉強出來理事。這日，聞劉賢柩車已至吳，劉濞大怒道：「天下同宗，盡已姓劉。豎子既死於長安，便葬於長安，又何必歸葬？」便遣人截住柩車，令其原路返回長安。

文帝聞知柩車返回，心中有愧意，也不去責備劉濞無禮，只下令厚葬劉賢了事。

自此，劉濞對文帝怨望甚深，日漸不守藩王之禮。凡朝廷有來使，均以冷語相待，甚為倨傲。諸使赴吳受了辱，都憤憤不平，返回都中，便稟報於文帝。文帝知劉濞心懷怨望，便覺不安，連忙遣了專使赴吳，召劉濞入都，意欲當面排解，重修舊好。

豈知劉濞卻不買帳，拒見來使，公然稱病不朝。文帝接到回報，以為劉濞確是有恙，忙又遣使前去探病。那探病使者入了吳都，上下左右打問，只聽得吳國臣僚皆稱：「吾王體魄安泰，怎會有病？」使者便返回奏報，文帝這才知劉濞竟敢詐病，不由得心生怒意。此後，凡有吳國使者入都，文帝皆令一概拘捕，下獄論罪。

如此一來，劉濞倒是心虛了，深恐文帝問罪，心中漸萌謀反之意；

然想到時機未至，又不敢造次。正在兩難之間，恰逢秋季，照例應入都謁見請安，劉濞便選了一得力之臣為使者，代行其事。命那使者攜重金入都，賄請前郎中令張武，在文帝面前巧為轉圜。

其時，張武免歸在家，樂得受了這意外之財，便入宮去勸文帝。文帝素來敬重張武，聽了張武勸諫，這才召見吳使，當面責問道：「吳王因小兒之事，便詐病不朝，何以不自愛至此？」

那吳使有備而來，早知該如何應答，此時便從容回道：「吾王實無病，朝廷繫捕吳使數人，吾王驚恐，為此稱病。古人云：『察見淵中魚，不祥。』即是說，萬事不可苛責。今吾王詐病，陛下察之，若責備過急，吾王則愈恐被誅，不敢來見。陛下莫如捐棄前嫌，令吾王自新；吾王定當悅服，一改前過。」

文帝聞吳使之言，覺甚是有理，想了一想，便笑道：「東南果然有人才！朕這就開釋所有吳使，你歸去，與吳王講明：淵中魚可以不察，然吳國也須水清，一切更始，朕不究以往就是。」旋即，便令釋放以往吳使，又贈予劉濞一靠幾、一手杖，並傳詔曰：「吳王老矣，可不朝。」

劉濞躲過大難，臉面上亦好看，心中反意便漸漸消除。此後，他籠絡臣民之術，一如既往，專有銅鹽之利，令百姓無須繳稅。若朝廷發吳人服勞役，則由吳國府庫償以錢財。

每逢歲時，劉濞總不忘撫慰人才、賞賜閭里，若別郡公差來捕亡命者，均由他出面阻擋。如此數十年，一以貫之，便深得人心，吳民皆願聽他調遣。

當時，劉濞未反，還甚得另一人之力，在此也須提到。此人，便是袁盎。

前面曾提及，袁盎性耿直，數度直諫，惹惱了臣僚不知有多少。文帝起初尚能重用袁盎，怎奈眾口鑠金，久之，對袁盎也心生厭煩，遂外放為隴西都尉。自此，袁盎仕途便遠不及張釋之，蹉跎不進，累有多年。然袁盎到底是個人才，赴隴西之後，治軍有方，甚愛惜士卒。後又遷為齊相，不久再遷為吳相。

袁盎受命赴吳當日，其兄袁種為其送行，擔心他在吳國惹事，便與之私語道：

「吳王驕恣日久，國中多奸人。你今為吳相，若依法究治，彼輩或上書誣告，或僱人謀刺，總放不過你！往吳國去，最宜口不言事。南方卑溼，不如每日飲酒，以祛溼氣。在彼為相，只勸吳王勿反便罷，如此即可免禍。」

袁盎知兄長之言出自肺腑，便默記於心。至吳地，果然依計而行，不問他事，只不時勸諫劉濞，以恪守藩臣之道為上策。

劉濞素知袁盎大名，聞袁盎之言，深以為然。故而袁盎在吳時，劉濞便泯去了雄心，只是平淡度日。

文帝見劉濞安穩下來，心中大慰。後又聞說，張武曾受劉濞賄金，便怪張武何以不守晚節，欲加責備。於是召張武來，並不說破緣由，只賜金若干，命涓人搬到張武車上。其數目，恰與劉濞賄金相等。

張武無功受賞，先是一頭霧水，俄而才猛然悟到：原來受賄之事，今上已察知。不由心內大慚，忙伏地請罪道：「臣迷了心竅，竟受人請託，今甘受責罰。」

文帝便道：「人之清譽，千金難買，勿謂屋宇之內事，鬼神不知。何必貪那區區之財？」

張武頓覺顏面失盡，流涕道：「罪臣正是依仗功高，方惑於一念。今日貽害子孫，悔之莫及。陛下處奪爵就是。」

文帝擺擺手道：「你既知錯，過往之事便了。公在代地之大功，我不能忘，奪爵自是不能，賜金你也攜回吧。今後若有事，仍將倚你為股肱。」

張武大窘，推辭再三，文帝亦不允，終究只得抱慚退下。

東南事既平，文帝便卸下了一樁心事，想起陰賓上之言，不由釋然道：「諸侯終無異心了！」

然起坐之間，四望天下，仍覺有堪憂之事。那山河表裡雖已復甦，生民卻似葦葉，到底是孱弱，耐不得風雨摧折。故而又想到：官府於民，不可索需無度，還須盡心呵護才是。

當其時，各地連年遇水旱之災，百姓時有饑荒。文帝聞之，憂心難以釋懷。自新垣平事發，文帝便覺大失體統，今又見天災，想起陰賓上臨別之問，愈發覺得過失在己。改元之年夏秋，便下詔罪己，詔曰：「近來數年，未有豐登，又有水旱疾疫之災，朕甚憂之。吾愚而不明，常思己過，乃政有所失，行有所過乎？乃天道有不順，地利有不得，人事多失和乎？何以至此！或因百官奉養靡費，無用之事過多乎？何以百姓之食匱乏也！天下田未減少，而民未增多，以口量地，猶多於古時，而民食卻不足，其咎安在？莫非百姓多捨本逐末，以末害農，為釀酒費穀者多乎？思之再三，吾未能解。今令丞相、列侯、二千石吏及博士議之，凡有利百姓之見，皆可放膽言之，無有所隱。」

讀此詔，其誠惶誠恐之態，呼之欲出。想那文帝生長於深宮，從未有過飢餓，卻知心憂民食不足，其仁心厚澤，實為罕見。天下官吏讀之，無不震悚，都越發打起精神來，察訪百姓之苦，唯恐有失。

至後元二年（西元前 162 年）六月，文帝第三子劉參，忽病歿於晉陽。噩訊傳來，文帝不禁傷感，想到劉參、劉揖兩個庶子，都聰明好學，卻早早亡故，便覺人世無常。悲悼之餘，對太子劉啟、梁王劉武兩個嫡子，就更是憐惜。

恰在同月，匈奴老上單于來使和親。文帝正想著海內已定，唯有邊事未平，便暫且放下喪子之痛，打起精神，親筆致書單于，欣然允准和親。在信中曉之以理，推誠相待，唯願兩家世代敦睦。

老上單于閱文帝信，頗為動容，也知漢家已漸強，不宜輕起邊釁，便疏遠了中行說，遣了當戶、且渠等官吏為使臣，赴長安獻馬兩匹，並覆書稱謝。

與老上單于和親事定，漢家君臣無不歡喜。文帝遂將此事詔告天下，詔曰：「朕既不明，不能遠德，使方外之國不能寧息。往昔四荒之外不得安生，封疆之內勞碌不息，二者之咎，皆緣於朕之德薄，不能致遠也。此前多年，匈奴連犯邊境，多殺吏民；兵將又不明吾之志，更增吾之不德。如此連兵結禍，中外之國將何以安寧？今朕夙興夜寐，勤勞治天下，憂心萬民，為之怵惕不安，未嘗有一日敢忘。故遣使者絡繹於途，以朕之志，曉諭單于。今單于思社稷之安，便萬民之利，與朕捐棄前嫌，偕之大道，結兄弟之義，以保全天下元元之民。和親以定漢匈之誼，即始於今年。」

詔書頒下，長安又有一番和親大典，天下皆為之歡騰，尤以邊民為甚，都以為從此可高枕無憂。此後數年中，文帝每年又巡行雍、代、隴西等地，以示安撫。

如此三年過去，邊地果然太平。至後元五年（西元前 159 年），老上單于病薨，其子軍臣單于繼位，遣人至長安報信。文帝又嫁宗室女入匈奴，重申和親之約。

那軍臣單于起初得了漢女，心滿意足，本已無意南犯。不料那中行說並不死心，見有隙可乘，便屢勸軍臣單于入寇漢地，將那漢家子女玉帛誇個不住，引得軍臣單于垂涎。

至文帝後元六年（西元前158年）冬月，軍臣單于終被說動，悍然發兵六萬，分兩路入寇，一路西取上郡（今陝西省榆林市南），一路直下雲中，沿途劫掠，來勢洶洶。

漢之邊地兵民，已有多年不聞戰鼓聲，今見胡騎卷地而來，勢若狂飆，都感大驚，慌忙緊閉城門，舉烽火示警。數日之間，處處可見狼煙；入夜則光焰四起，竟能照徹甘泉宮。

文帝在長安聞警，知匈奴又背信棄義，便急調三路人馬，馳援邊地。一路領軍為中大夫令免，出鎮飛狐[50]；一路領軍為楚相蘇意，出鎮句注[51]；還有一路，起用了老臣張武領軍，出鎮北地[52]。三路人馬屯兵北邊，據關而守，於此扼住匈奴南下要衝。

這三路人馬，皆為三秦強悍之兵。於同日發兵，沿途金鼓齊鳴，車馬轔轔。邊地軍民聞之，都為之一振。

隔日，文帝又遣河內郡守周亞夫為將軍，領軍一部進駐細柳（今咸陽市西南）；宗正劉禮，領軍一部駐霸上（今西安市以東）；老將祝茲侯徐厲，領軍一部駐棘門（今西安市東北），以為後備。這三路人馬，皆為近畿精兵，環繞長安紮下營寨，互為犄角，以保京師無虞。

此時朝中雖已無周勃、灌嬰等名將，然文帝多年謀邊，早已處變不

---

[50] 飛狐，即「太行八徑」之飛狐徑，又稱飛狐口、飛狐關，在北嶽恆山之東。

[51] 句注，山名，在今山西省代縣北，戰國即有句注之塞。

[52] 北地，即北地郡，在今甘肅省慶陽市。

驚。此次聞警，便依次調兵遣將，緩急有備，一時軍聲大震。

數日之後，文帝略不放心，又率群臣赴近畿勞軍，以激勵士氣。

鑾駕先至霸上及棘門軍營，只見營保全卒皆未披甲，形同尋常。軍卒見是天子駕到，忙閃至兩旁，棄戟伏地，高呼「萬歲」。待大隊疾馳而入，警蹕於營內，將軍劉禮、徐厲方才聞知，急率一干校尉奔出帳，伏地迎駕。

文帝看看軍容尚整，也未多說，慰勉了兩句，便掉轉頭出營。兩營將軍以下軍吏，皆騎馬簇擁於後，送出營門，至數里方止。

待來到細柳軍營，情景卻是大不同。但見柵門緊閉，門外數名衛卒橫戟而立，如臨大敵。壁壘之上有軍士肅立，皆勁甲結束，手執弓弩、短刃。見有人來，只聽一聲號令，眾軍士皆拉弓搭箭，持劍向外，立呈警戒之狀。

鹵簿有前驅郎衛數名，先奔至營門。門外衛卒立時喝止，搭戟攔住。

眾郎衛不得入，連忙勒馬，大呼道：「天子將至！」

此時營門都尉立於壁壘上，傲然回道：「軍中只聞將軍之令，不聞天子之詔。」

郎衛無奈，只得駐馬等候。少頃，天子鑾駕馳到，只見滿目冠蓋如雲；然守門軍士並不閃避，仍執戟攔住。

文帝無奈，只得命使者持節上前，宣諭道：「今上諭令：吾前來勞軍。」營門都尉聽罷宣諭，拱了拱手，掉頭即奔回大帳，稟報了將軍周亞夫。周亞夫聞知天子駕到，仍不離大帳，只傳令出來，命軍士打開營門。

文帝御者正要揚鞭，只聽那都尉又呼道：「將軍有令，軍中不得馳驅！」文帝聽了，心中一凜，忙囑御者按轡徐行，萬不可魯莽。

待大隊緩緩進得營內，方見周亞夫全身披掛，出來迎駕，僅向文帝一揖道：「甲冑之士，不拜天子，請以軍禮相見。」

文帝聞之，不禁動容，俯身於車軾，向周亞夫遠遠回禮。又遣使者上前，宣諭道：「皇帝慰勞將軍！」

君臣互致禮畢，文帝見營中井然有序，軍士如臨戰陣，心知不宜久留，便下令返駕。

那周亞夫也不相送，待文帝人馬出了營門，即命軍士關閉柵門，警戒如故。

出得營門來，群臣皆驚異不止，議論紛紛，多有嗔怪周亞夫不敬的。文帝則與群臣不同，回望細柳軍營，慨嘆道：「此真將軍矣！方才霸上、棘門之軍，如同兒戲。若敵騎來犯，虜其將軍易如反掌耳。獨周亞夫，有何人可犯？」

此行，文帝識得了周亞夫本事，便起了重用之意。返京途中，忽想起陰賓上臨別語，不禁喜道：「終獲良將矣！」一路與群臣相議，又誇讚了周亞夫許久。

如此中外戒嚴月餘，那軍臣單于聞之，到底是心虛，不敢與漢軍鏖戰，遂下令退軍。兩路胡騎聞令，旬日之間，便都退回塞外去了。

文帝如釋重負，下令三軍罷兵，依次撤回。隨後即下詔，拜周亞夫為中尉，掌京師禁衛。

那周亞夫，雖為勛臣之後，卻一直無功名，年已近不惑，方以父蔭之故拜為郡守，可謂默默無聞。至今日，偶然得文帝賞識，一躍而為公卿，滿朝文武皆嘖嘖稱奇。其治軍之名，立時遍於中外。

此前在河內郡（今河南省武陟縣、濟源市一帶），周亞夫聞許負擅相面，隱於商洛山中。便遣人渡河相邀，請許負來衙署中，為自己相面。

那許負，實為漢初一奇婦人。其善相之名，自幼便聞於天下，如今已是六十老嫗了。這日，乘車來至河內郡衙中，周亞夫連忙延入上座，恭謹道：「久聞鳴雌亭侯善相，不勝仰慕。下臣之相如何，可據實而言，毋庸忌諱。」

許負便挺身端坐，默望周亞夫良久，方開口道：「君三年之後，可封侯。封侯八年，為將相，手持國柄，世間貴重無二。」

周亞夫一怔，繼而大笑道：「吾父年前已薨，吾兄勝之襲父爵。若吾兄卒亡，則其子繼之，如何說我可封侯？」

許負也不理會，接著說道：「為將相後九年，你將餓死。」

周亞夫更覺不解，疑惑道：「既如所言，我貴為將相，又如何說將餓死？請……指我面相告知。」

許負便一指道：「君有縱紋入口，此即為餓死法相也！」

周亞夫驚疑不定，勉強一笑，也不敢多言，只賜了許負許多金，恭恭敬敬送走了事。

豈料許負相面所言，無不說中。三年後，周勃長子周勝之，因殺人坐罪，被奪爵除國。後文帝問諸臣，周勃之子還有誰可以襲爵，諸臣皆推亞夫，亞夫遂被文帝封為條侯。再後九年，果然又躋身於公卿將相，貴不可言。

周亞夫擢升為中尉後，心中亦喜亦憂。喜的是今生竟能為公卿，權傾朝野；憂的是許負所言「餓死」，又不知是何種結局，只得暫且拋開不想。

且說文帝重用了周亞夫之後，心中倍感安妥，便不再憂心邊事。然則，事難有萬全。自從細柳軍營巡閱歸來，文帝便覺身體疲憊，一日不如一日。心知是二十餘年來，日夜操勞所致，只得將朝政大半委於申屠嘉。勉強撐了半年，自仲夏起，便不能每日上朝；入冬，則更是病臥不起了，雖有鄧通在旁照看，也無大用。

竇后見了不由心慌，欲令太醫孔何傷尋些祕方來。文帝卻擺手道：「那孔太醫，不過是個鑞槍頭，混世而已，如今更是昏庸。莫要喚他，且多留我幾日在這世上。」

竇后急得落淚，連忙打發宮女去報知薄太后。

稍後，薄太后由宮女攙扶來到，坐於榻前，拉住文帝之手道：「數十年來，皆是恆兒來看我，今日倒要為娘來看恆兒了。」

這一句話，說得在旁諸人皆落淚。文帝倚坐於榻上，強作笑顏道：「母后勿急，兒只是體虛，將養幾日便好。」

「恆兒性篤實，對天下諸般事，用心太過，方有今日不測。」

「母后有所不知，兒不敢怠慢，並非擔憂此位不保。年前，曾有高人贈我一言，曰：為人主者，欲治平天下，無非封疆無異心，禦敵有良將，民生無疾苦而已。兒實無異能，諸事都做不到這般好，最憂是身後有人議論，不配為天子……」

薄太后連忙攔住話頭，嗔怪道：「這是如何說起？你守黃老之道，不但知勤政，且知施惠於民，是個好皇帝。向時，為娘最佩服高后，能垂拱而治；以今日看來，恆兒之治平功夫，又勝於高后許多了。」

文帝含笑道：「母后知我，我心甚慰。想我長於深宮，不事稼穡，不擅用兵，卻能穩坐天子位二十餘年，心中豈能無愧？由是，兒於利民之事，近年確是頗用心，已陸續免田稅，撫鰥寡，罷諸侯朝貢，弛禁山澤之利，免官府奴婢為庶民。所有舉措，皆是唯恐民之負累太過。」

薄太后便也笑道：「恆兒不似往時了，如何治天下，已瞭然於心。說來，為娘也不以治天下為難事，無非勤、謹二字，缺一不可。似你這般用心勤政，且又隱忍，便不是他人能及的。」

「兒亦有過失。自新垣平伏誅後，兒不怕鬼神，只畏懼吏官。一生所為，是智是愚，總不要貽笑後世才好。」

「又說這些！且安心養病就是。無論如何，你也走不到娘前面去。」

母子兩人說了一陣話，文帝便覺精神略好些。此後又是半年，身體時好時壞，總病懨懨的。好在丞相申屠嘉甚是得力，朝政上無須再費心。

捱過了數月寒冬，天氣漸暖，文帝便命鄧通去石渠閣，將閣中所藏黃帝書尋些來。鄧通尋得《經法》、《道原》、《金人銘》、《歸藏》、《鬼容區》等卷冊，抱了回來，回稟道：「御史中丞[53]告知，黃帝書甚多，一時搬不完，容臣再去取些來。」

文帝搖頭道：「足矣！黃老之書，片言便可抵得一冊。」

鄧通扶起文帝，倚在靠幾上，書籍則置於腳邊，伸手可取。

這以後，文帝讀書常入神，整日不出一語。有一日午間，看得睏倦了，不由就輕嘆了一聲。

鄧通忙問道：「陛下緣何嘆氣？」

文帝便道：「我雖貴為君王，卻是東未見海，南未涉江，北未登陰山，西未入巴蜀，實與常人無異。」

---

[53] 御史中丞，官名，秦始置。漢代為御使大夫的屬官，掌監察之外，亦兼管圖書。

鄧通奉上羹湯，溫語勸慰道：「人間萬事，都是不能比的。臣乃蜀人，生平也僅至長安而已。」

文帝便笑笑，感慨道：「我幼時讀黃石公書，見其文曰：『道者，人之所蹈，使萬物不知其所由。』頗不明其意，今日方知其奧妙。我一生所蹈，苦矣疲矣，然至今卻仍不知其所由。」

鄧通聽不懂，忙遞上枕頭催道：「陛下疲累了，還是瞌睡片刻吧。」

如此又捱過了兩月，至後元七年（西元前 157 年）夏六月，文帝身體越發不濟了，自覺來日無多，便急喚太子劉啟入內，囑咐道：「吾將不起矣。你氣量狹小，天下能安否，未可知。若事有緊急，周亞夫可以掌兵。」

劉啟急得流淚，忙勸道：「父皇尚有百歲之壽，何言之不吉？」

文帝擺擺手道：「人無永壽，事至此，又何須忌諱？為父在位，謹守黃老之道，省苛事，節賦斂，毋奪民時，天下方見稍富。此事為大，你接掌過去，不可有所稍懈。」

「兒當謹記。父皇病重，可要告知太后？」

「休要！勿去驚動老人家。」

「那定要告知母后。」不等文帝發話，劉啟便命涓人速往中宮，請竇后前來。

少頃，竇后掩泣奔入，跪伏於榻邊，問文帝有何囑託。

文帝喘息道：「妳一向溺愛少子，今劉武為梁王，所封皆膏腴之地。我不負妳母子，蒼天可鑑。我若有不測，妳切不可干政，當以呂氏為戒。」

竇后聞此言，心中頗為不快，然見文帝已氣息奄奄，也不便多說，只匆忙應道：「陛下勿作此想，妾亦是識大體的。」

此後，竇氏母子便與鄧通一道，在病榻邊輪流伺候。

至己亥這日，清晨時分，天光尚未亮。文帝忽睜開眼，抓住劉啟之手，喃喃道：「你我父子，須得……」豈料言未畢，雙目便凝住不動，竟是溘然長逝了。

頃刻之間，寢宮內便騰起一片哀聲。後宮慎夫人、尹姬等人聞訊，倉皇奔至，也都哭作一團。

太子劉啟哭了一陣，忽就立起身來，命鄧通出宮去知會丞相，而後便不必再入宮了。鄧通神情恍惚，實不願離去，見劉啟神色嚴厲，只得伏地，向榻上拜了兩拜，含淚退下了。自此之後，文帝所有善後事宜，皆由劉啟一人操辦。

這一日，曙色照臨長安時，蟬聲依舊。漢家最賢明的一位皇帝，就這般悄然走了，享年四十七歲。萬民的生息，仍自裊裊炊煙中起始。街衢上，行人漸多，卻無一人知道今後是禍是福……

漢家天下——山河復甦：

內憂外患，風雨飄搖！漢室如何再塑輝煌？

作　　者：清秋子
發 行 人：黃振庭
出 版 者：複刻文化事業有限公司
發 行 者：崧燁文化事業有限公司
E-mail：sonbookservice@gmail.com
粉 絲 頁：https://www.facebook.com/sonbookss/
網　　址：https://sonbook.net/
地　　址：台北市中正區重慶南路一段 61 號 8 樓
8F., No.61, Sec. 1, Chongqing S. Rd., Zhongzheng Dist., Taipei City 100, Taiwan

電　　話：(02)2370-3310
傳　　真：(02)2388-1990
印　　刷：京峯數位服務有限公司
律師顧問：廣華律師事務所 張珮琦律師

定　　價：499 元
發行日期：2025 年 01 月第一版
◎本書以 POD 印製
Design Assets from Freepik.com

國家圖書館出版品預行編目資料

漢家天下——山河復甦：內憂外患，風雨飄搖！漢室如何再塑輝煌？ / 清秋子 著 . -- 第一版 . -- 臺北市：複刻文化事業有限公司 , 2025.01
面；　公分
POD 版
ISBN 978-626-7620-88-5(平裝)
1.CST: 中國史 2.CST: 通俗史話
610.9　　　　114000121

電子書購買

爽讀 APP

臉書